CALLWEY

Martina Brüßel

Die besten Bäder

Neue **Trends** zum **Wohlfühlen**

CALLWEY

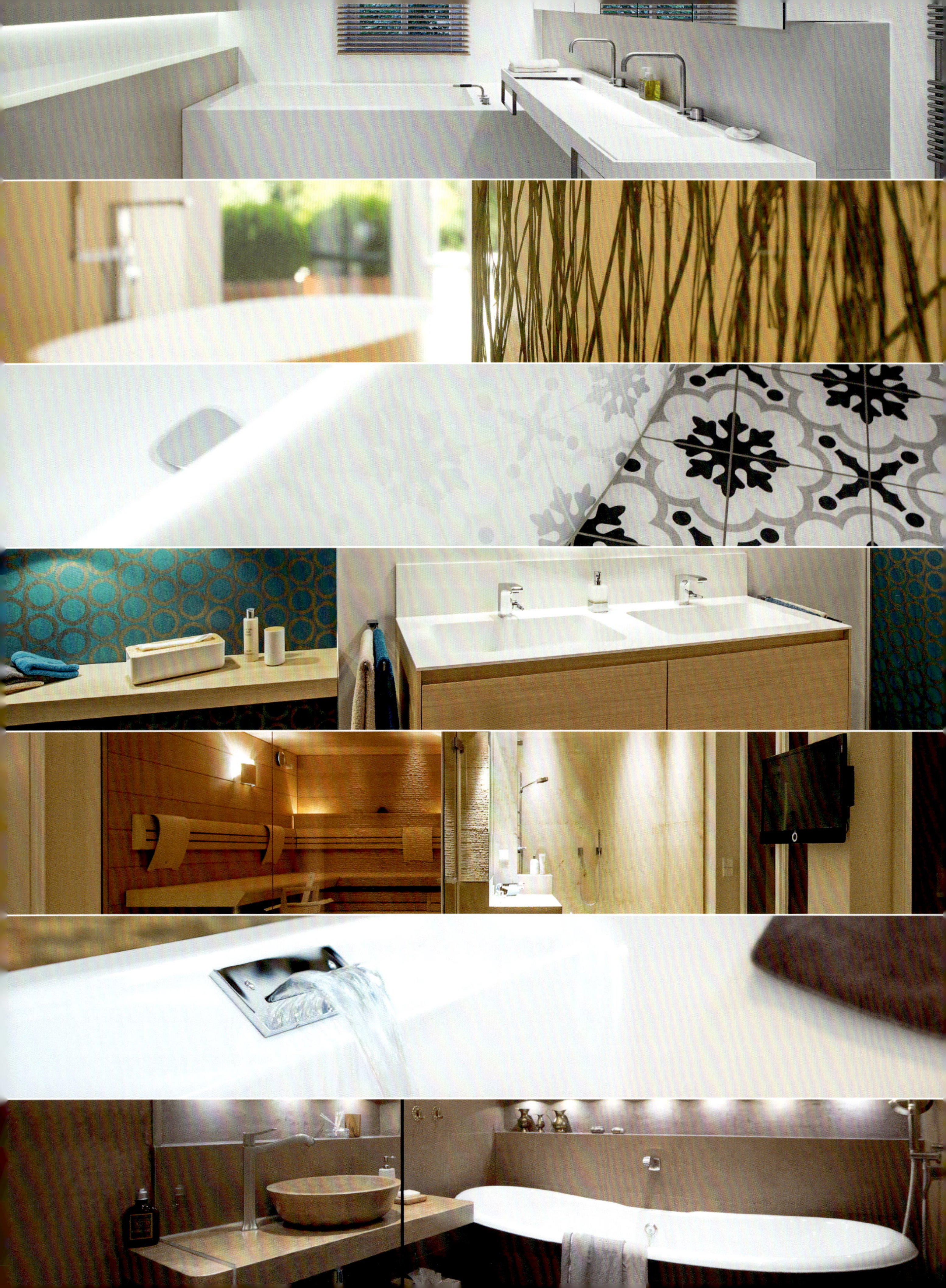

Inhalt

7	Vorwort	94	Meerblick
8	**Die Trends in der modernen Badarchitektur**	98	Ein Traum in Pastell
16	Planerverzeichnis	102	Blick auf die Weinberge
		104	Prachtvolle Schlaf- und Wellnessoase
18	Zeit für etwas Neues	108	Puristisch oder wohnlich? Beides bitte!
22	Glasklar	110	Good Feeling
24	Dem Horizont entgegen	114	Vintage-Chic
28	Fitness und Wellness vereint	116	Harmonie in Türkis-Gold
32	Badewannen-Himmel	118	Wohnlicher Purismus
36	Wohnliche Eleganz		
40	Charme der Materialvielfalt	**122**	**Neue Materialien in der Badgestaltung**
44	Jeden Tag Urlaub auf dem Bauernhof		
48	Wunsch-Wellness-Raum	126	Raum für kleine Fluchten
52	Gemeinschaftswerk	130	Schlichte Eleganz
		132	Landhaus-Charme trifft Moderne
56	**Farbwahrnehmung und Farbwirkung**	134	Ein Traum mit blauem Akzent
		138	Zen-artige Entspannung
60	Mut zu neuen Räumen	140	Einfach exklusiv stilvoll
64	Willkommen in der Hauptstadt	144	Zauber alter Zeiten
68	Puristisch mit einem Hauch Natur	146	Rückzug vom Alltag
72	Kleiner Raum ganz groß	150	Cool und modern
76	Harmonische Komposition aus Gegensätzen	152	Ein Hauch von Toskana
80	Elegantes Styling	154	Smarte Lösungen im Penthouse
82	Perfekte Symbiose		
86	Nordisch by Nature	158	Adressen und Bildnachweise
88	Aus drei wird eins	159	Herstellerverzeichnis
92	Wie weniger zu mehr wird	160	Impressum

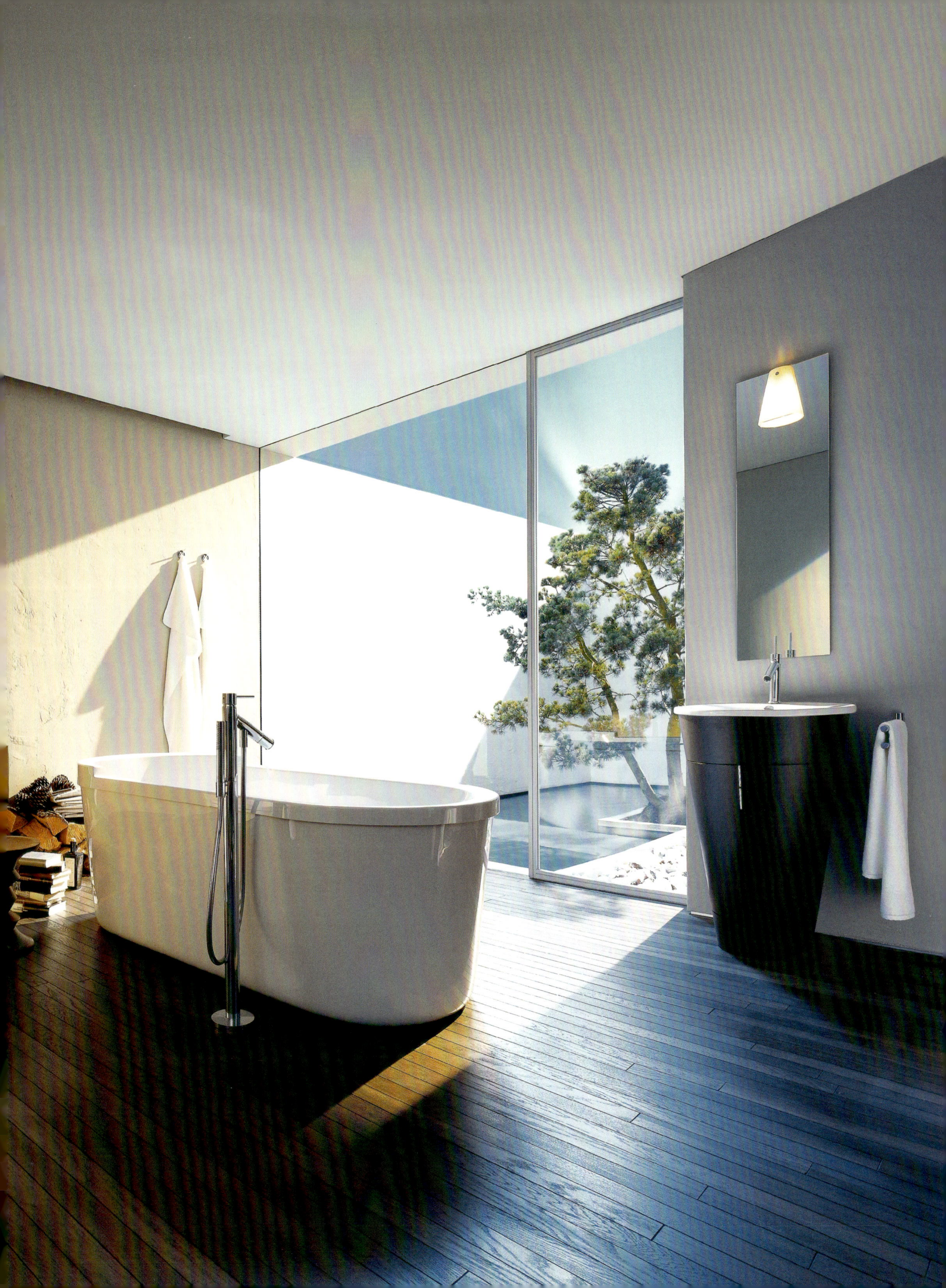

Vorwort

Kaum ein Raum im Haus hat sich in den letzten Jahrzehnten so sehr gewandelt wie das Bad. Die Aufwertung des Badezimmers vom reinen Funktionsraum zum funktionalen Wohnraum brachte ganz neue Anforderungen an die Gestaltung mit sich. Ziel ist es heute, nicht mehr nur aktuellste Technik in modernem Design einzusetzen, sondern den Wohlfühlfaktor direkt in die Planung einzubeziehen. Wann sich ein Mensch in seiner Umgebung wohlfühlt, ist dabei sehr individuell. Deshalb ist die intensive Erkundung der Wünsche und Bedürfnisse der Badnutzer essenziell für die Erschaffung eines Wohlfühlbads.

Bei aller Individualität folgt auch die Badgestaltung aktuellen Trends, die im Zusammenhang mit den übergeordneten, das ganze Leben beeinflussenden Megatrends stehen. In diesem vierten Buch aus der Reihe „Die besten Bäder" spüren wir die Trends auf, die sich heute in der Gestaltung privater Bäder zeigen. In über 35 Projekten zeigen Badeinrichter, die das Qualitätssiegel „Aqua Cultura" tragen, mit beeindruckenden Fotoaufnahmen, wie sie heute moderne und hochwertige Bäder kreieren. Jedes Bad hat eine ganz besondere Note, die ich versuche, in den kurzen erläuternden Texten zur Geltung kommen zu lassen. Wir erfahren zum Beispiel, wie selbst puristische Bäder einen Touch von Wohnlichkeit bekommen und wie man mit einer Tapete einen stilvollen Akzent im Bad setzen kann. Eine Infobox zu jedem Bad informiert über die verwendeten Produkte, und ein Grundriss erlaubt einen Einblick in die räumlichen Gegebenheiten. Welchem Trend die jeweilige Badgestaltung folgt, ist der Kopfzeile zu entnehmen.

Die Gastbeiträge einer Expertin für Farbgestaltung und eines Experten für Materialien rund um Bauen und Wohnen runden dieses Buch fachlich ab. Die Professorin für Innenarchitektur an der Uni Detmold klärt auf, wie Farben wirken und was unsere menschliche Haut damit zu tun hat. Und der Inhaber und Gründer der Materialagentur raumPROBE erläutert, welche Materialien und Werkstoffe im Trend liegen.

Wir wünschen viel Freude beim Entdecken der Möglichkeiten moderner Badgestaltung und hoffen, Inspiration für die persönliche Umsetzung geben zu können.

Martina Brüßel
Geschäftsführerin des Qualitätssiegels führender
Badeinrichter AQUA CULTURA

Die Trends in der modernen Badarchitektur

Megatrends sind konstante Veränderungsströme, die in allen Bereichen der Wirtschaft und Gesellschaft und in jedem einzelnen Menschen überall auf der Welt wirken. Selbstverständlich beeinflussen sie auch das Thema Wohnen in hohem Maße. In diesem Zusammenhang hat das Badezimmer in den letzten Jahren zunehmend an Bedeutung im Haus und in der Wohnung gewonnen. Es nimmt heute wie die Küche neben der Rolle als Funktionsraum auch die Rolle als Raum zum Verweilen, zum Entspannen und Auftanken ein. Die Haupttreiber für diese Entwicklung im Bad sind die Megatrends Individualisierung, Gesundheit, Smart Being und Natur.

Macht man sich auf die Suche nach Indizien für das Wirken der Megatrends in der modernen Badarchitektur, braucht man nicht einmal besonderes detektivisches Gespür, um sie aufzufinden. Selbstverständlich lassen sie sich nicht immer trennscharf voneinander abgrenzen, aber erkennbar sind sie in den sich aktuell im Bäderbau abzeichnenden Gestaltungstrends allemal.

Conceptual Living

Conceptual Living ist ein aktueller Trend, der Wohnräume und Lebensstile so vereint, dass sie flexibel individuellen Bedürfnissen angepasst werden können. Individualität und Flexibilität sind hierbei die wichtigsten und maßgeblichen Faktoren. Weg von stereotypischen Einheitsbildern, hin zu der eigenen Verwirklichung, die sich nicht nur in der Kleidung, sondern auch in der Wohnungseinrichtung widerspiegeln soll. Kreativ, originell und persönlich. Und sollte ein Möbelstück nicht mehr zum eigenen Stil passen, dann wird es einfach wieder umgestrichen, umlackiert, umbemalt, umtapeziert.

▼ Badezimmer und Wohnraum vereint. (Duravit)

Mithilfe von raumteilendem Mobiliar oder neu eingezogenen Wänden werden vorhandene Raumstrukturen aufgelockert und so geschickt kombiniert, dass ganz persönliche Raumzonen entstehen. Die Grenzen zwischen klassischem Wohn- und Schlafzimmer, Küche und auch Badezimmer verschwimmen. Großzügige Wohnküchen liegen im Trend, bei denen man gemeinsam kochen kann und dennoch nicht die Gäste vernachlässigen muss. Schlafzimmer und Badezimmer ergeben – stilvoll geplant – eine harmonische und gemütliche Wohnlandschaft, in die man sich zurückziehen und den Alltag aussperren kann. Das Bad wird mehr und mehr zum Rückzugsort, zur persönlichen Aufladestation, zum Kommunikationsort und Gesundheitstempel.

Wasser wirkt – Gesundheit in der Badarchitektur

Wir alle achten heute viel mehr auf unsere Gesundheit, als das früher der Fall war. Wir versuchen, uns gesund zu ernähren, uns ausreichend zu bewegen und möglichst lange fit zu bleiben. Bei dem von vielen empfundenen wachsenden Leistungsdruck ist es wichtiger denn je, die körperliche und mentale Balance zu finden. Das private Bad ist der ideale Ort, an dem die eigene Gesundheit präventiv gefördert, das eigene Wohlbefinden wie die Lebensqualität gesteigert werden können.

Viele Wege führen dabei nach Rom. Und das im eigentlichen wie im übertragenen Sinne. *Sanus per aquam* (SPA) – Gesundheit durch Wasser: Die Wirksamkeit von Wasser hatten schon die alten Römer erkannt. Hydrotherapie war auch das Herzstück der Lehren des bekannten Pfarrers Sebastian Kneipp im 19. Jahrhundert. In dieser langen Tradition stehend, haben Badeärzte und Bademeister die Methoden bis heute weiterentwickelt. SPA-Bereiche gibt es mittlerweile in Sanatorien und Reha-Studios, in Wellnesshotels und in

▲ Eine mit Gussschlauch ausgestattete Wellnessdusche für die täglichen belebenden Kaltwasser-Anwendungen im heimischen Badezimmer. (Keuco)

▲ Schwarze Relieffliese, durch indirektes Streiflicht am Rundspiegel perfekt inszeniert.

Freizeitanlagen. Zum gesundheitsbewussten Lebensstil gehört heute aber auch, nicht nur punktuell – beispielsweise im Urlaub oder bei der Reha – etwas für die Gesundheit zu tun, sondern dauerhaft und nachhaltig. Und dafür ist das eigene Bad genau der richtige Austragungsort.

Wer den rechten Weg zum Ziel der individuellen Gesundheitsförderung im Bad sucht, muss sich mit optimalen Lösungen für hydrotherapeutische Wasseranwendungen wie Kneippsche Güsse und Bäder, Hygiene, Ergonomie, Entspannung, Revitalisierung und Reinigung von Körper und Geist im privaten Badezimmer beschäftigen. Dabei ist eine ansprechende Gestaltung von besonderer Bedeutung. In einem „Private SPA" erinnert nichts an ein Krankenhaus oder Therapiezentrum. Gesundheit und Ästhetik sind hier keine Gegensätze. Vielmehr sind entsprechende Funktionen in Wohlfühlatmosphäre ein wichtiger Bestandteil der Gesundheitsförderung.

Neue Materialien machen es möglich

Für die Gestaltung von Badezimmern stehen uns heute unzählbar viele verschiedene Materialien zur Verfügung. So ergibt sich für den Badeinrichter ein ganz neues Bouquet an Möglichkeiten, jedes Bad für die jeweiligen Nutzer optimal einzurichten und auszustatten. Es halten Materialien und Accessoires Einzug ins Badezimmer, die bisher eher in Wohn- und Schlafräumen oder im Außenbereich Verwendung fanden. Naturstein, Holz, Textilien, Glas, Beton, Leuchten und Tapete ergänzen das bisherige Spektrum der bewährten Einrichtung im Bad. Nur so konnte die Metamorphose des Bads von der Nasszelle zum Wohlfühlraum gelingen.

Aber nicht nur die Verwendung von untypischen Materialien, sondern auch die Weiterentwicklung der bekannten Materialien und Baustoffe selbst eröffnet neue Möglichkeiten für Design und Funktion. Durch die Verwendung von Installationswänden müssen beispielsweise die wasserführenden Sanitäreinrichtungsgegenstände nicht mehr wie früher „immer an der Wand entlang" geplant werden. Der Waschplatz kann jetzt im modernisierten Altbau z. B. auch mitten im Raum platziert werden. Dies bringt dem Planer eine größere Freiheit für die Raumaufteilung und gewünschte Zonierung des Badezimmers. Das neu entwickelte Material Mineralwerkstoff hat durch die hohe Flexibilität in der Formgebung ein breites Einsatzspektrum im Bad: vom Waschtisch mit integriertem Becken über die formschöne freistehende Wanne und die fugenlose Wandverkleidung bis zum formvollendeten Accessoire. Hochentwickeltes bruchsicheres, hitzebeständiges und isolierendes Glas kann heute als freistehende Trennwand in der Dusche oder sogar als transparente Front in der Sauna eingesetzt werden. (Mehr zu Materialien im Bad lesen Sie im Fachbeitrag von Hannes Bäuerle auf Seite 122.)

Die Kunst der Harmonie

Der Mensch kann sich nur dort richtig entspannen, wo er sich wohl und geborgen fühlt. Deshalb ist es das Ziel eines jeden Badeinrichters, einen Raum zu schaffen, in dem eine Wohlfühlatmosphäre herrscht. Nur durch ein harmonisches Zusammenspiel von Sanitärobjekten, Einrichtungsgegenständen, Farben und Materialien entsteht ein stimmiger Gesamteindruck. Bei der Auswahl und Kombination spielen Optik, Haptik und Akustik eine wichtige Rolle.

Gerade bezüglich der Optik und der Haptik ist die Kenntnis der Vorlieben der Bewohner elementar für die Planung. Ob das Aussehen eines Materials oder eines Einrichtungsgegenstands gefällt, liegt ganz im Auge des Betrachters. Das hängt vom persönlichen Geschmack, von Vorlieben für Farben und Formen und der Affinität zu bestimmten Einrichtungsstilen ab. Auch ob sich ein Material für den jeweiligen Nutzer gut anfühlt, liegt nicht unbedingt direkt auf der Hand. Deshalb ist eine ausführliche Beratung, zu der auch das Ertasten der Oberflächenbeschaffenheit gehört, unabdingbar. Und Wohlfühlen hat auch etwas mit Klang zu tun. In einem Raum, in dem es hallt, fühlen wir uns, ohne genau zu wissen warum, unbehaglich. Insbesondere im Bad, wo häufig glatte und kühle Materialien wegen der wasserabweisenden Eigenschaften zum Einsatz kommen, muss ein Materialmix gefunden werden, der den Schall absorbiert und zur Wohlfühlatmosphäre beiträgt.

Wiederkehrende Elemente in einem Raum bilden eine Symbiose und beeinflussen ebenfalls den Wohlfühlfaktor. Ein versierter Planer greift bei der Gestaltung von Bädern Farben und Formen mehrmals auf, um ein harmonisches Gesamtbild entstehen zu lassen. Er setzt bewusst Highlights und optische Kontraste. Sehr aussagekräftige und ausgefallene Muster werden eher reduziert eingesetzt. Sie werten als Einzelstücke oder spärlich gesäte Accessoires ganz nach dem Motto „Weniger ist mehr" den Raum auf. Darüber hinaus werden fließende Übergänge gewählt. Hierzu eignen sich hervorragend Materialien und Oberflächen, die zur selben Farbgruppe gehören. (Mehr zur Wirkung von Farben lesen Sie im Fachbeitrag von Prof. Eva Filter auf Seite 56.)

Neue Wohnlichkeit und Purismus

Ein hübscher Flakon mit Badesalz, eine Sammlung Muscheln aus dem letzten Urlaub und eine schöne Pflanze – das hat in deutschen Badezimmern früher für etwas mehr Gemütlichkeit in den sonst so nüchternen Bädern gesorgt. Heute wird das heimelige Gefühl gleich mit in die Badgestaltung eingeplant. Die neue Wohnlichkeit ist ein eindeutiger Trend in der aktuellen Badarchitektur. Wohnliches Flair gelangt durch Verwendung von Materialien und Objekten, die bisher nur in anderen Räumen des Hauses bekannt waren, in das Bad. Eine hübsche Tapete, ein Kronleuchter über der freistehenden Badewanne, Rollos und Gardinen aus Stoff, Fronten und Möbel aus Holz, Kunstgegenstände und Bilder und ein flackerndes Kaminfeuer: All diese Dinge gestalten ein Bad wohnlich. Und der Badprofi weiß, welche Materialien an welcher Stelle im Bad unbedenklich zum Einsatz kommen können.

▼ Materialien selber zu erfühlen hilft bei der Entscheidung. (Alape)

▼ Die freistehende stoffgewandete Badewanne und der dazu passende Waschtisch bringen in fast jedes Ambiente einen Hauch Wohnlichkeit. (Bette)

▲ Wohnlicher Purismus durch Auswahl hochwertiger Produkte. (Alape)

▲ Naturmaterialien im Bad liegen im Trend.

Der gegenläufige Trend, den wir in den heutigen hochwertigen Bädern erkennen, ist Purismus. Klare Formensprache, glatte Oberflächen und nüchternes Design sind die Eckpfeiler dieses Einrichtungsstils. Entsprechend fällt die Wahl der Materialien aus: Stahl/Email, Glas, Mineralwerkstoff, Metall und Beton bilden zeitlos-elegante Kombinationen. „Bitte kein Schnickschnack" ist der häufigste Wunsch der Bauherren, die diesen Einrichtungsstil bevorzugen. Diese Bäder verfügen häufig über versteckten Stauraum in Möbelstücken, denn Aufgeräumtheit ist den Anhängern dieses Stils sehr wichtig. Diese sind nicht auf den ersten Blick als Möbel zu erkennen. Sie kommen wie auch Trennwände und andere Einrichtungsgegenstände ganz ohne sichtbare Scharniere oder Halterungen aus. Beim puristischen Einrichtungsstil wird in der Regel der Fokus auf die Wertigkeit der einzelnen Einrichtungsgegenstände und deren gezielte spezifische Wirkung gelegt. Gerade hier ist es wichtig, bei der Planung das Augenmerk auf ein stimmiges Gesamtkonzept des Raums zu legen. Damit auch bei aller Reduziertheit und Nüchternheit eine Wohlfühlatmosphäre entstehen kann.

Natur im Bad

Natürliche Materialien, erdige Töne, warm-weiche Oberflächen: Der Trend, die Natur ins Bad zu holen, tritt immer häufiger in Erscheinung. Holz, Naturstein, Leder, Pflanzen und Kalkputz sind Elemente, die man immer häufiger auch im Bad findet. Wer sich gerne mit natürlichen Rohstoffen und Materialien umgibt, weiß, dass ihre Optik niemals identisch sein kann. So wird beispielsweise eine Natursteinplatte von einer natürlichen, aber ungleichmäßigen Maserung durchzogen. Einige Naturmaterialien bilden mit der Zeit eine Patina, die zu ihrem Aussehen dazugehört und teilweise erst den wahren Charakter des Materials zum Vorschein bringt. Derjenige, der sich für Naturmaterialien entscheidet, sollte diese Eigenschaft kennen und mögen.

Gerade Holz ist zu einem sehr beliebten Material im Bad geworden. Holzoberflächen lockern die Gesamtoptik auf und strahlen eine gewisse Wärme aus. Ein schönes Gestaltungselement, um einem Bad einen wohnlichen Charme zu verleihen. Für den Einsatz im Badezimmer eignen sich neben tropischen Hölzern, bei denen man besonders auf nachhaltige Forstwirtschaft achten sollte, ebenso heimische Hölzer wie Eiche, Ahorn, Douglasie, Nussbaum und Lärche. Hauptsächlich findet Holz im Bad für Möbel oder Möbelfronten Verwendung.

Holz kann mittlerweile auch darüber hinaus vielfältig eingesetzt werden, denn die Zeiten der schlechten Belüftungs- und Heizmöglichkeiten in Feuchträumen sind vorbei. So entsteht für Holz auch im Bad ein materialgerechtes Klima. Zudem haben sich Badeinrichter viel vom Schiffsbau abgeschaut: Schichtverleimt und regelmäßig geölt, verträgt es sich selbst in sehr feuchten Zonen des Bads jahrelang mit Wasser. Und für die Bauherren, die die Optik von Holz schätzen, aber gerade für den Boden eher eine pflegeleichte Alternative bevorzugen, gibt es hochwertige Keramikfliesen in Holzoptik, die kaum von echten Holzdielen zu unterscheiden sind. Sie imitieren verschiedenste Holzarten und -farben originalgetreu und fühlen sich, strukturell erhaben, auch fast genauso an.

Pflanzen sind längst nicht mehr nur schmückendes Beiwerk als Topfpflanze oder als Blume oder Zweig in der Vase. Sie bekommen als geplantes Gestaltungselement eine ganz neue Rolle im Bad. Flächen oder Wände aus Moos beispielsweise sind ungewöhnlich, aber leicht einsetzbar und mit einzigartiger Wirkung für den Raum. Moos sorgt für eine angenehme Atmosphäre, nicht zuletzt auch wegen seiner schallschluckenden Eigenschaft. Das zum Einsatz gebrachte echte Moos ist gereinigt und konserviert, sodass es ohne Licht, Bewässerung und Düngung auskommt. Ein weiteres Beispiel dafür, wie man sich Natur ins Bad holen kann, sind in Acryl eingebettete Blätter, Zweige oder andere Pflanzenteile. Zum einen bringen sie einen natürlichen Look, zum anderen wird so aus einer einfachen Trennwand für Dusche und WC ein echter Hingucker. So kann eine gewisse Privatsphäre geschaffen werden, ohne wesentlich an Transparenz zu verlieren. Mit der richtigen Lichtsetzung können die Details nahezu plastisch hervorgehoben werden und sorgen für den garantierten Wow-Effekt.

▼ Moos als Gestaltungselement im Bad. Naturnah, echt und einzigartig.

▼ Die Badewanne mit Holzverkleidung fügt sich stilvoll in das Gesamtbild ein und unterstützt das wohnliche Flair. (Duravit)

Tägliche Körperpflege und Hygiene leicht gemacht

Aber nicht nur atmosphärisch, sondern auch in der Funktionalität werden in der aktuellen Badarchitektur neue Maßstäbe gesetzt. Auch wenn das Bad immer mehr zum Wohlfühlraum gestaltet wird, bleibt es dennoch der Ort, an dem die tägliche Körperpflege stattfindet. Ein modernes Bad zeichnet sich auch dadurch aus, dass die täglichen Pflegerituale seiner Nutzer von Anfang an in die Planung und Auswahl der Ausstattung einbezogen wurden. So kann sich der Nutzer nicht nur rundum wohlfühlen, sondern erlebt eine weitgehende Unterstützung bei der täglichen Körperhygiene. Ein Vorteil, den nicht nur Menschen mit Handicap oder ältere Menschen zu schätzen wissen.

Ein ergonomisch auf die Nutzer ausgerichteter Waschplatz, der in Griffnähe alle benötigten Utensilien bereithält und mit Ablageflächen und Stauraum dafür sorgt, dass nicht alles herumsteht und keine ungewollte Unordnung entsteht, ist ein Beispiel dafür, wie gute Planung das Leben erleichtert. Dieser Waschplatz verfügt im Idealfall auch über einen ausreichend großen, perfekt ausgeleuchteten Spiegel. Ein zweites Becken bringt Entspannung beim morgendlichen Stau im Badezimmer und trägt nicht selten zu mehr Familienfrieden bei.

Zur Körperreinigung nutzen die meisten Menschen die Dusche. Moderne Armaturen bieten mit verschiedenen Auslässen an der Decke und an der Wand, mit unterschiedlichen Strahlarten und einem Thermostat die perfekte Ausstattung für ein tägliches Duscherlebnis. Gerade bei Überkopfarmaturen ist darauf zu achten, dass auch eine Handbrause zur Verfügung steht. Vor allem die Dame des Hauses möchte vielleicht nicht nach jedem Duschgang die Frisur neu richten müssen. Eine Sitzgelegenheit in der Dusche, entweder als

▼ Intelligentes System mit geteilten Schubkästen sorgt für Ordnung im Waschtisch. (Duravit)

▲ Die Wellnessdusche sorgt für ein Duscherlebnis der Extraklasse. (Dornbracht)

▲ Die Badewanne mit Whirlfunktion sorgt für ein Höchstmaß an Entspannung. (Duravit)

eingebaute Sitzbank oder als Klappsitz, bietet zusätzlichen Komfort bei der Körperrasur, der Pediküre oder einfach beim entspannten Duschgang im Sitzen.

Reinigung mit Wasser nach der Toilettennutzung wird immer beliebter und ist ein zusätzliches Plus an Hygiene, das ein modernes Bad bieten kann. Es gibt verschiedene Lösungen für dieses Thema: Entweder wird unmittelbar neben dem WC auch ein Bidet installiert, oder man nutzt ein sogenanntes Dusch-WC, das beide Funktionen vereint und auch in der einfachen Variante Reinigungs- und Trockenfunktionen hat. Die meisten, die diesen Komfort einmal im eigenen Bad genossen haben, wollen nicht mehr darauf verzichten. Darüber hinaus ist es gerade für ältere oder Menschen mit Bewegungseinschränkungen ein willkommenes Hilfsmittel, um nicht auf die Unterstützung einer weiteren Person bei der Intimhygiene angewiesen zu sein.

Persönliche Krafttankstelle

Das Bad hat heute neben der Funktion als Ort der Reinigung, wie bereits erwähnt, zusätzlich die Funktion als Ort, wo man sich vom Alltag erholen und seine Batterien wieder aufladen kann. In diesem Zusammenhang hat die altbewährte Badewanne eine Renaissance erfahren. Weil sich der moderne Mensch lieber in der Dusche als in der Wanne reinigt, wurde die Wanne in der Vergangenheit zunehmend bei der Modernisierung durch einen großzügigen und komfortablen Duschbereich ersetzt. Im Zuge des zunehmenden Wellnessgedankens ist sie allerdings wieder dabei, verlorenes Terrain zurückzuerobern. Und das zu Recht – hat man doch erkannt, dass ein warmes Vollbad ein Gefühl der Geborgenheit vermittelt, ähnlich wie es der Fötus im Mutterleib erfährt, und muskel- und tiefenentspannend auf den gesamten Organismus wirkt. Aktuelle formschöne Badewannen nehmen also nicht nur eine besondere gestalterische Rolle in einem hochwertigen Badezimmer ein. Sie sind der Ort der Entspannung par excellence. Mit zusätzlicher Whirlfunktion ausgestattet, ermöglichen sie das aktive positive Einwirken auf die Muskulatur nach einem harten Arbeitstag oder nach dem Sport.

Die finnische Sauna hat sich im privaten Bereich von der „Kartoffelkiste im Keller" zum integralen Bestandteil eines modernen Ansprüchen genügenden Wellnessbads gemausert. Gerade da, wo angrenzende Räume bei der Renovierung hinzugenommen werden können, findet die Sauna zunehmend Einzug ins Bad. Diese Entwicklung wird dadurch begünstigt, dass sie nicht mehr zwingend als Raum im Raum gestaltet werden muss, sondern durch speziell geeignete transparente Glaswände in das Gesamtbild des Bads eingefügt werden kann. Ihre Integration hat auch einen eindeutig positiven Effekt auf den Megatrend Gesundheit, wirkt ein regelmäßiger Saunagang doch entgiftend und stärkend für das Immunsystem.

Besonderer Beliebtheit erfreut sich aktuell die Dampfdusche. Sie vereint die Funktionen der täglichen Reinigung unter der Dusche mit der gesundheitsfördernden und entspannenden Wirkung des Dampfbads und ist somit äußerst platzsparend. Das feuchtere Klima und die etwas niedrigeren Temperaturen sind kreislaufschonender und deshalb für manche besser geeignet als die trockene Hitze der Sauna. Die Dampfdusche ist in der Regel aus Stein und/ oder mit Fliesen gebaut und verfügt über eine im Idealfall beheizbare Sitzbank. Der wesentliche Unterschied zur normalen Dusche ist der Dampfgenerator und die komplett verschließbare Kabine, damit kein Dampf entweichen kann. Häufig ist auch ein Kneippschlauch mit Kalt- und Warmwasseranschluss integriert, damit zum einen der Sitzplatz abgespritzt und zum anderen die nötige Abkühlung des Körpers gezielt erfolgen kann.

Die Menschen schaffen sich kleine Ruhezonen, um vom Alltag zu entspannen, und legen Wert auf attraktiv gestaltete Rückzugsorte und kommunikative Zonen zu zweit oder für die ganze Familie. Zusammen oder alleine – Entspannung und Kraft tanken sind die wichtigen Eckpfeiler für eine ausgeglichene Balance im Alltag. Deshalb werden nicht nur in Sauna und Dampfdusche, sondern auch als Ruhezonen im Bad immer häufiger Liegeflächen und Sitzgelegenheiten integriert. Durch fließende Übergänge zu Ankleide- und Schlafräumen kann ein ganz privater Rückzugsort geschaffen werden, der den Namen „Private SPA" in besonderer Weise verdient.

Ins rechte Licht gerückt

Eine ausgeklügelte Lichtplanung ist das Sahnehäubchen bei einer perfekten Raumplanung. Das gilt auch und besonders für das Badezimmer. Es wird zu verschiedenen Tageszeiten, mit verschiedenen Bedürfnissen, für verschiedene Verrichtungen und teilweise von verschiedenen Personen aufgesucht. Licht an oder aus, ist die häufig in den Bädern anzutreffende Lösung, aber sicher keine, die begeistert. Es liegt auf der Hand, dass man zum Wachwerden am Morgen ein anderes Licht braucht als zum Runterfahren am Abend, zum erfrischenden Duschen ein anderes als zum entspannten Baden. Mit Licht kann die jeweilige gewünschte Grundstimmung in einen Raum gezaubert werden. Helle Strahler geben dem Raum Frische und wirken belebend, während indirekte Beleuchtung das Bad eher wohnlich und gemütlich macht. Wer sich optimal sehen will, braucht am Spiegel eine gleichmäßige und schattenfreie Ausleuchtung zum Schminken oder Rasieren. Orientierungslicht am Boden verhindert das vollständige Wachwerden, wenn man nachts mal raus muss.

Auch architektonisch ist die richtige Lichtsetzung von unschätzbarem Wert. Durch gezielt eingesetzte Beleuchtung kann eine ganz besondere Akzentuierung von Gegenständen oder Zonen erfolgen und die Oberflächenbeschaffenheit der Materialien reizvoll in Szene gesetzt werden. Moderne LED-Leuchten ermöglichen eine Hinter- und Beleuchtung von Nischen und Einrichtungsgegenständen und erzeugen mit wechselndem Farblicht ganz besondere Lichtstimmungen. Sie lassen sich mittels Taster oder Smartphone steuern und ermöglichen sogar das Abspeichern ganzer Szenarien.

Smart Being

Wir leben in einem digitalen Zeitalter, in dem Smartphone, Computer und Internet ganz selbstverständlich zum Alltag gehören. Die digitalen Entwicklungen führen, richtig eingesetzt, zu einer Steigerung der Lebensqualität. Smart Being heißt der dazugehörige Trend, der Life Balance und Digitalisierung miteinander in Verbindung bringt. Dank des Smartphones können wir schon lange von unterwegs aus nachschauen, ob die Rollladen heruntergelassen, die Heizung aus und das Fenster zu ist. Durch „Smart Home" gewinnen wir für unser Zuhause an Komfort und Sicherheit. Vermehrt halten technische Elemente auch in den Badezimmern Einzug. Immer mehr Hersteller bieten digital steuerbare Produkte an, die ganz einfach über eine App oder ein Bedienpanel gesteuert werden können.

▼ Die Oberflächenstruktur von Wanne und Waschtisch sorgt bei jedem Lichteinfall für eine andere Wirkung. (Bette)

Damit bei der Morgentoilette der perfekte Start in den Tag gelingt, kann der Badnutzer in einem modernen Bad seiner Lieblingsmusik lauschen, den lokalen Radiosender hören, auf einem Display die Börsenkurse verfolgen oder sogar Frühstücks-TV sehen. Dockingstations oder Bluetooth-Verbindungen mit dem Spiegelschrank und Unterputzradios im Doppelsteckdosen-Format sowie im Spiegel integrierte TV-Monitore machen es möglich. Verwunderlich, welch guten Klangkörper so ein Spiegelschrank oder eine Badewanne abgeben kann. In der Wand versteckte Lautsprecher, z. B. in der Dusche, sind unsichtbar, aber unüberhörbar. Die Rasur des Hausherrn am perfekt ausgeleuchteten Spiegel mit Vergrößerungsfunktion kann selbst dann unfallfrei gelingen, wenn gleichzeitig die Dame ausgiebig und heiß duscht. Denn die auf Touch einstellbare Spiegelheizung verhindert das Beschlagen.

In der Dusche bringen digitale Bedienelemente, die einfach und intuitiv zu handhaben sind – auch mit nassen und seifigen Fingern und ohne Brille – einen komfortablen Mehrwert. So können Wasserauslassstellen entweder einzeln oder gleichzeitig angesteuert werden, die Einstellung der Wassertemperatur kann bis auf das Grad genau erfolgen und bei manchen Armaturen sogar als Lieblingstemperatur für einzelne Nutzer gespeichert werden. High-End-Duschen verfügen über Choreografien, bei denen sich vordefinierte Wasserstrahlarten und deren Zusammenspiel je nach Menge, Stärke und Temperatur individuell dirigieren lassen, ergänzt durch Duft- und Farblichtsteuerung. Die dann einmal eingestellten, aber veränderbaren Szenarien ersetzen im Prinzip über 100 Handgriffe.

Dies sind nur einige Beispiele für diesen sich rasant entwickelnden Trend. „Smart" heißt übersetzt „schlau". Schlau ist die Hausautomation dann, wenn sie das Leben vereinfacht und nicht komplizierter macht. Smarte Technologie, intelligent eingesetzt und abgestimmt auf die Bedürfnisse der Bewohner in einem harmonischen Raumkonzept – so wird „Smart Being" im eigenen Bad möglich.

Ausblick

Die aufgezeigten Trends werden auch in Zukunft weiter Einfluss auf die Badarchitektur nehmen. Das Bad wird seinen errungenen Status als Rückzugsort und Energietankstelle nicht wieder hergeben. So bleibt es oberste Prämisse für den Badgestalter, einen Wohlfühlraum nach den individuellen Bedürfnissen der Bewohner zu gestalten. Dabei wird das Zusammenspiel der Trends Gesundheit und Digitalisierung noch einige neue Funktionen für das Bad mit sich bringen. Längst tracken unzählige Menschen täglich ihre Vitalfunktionen und erhalten von ihrer Armbanduhr Anweisungen, wie viel Schritte sie heute noch laufen müssen. Warum sollte diese mir nicht auch sagen, welche Temperatur meine Dusche haben sollte oder ob ein Kneippscher Guss oder doch eher ein Saunagang jetzt das Richtige für mich wäre, und dies im Idealfall sofort nach Bestätigung durch den Nutzer einstellen?

Auch für das selbstbestimmte Leben im Alter ist das Ende der Fahnenstange noch längst nicht erreicht. Sprachsteuerung ohne Display oder Sensorik im Fußboden, die Hilfe holt, falls eine Person im Bad gestürzt ist, sind hier nur Beispiele für das heute schon Machbare. Neueste technische Errungenschaft ist die Entwicklung einer Toilette, die eher als Smart-WC bezeichnet werden muss. Dieses optisch klassisch aussehende, digitale WC analysiert über einen integrierten Teststreifen den Urin des Benutzers und liefert die Ergebnisse direkt auf Wunsch auf das Smartphone und später vielleicht zum behandelnden Arzt oder Fitnesscoach. Bislang handelt es sich dabei noch um einen Prototyp, aber es zeigt, wohin die Reise in puncto technischer Entwicklung noch gehen kann.

▼ Nicht nur an Dusche und Badewanne, sondern auch am Waschtisch sorgen smarte Bedienelemente für einen erhöhten Bedienkomfort. (Dornbracht)

Planerverzeichnis

**Adam Koch GmbH Co. KG –
Forum für Bad und Wärme**
Martin Henrich

Bäderwerkstatt Ines Tanke
Ines Tanke

Bukoll GmbH – Bäder und Wärme
Gisela Bukoll / Karl Bukoll

Dreyer
Regine Dreyer / Thilo Dreyer

**badmanufaktur Roth – Premium-
bäder & Wohndesign**
Gerlinde Roth / Thomas Roth

Boddenberg – Die Badgestalter
Georg Boddenberg

Das Premium-Bad
Henning Senger

FRICKBadezimmer
Martina Frick / Rainer Frick

Fuchs GmbH
Marina Seeberger

H.D. Wagner GmbH
Bad+Design Heizung
Yvonne Wagner

Klotz Badmanufaktur GmbH
André Klotz / Susanne Hoffmann

Steinrücke FSB GmbH
Bad und Raum in Perfektion
Elmar Steinrücke / Sabine Steinrücke

GOLDMANN Badmanufaktur
Maritta Goldmann

Hans Schramm GmbH & Co. KG
Ingrid Schramm

R. Musculus GmbH
Julia Musculus

ULTRAMARIN – Raum Fliese Bad
Stephan Krischer

Zeit für etwas Neues

Ein komplett neuer und privater Bereich sollte für das Ehepaar gestaltet werden. Während der Badplaner das neue Badezimmer entwarf, sorgte ein Architekt für die Umgestaltung von Schlaf- und Ankleidezimmer.

Das Ehepaar hatte sich an seinen alten Räumlichkeiten wahrlich sattgesehen. Zeit für eine Renovierung, Zeit, den Stil ein wenig zu verändern, und Zeit für etwas Neues. Ein Durchbruch zwischen zwei Räumen schuf die gewünschte Vergrößerung auf ein 18 m² großes Badezimmer. Um zwar die zur Verfügung stehende Fläche zu maximieren, aber dennoch eine Einteilung in Zonen zu gewährleisten, blieb ein Teil der Wand stehen. Sie dient der optischen Abgrenzung zwischen der Zone, in der die Badewanne und ein Schminkplatz untergebracht sind, und der Zone, in der sich das nochmals separierte WC und die großzügige Dusche befinden. Die Wand trägt auf beiden Seiten ein Waschbecken, sodass es in beiden Zonen einen Waschplatz gibt.

Hochglanzbeschichtetes tropisches Edelholz ist tonangebend im Wannenbereich. Der Waschtisch, die Wandverkleidungen und der Einbauschrank sind vom Schreiner auf Maß aus diesem ganz besonderen Material gefertigt worden. Edel und zurückhaltend fügt sich der verlegte Boden aus graubraunen, quadratischen, großformatigen Natursteinfliesen in das stilvolle Gesamtbild ein. Geschickt arbeitete der Badplaner in dieser Zone des Badezimmers mit vielen geschmackvollen Details. So sorgt ein Schminkplatz mit integriertem Vergrößerungsspiegel und vertikalen Stablampen für eine optimale Beleuchtung. Der deckenhohe Einbauschrank bringt den benötigten Stauraum. Ein innovativer, quadratischer Heizkörper in weißer Lamellenoptik über der Badewanne kann als Ablage oder Handtuchwärmer genutzt werden. In die Wand eingepasst, bietet die Badewanne mit einer praktischen Ablagefläche und einer trapezartig verlaufenden Innenfläche die Möglichkeit, auch von zwei Personen unterschiedlicher Größe genutzt zu werden. Perfekt für das ungleich große Ehepaar. Der Wasserauslauf der Badewanne wurde in die Wandverkleidung mit dem Edelholz integriert und so besonders in Szene gesetzt.

▼ Ungewöhnlich und originell in der Maserung, bildet das dunkle Holz einen angenehmen Gegenpol zu dem Weiß der Wände.

▶ Großformatige Natursteinfliesen am Boden schaffen eine visuelle Verbindung zwischen den Zonen.

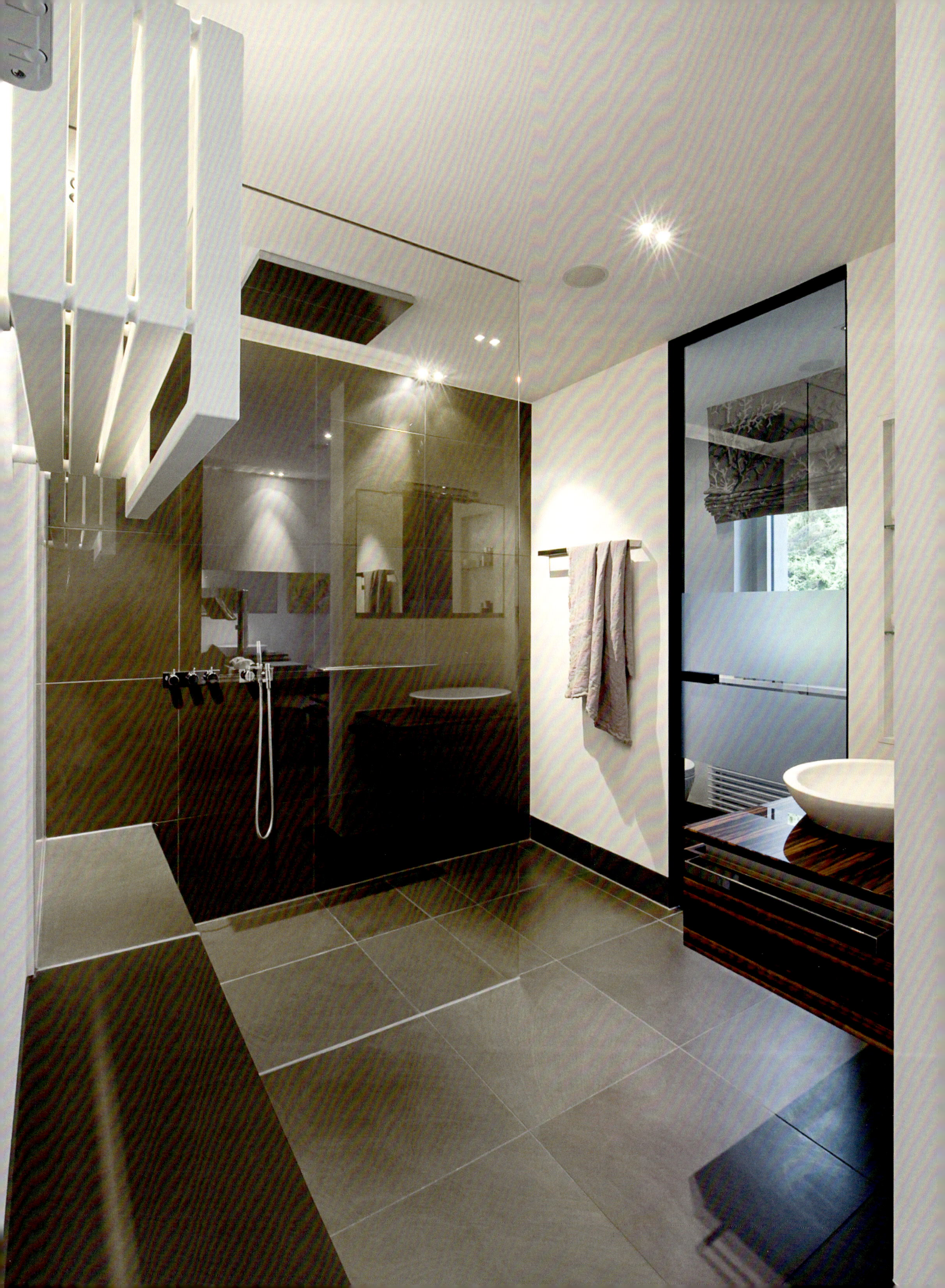

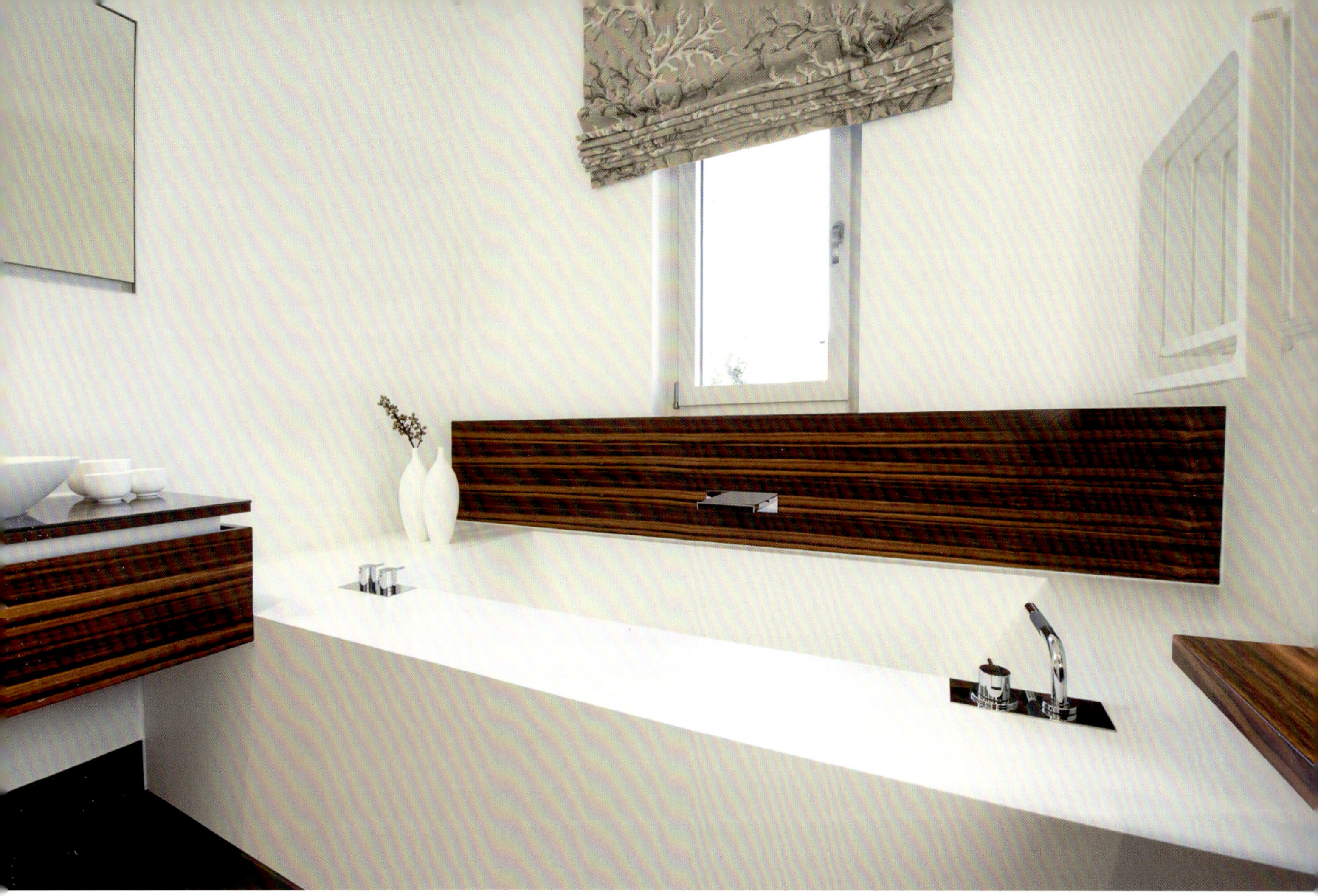
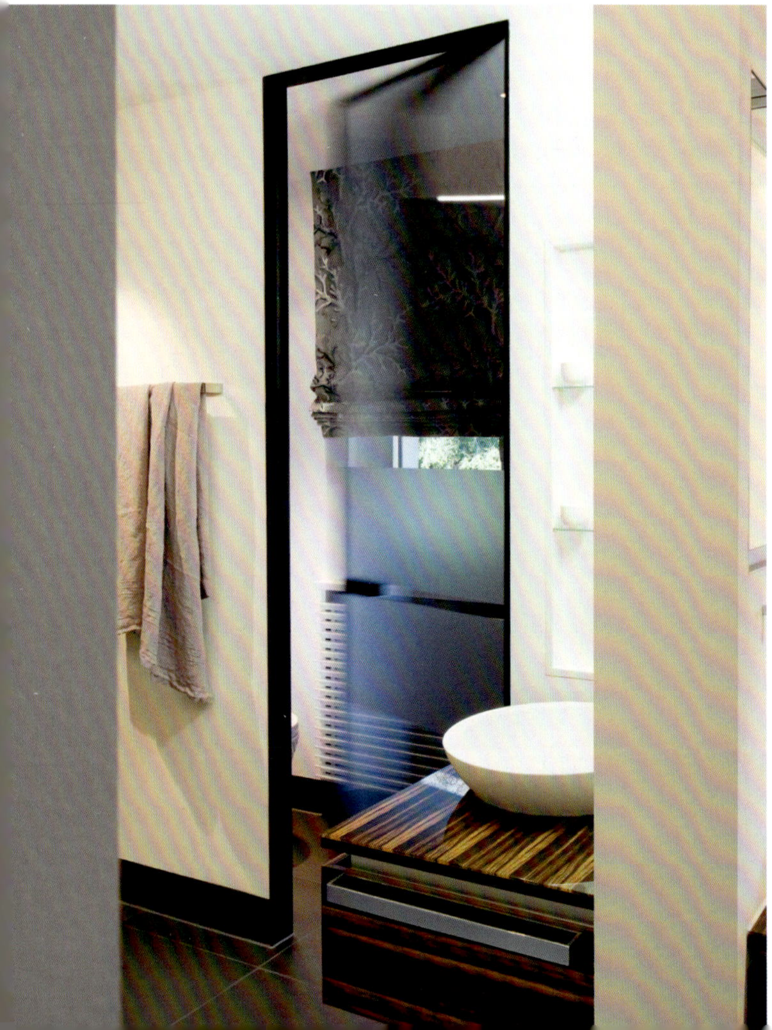
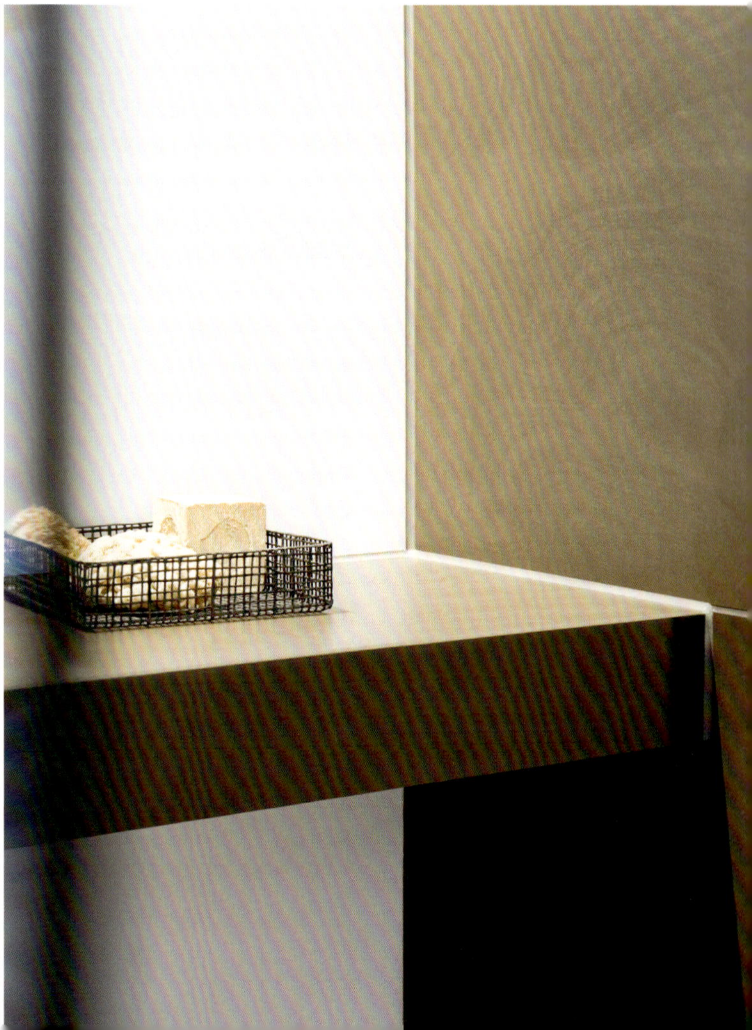

Im Duschbereich wird nicht nur am Boden, sondern auch an der Wand die großformatige quadratische Natursteinfliese wieder aufgegriffen und schafft so eine visuelle Verbindung zwischen beiden Badezimmerbereichen. Die Sitzbank der Dusche verläuft auch vor der Dusche weiter und sorgt damit für eine entspannte Sitzmöglichkeit. Maximale Entspannung erfährt das Ehepaar durch den unter der Decke montierten hochwertigen Regenhimmel als Duschkopf. Ein Gefühl wie eine Dusche im zarten Sommerregen. Kombiniert mit einer edel wirkenden Handbrause, entsteht ein komfortables Duscherlebnis. Eine deckenhohe durchsichtige Glasscheibe trennt den Duschbereich ab und sorgt für Spritzschutz, ohne den Raum optisch zu verkleinern.

Um den Eheleuten die gewünschte Privatsphäre zu bieten, wurde der WC-Bereich noch einmal mittels einer Schwingtür aus Glas mit satinierten Elementen getrennt. Mit seinem Auge für praktische und gleichzeitig stilvolle Details integrierte der Badplaner in diesem Bereich des Badezimmers eine Nische mit Glasregalböden für zusätzliche Ablagefläche neben dem Waschtisch. Das farblich abgestimmte textile Rollo mit floralem Muster findet sich im WC wie über der Wanne wieder.

Aus zwei Räumen wurde hier ein großes Badezimmer geschaffen, das durch geschickte Aufteilung doch wie zwei wirkt: irgendwie getrennt und doch zusammen. Ganz nach dem Geschmack der Bewohner.

◄ Perfekt eingepasst.

▶ **Links:** Eine Schwingtür aus Glas mit satinierten Elementen trennt den WC-Bereich ab.
Rechts: Stilvolle Sitzbank und Ablagefläche in der Dusche.

▼ Das dunkle Tropenholz und die weiße Dekoration bilden einen angenehmen Kontrast.

RENOVIERUNG IM BESTAND
Badgröße: **18 m²**
Badnutzer: **Paar (ca. 50)**

VERARBEITETE PRODUKTE
Armaturen: Vola
Schiebetüre: Rimadesio Velaria
Badewanne: Maßanfertigung
Aufsatz-
waschbecken: Agape
Heizkörper: Tubes
Lampen: Bernd Beisse
WC: Toto

Alle Einbaumöbel und Spiegelanlagen wurden bauseits erbracht.

VERARBEITETE MATERIALIEN
Naturstein Grauwacke, Corian, Zebrano

Grundriss, Maßstab 1:100

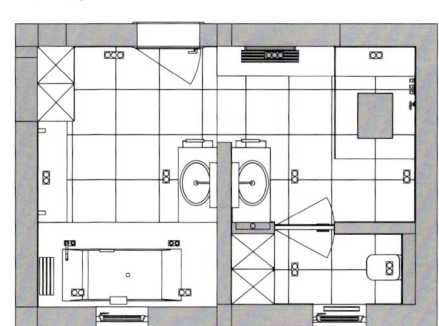

Glasklar

Klare Linien, Glas und warme Farbtöne sollten das neue Saunabad dominieren. Daran hielt sich der Badplaner und entwarf ein regelrechtes Home SPA.

Nach einem stressigen Arbeitsalltag möchte es sich der alleinstehende Bauherr nur noch gut gehen lassen, entspannen, etwas für Körper und Seele tun. Um diese Wünsche zu erfüllen, entwarf der Badplaner, der für den Kunden bereits ein Herrenbad und Gäste-WC geplant und umgesetzt hatte, ein 20 m² großes Saunabad.

Beim Eintreten in das Saunabad wird der Blick unmittelbar auf die eindrucksvolle beigebraune Natursteinwand gelenkt. Geschickt positionierte Deckenstrahler unterstreichen die grobkörnige und unebene Oberflächenstruktur. Einen reizvollen Gegenpol zu der rauen Oberfläche bietet der Boden aus glatten, marmorierten großformatigen Feinsteinzeug-Fliesen, die durch das komplette Badezimmer bis in den Duschbereich hinein – am Boden wie an der Wand – verlegt wurden. Beide Materialien unterstreichen durch ihre erdigen Farbtöne und warm wirkenden Oberflächen den natürlichen Charme des Bads.

Die großzügige Sauna wurde individuell angefertigt und füllt den vorhandenen Platz einer Nische nahtlos aus. Die Glasfront mit der Tür über Eck lässt die Sauna optisch mit dem Bad verschmelzen und sorgt dafür, dass trotz der abgeschlossenen Zone das großzügige Raumgefühl nicht verloren geht. Indirektes Licht bringt das passende Flair zum Entspannen. Der in der Nische verbleibende Platz wird sehr geschickt für den Waschplatz verwendet. Der Badplaner setzte diesen quasi vor die Sauna neben den Wandvorsprung, der den Übergang zum Duschbereich markiert. Bei dem

▼ Ein Wellnessraum par excellence mit eingepasster Sauna, großzügigem Duschbereich und TV.

▲ Eine großzügige Raumanordnung dank Glas- und Spiegelflächen.

Waschtisch wurde auf einen Unterschrank zugunsten einer großzügigen Raumanmutung verzichtet. Edel und modern wirkt die Kombination aus Natursteinplatte, weißem Keramik-Unterbauwaschbecken und der Armatur aus Chrom. Die im Spiegel integrierten Leuchten sowie Deckenstrahler tauchen den Bereich in ein für jeden Zweck optimales Licht.

Für Abkühlung nach dem Saunagang sorgt eine bodenebene geräumige Duschzone. Hier sind dem Duschvergnügen schier keine Grenzen gesetzt. Eine Überkopfbrause, ein Duschkopf an der Stange und ein Kneippschlauch lassen jeden Duschgang des Hausherrn zu einem ganz individuellen Erlebnis werden. Die eingesetzte Glasabtrennung ist gerade so groß gewählt, dass sie den danebenliegenden Waschplatz vor Spritzwasser schützt und dem Raum nichts an Tiefe nimmt. Ansonsten ist die Dusche frei begehbar.

Die freie Fläche vor der Natursteinwand kann der Bauherr ganz nach eigenen Vorlieben gestalten. Ob er diese Zone nun als Ruhe- oder Fitnessbereich nutzt – Platz ist in jedem Fall genug vorhanden. Ein wenig Technik darf bei einem heutigen Trendbad natürlich auch nicht fehlen: Ein großer schwenkbarer TV-Monitor wurde so positioniert, dass der Bauherr überall im neuen Saunabad bequem fernsehen kann. Entspannung pur!

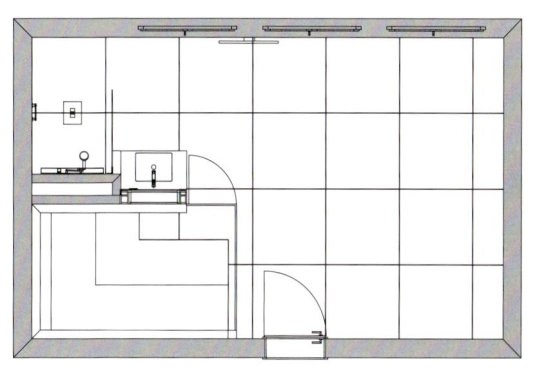

Grundriss, Maßstab 1:100

NEUBAU
Badgröße: **20 m²**
Badnutzer: **Mann**

VERARBEITETE PRODUKTE
Armaturen: Dornbracht
Waschbecken: Domovari
Duschabtrennung: S&E Glasdesign
Badmöbel und
Spiegelschrank: Maßanfertigung vom Schreiner
Sauna: Klafs

VERARBEITETE MATERIALIEN
Naturstein, Feinsteinzeug

Dem Horizont entgegen

Hier wurde in einem kleinen Häuschen mit Seeblick ein traumhaftes Badezimmer unter dem Dach geschaffen. Das hätte der Oma bestimmt gefallen.

Das Ehepaar, Mitte 30, erbte ein kleines Häuschen mit Seeblick von der Oma. Doch wie und vor allem wo fängt man an zu renovieren? Muss man umbauen und wenn ja, wie strukturiert man das Häuschen in gemütliche und wohnliche Bereiche? Etwas überfordert von der Gesamtsituation wandte sich das Paar an die Badplanerin und bat um Hilfe bei der Platzierung, Planung und Umsetzung eines Badezimmers. Modern und freundlich sollte es werden, hell, offen, luftig und viel Stauraum bieten.

Während im unteren Bereich des Hauses das Wohnzimmer, die Küche und der Essbereich Platz finden sollten, wurde das Dachgeschoss komplett als Schlaf- und Badezimmer geplant. Durch das Einfügen großzügiger Dachfenster gestaltet sich der Raum für das neue private Rückzugsgebiet des Paares hell und lichtdurchflutet. Die naturbelassenen Holzbalken der offenen Dachkonstruktion und der Holzdielen-Fußboden auf der gesamten Etage bringen eine wohnliche Behaglichkeit und sorgen gleichzeitig für die Verbundenheit der Bereiche.

Durch die starken Schrägen unter dem Spitzdach bedurfte es schon besonderer planerischer Kompetenz, um im Badbereich alles geschickt zu platzieren und alle Wünsche der Bauherren zu erfüllen. Ein drei Meter langer Waschtisch mit Glasplatte und lackierter Holzfront als Maßanfertigung ist quasi die Trennlinie zwischen den Funktionsbereichen. Eher unüblich von der Gestaltung, aber als durchaus logische Konsequenz aus den vorhandenen Platzverhältnissen liegen sich die beiden Waschbecken, durch eine beidseitige aufgeständerte Spiegelfront getrennt, gegenüber. Die in den Spiegel integrierte Beleuchtung sorgt für optimales Licht zum Schminken, Rasieren und Stylen. Gleichzeitig bietet der Wasch-

▼ Gekonnt eingesetztes indirektes Licht sorgt für eine heimelige Atmosphäre.

▶ Baden mit Blick in den Himmel – mehr Entspannung geht nicht.

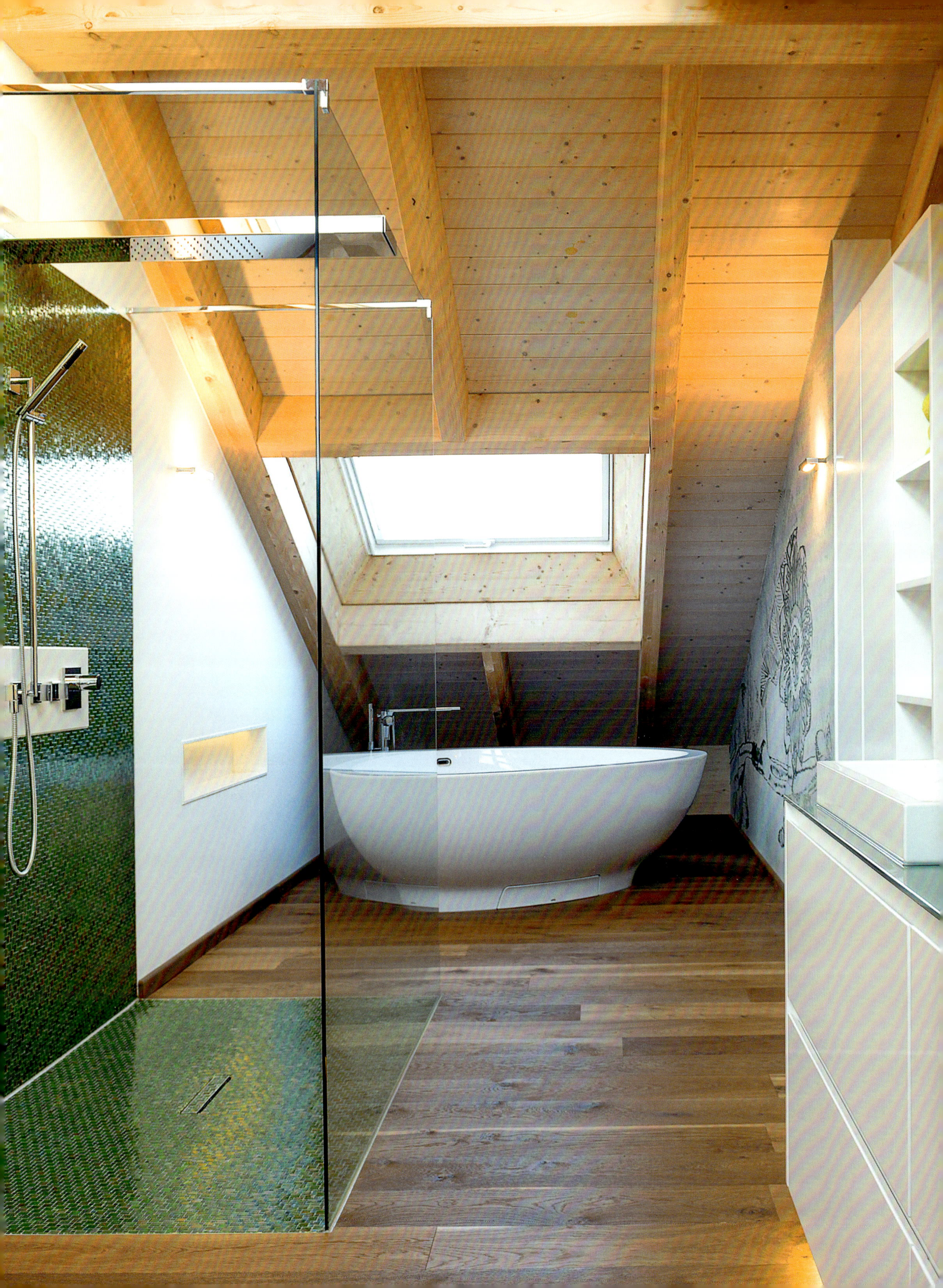

tisch reichlich zusätzliche Ablagefläche und Stauraum. Die indirekte Beleuchtung unter dem Waschtisch lässt diesen gleichsam schweben und betont zusätzlich die warme Wirkung der Holzdielen.

Mittig an der Wand unter dem Dachgiebel befindet sich die bodengleiche Dusche, die durch ihre Glastrennwand für eine offene und luftige Anmutung sorgt. Durch die ausgeklügelte Position der Dusche kann das Paar beim Duschen sowohl in den Raum hinein als auch durch die gegenüberliegende Fensterfront direkt auf die malerische Seenlandschaft blicken. Eine beleuchtete Nische in der Dusche sorgt für eine praktische Ablagefläche. Gleichzeitig setzen die an beiden Seiten der Dusche angebrachten Leuchten die extravaganten grünen Mosaikfliesen gekonnt in Szene.

Die Attraktion des Raums ist die freistehende Badewanne unter dem neu entstandenen Dachfenster. Dieses ermöglicht einen atemberaubenden Blick in den Sternenhimmel oder die vorbeiziehenden Wolken beim ausgiebigen Schaumbad. Das bei freistehenden Badewannen bestehende Problem der fehlenden Ablagefläche wurde mittels einer beleuchteten Nische neben der Wanne geschickt gelöst. Die eingesetzte Motivtapete mit künstlerisch grauem Blumenmuster ist ein echtes Highlight dieser Zone und unterstreicht die Wohnlichkeit.

Ein nach Maß angefertigter weißer Einbauschrank sorgt für eine weitere Trennung der Bereiche und viel Stauraum. Elegant wechseln sich glatte lackierte Fronten und Regalflächen ab. Das Paar ist nun mehr als glücklich mit der Umgestaltung der Räumlichkeiten und hält das Häuschen der Oma in Ehren.

▲ Grünes Farbenspiel der Mosaikfliese.

▲ Dezente Raumbeleuchtung und Ablagefläche in einem.

◀ Tapete im Badezimmer liegt im Trend und setzt auch hier einen besonderen Akzent.

▶ Ein Waschtisch mit Spiegel muss nicht immer eine Rückwand haben.

Grundriss, Maßstab 1:100

RENOVIERUNG IM ZUGE EINER KOMPLETTSANIERUNG DES HAUSES
Badgröße: **20 m²**
Badnutzer: **Paar Mitte 30**

VERARBEITETE PRODUKTE
Wanne: AXOR
Armaturen: Dornbracht
Duschkopf: HSK
Mosaik: Bisazza
Waschbecken: Alape
Motivtapete: Wall & decò
Waschtisch und Schrank: Maßanfertigung vom Schreiner

VERARBEITETE MATERIALIEN
Glasplatte Waschtisch, Holzdielenboden, lackierte Schrankflächen

Kosten   **88.000 Euro**

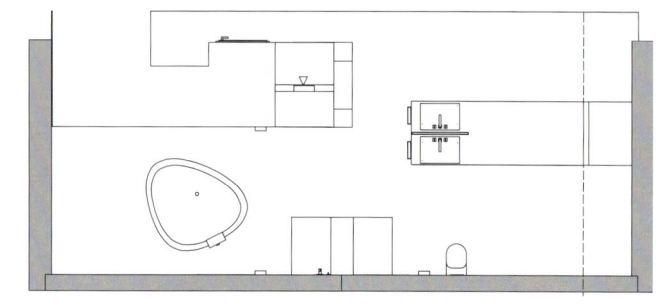

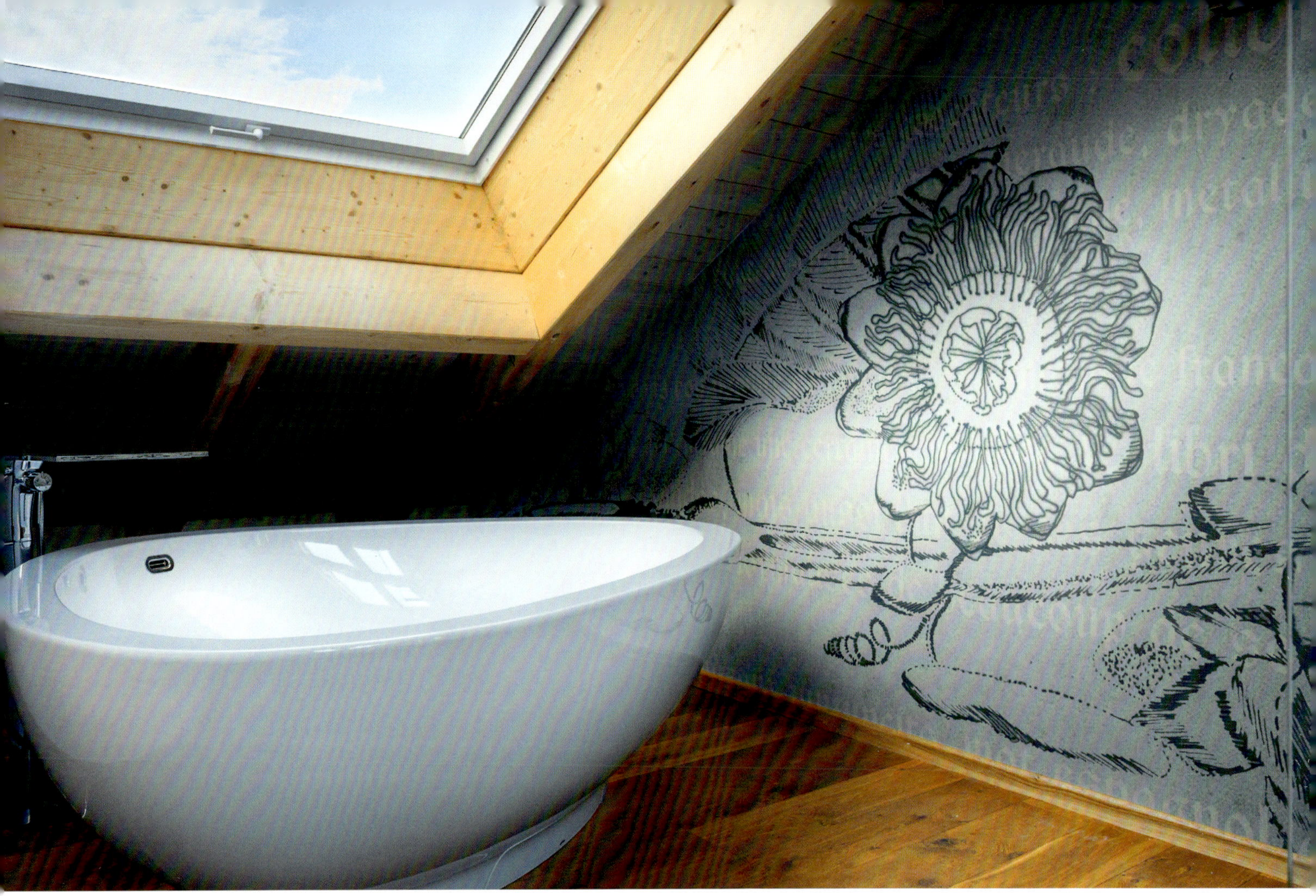

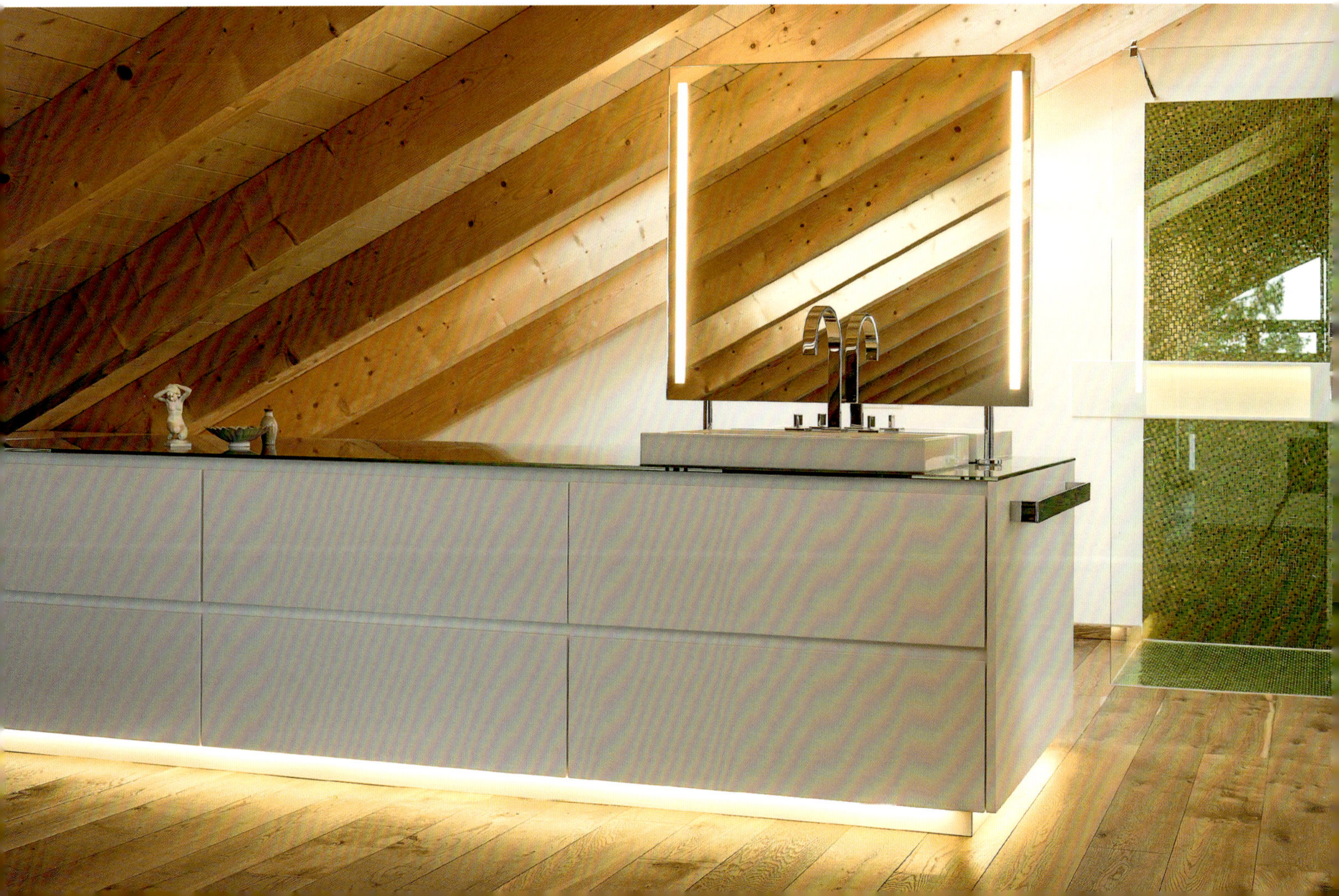

Fitness und Wellness vereint

Das an einem Hang gebaute Haus verfügte über Kellerräume, die jedoch an einer Seite eine Fensterfront aufwiesen und einen ebenerdigen Ausgang in den Garten hatten. Eigentlich viel zu schade, diese Räumlichkeiten zum Aufbewahren von nicht mehr benötigten Utensilien zu verschwenden, dachte sich die Familie und beschloss, ein eigenes Fitness- und Wellnessstudio daraus zu machen.

Die Familie mit zwei Jugendlichen erfüllte sich im Keller ihres Hauses endlich den Traum eines trendigen Badezimmers mit großzügiger Dusche, Sauna, Trainingsraum und Ruhebereich. Die Badplaner hatten in Zusammenarbeit mit einem Architekten bereits den Außenbereich des Hauses mit Pool und entspannendem Liegebereich realisiert, sodass sie auch für dieses Projekt der optimale Partner und erste Ansprechpartner für die Familie waren.

Im ersten Schritt wurden mehrere Kellerräume zu einem umfunktioniert, um so den nötigen Platz für die gewünschten Bereiche zu erlangen. Der ehemalige Hauswirtschaftsraum wurde gleich mit umgebaut und dient nun als Eingangsbereich für die neu gestaltete Badezimmerlandschaft. Da der Kellerraum nur über ein Fenster verfügt, musste zur einwandfreien Belüftung eine zusätzliche mechanische Belüftung eingeplant werden. Des Weiteren verwendete der Badplaner eine atmungsaktive Naturfarbe für die Wände, die die Feuchtigkeit im Raum reguliert.

Helle, großformatige Feinsteinzeug-Fliesen am Boden des gesamten Raums schaffen eine optische Verbindung zwischen den einzelnen Zonen. Die Sauna ist an den beiden in den Raum hineinreichenden Seiten mit Glaswänden und Glastür ausgestattet, sodass hier eine maximale Transparenz entsteht und das Holz der für die bequeme Nutzung von vier Personen ausgelegten Sauna einen wohnlichen Touch in den Raum hineinbringt. Durch die Weiterführung der Holzrückwand der Sauna in den angrenzenden Trainingsbereich hinein ist es dem Planer gelungen, eine zusätzliche Brücke zwischen den Bereichen zu kreieren.

▼ Das volle Paket an Fitness und Wellness: ein großzügiger Duschbereich, eine Sauna und diverse Fitnessgeräte.

▶ Kneippschlauch, Regendusche, Handbrause und Sitzbank versprechen ein wahres Duscherlebnis.

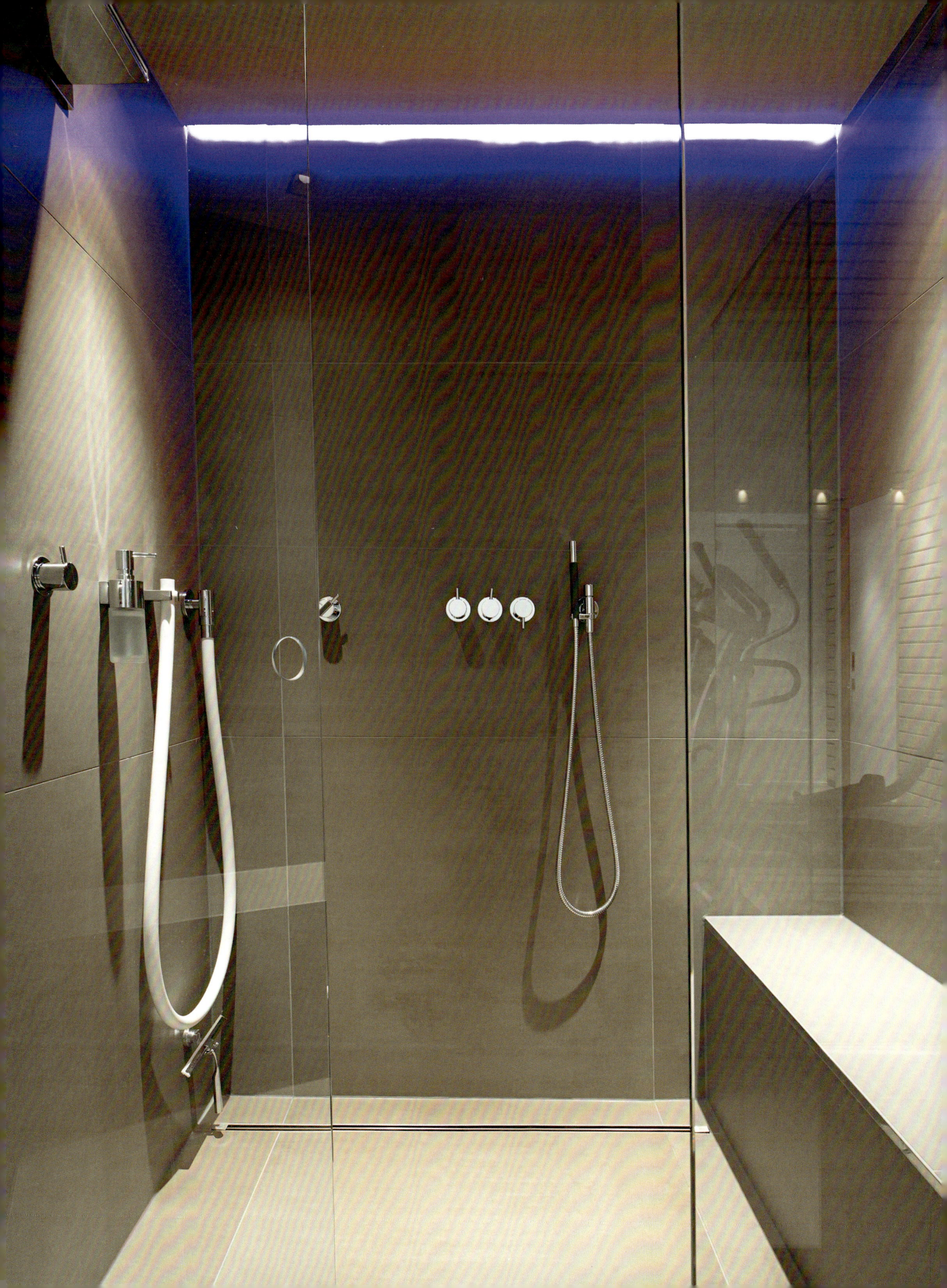

Sauna und Fitnessbereich befinden sich im Zentrum des Badezimmers. In einer Nische neben dem Trainingsbereich schuf der Badplaner einen Ruhebereich mit Einbaukamin für die nötige Entspannung nach dem Saunagang oder dem absolvierten Fitnessprogramm auf dem Stepper, dem Laufband, der Sit-up-Bank und/oder am Boxsack.

In der weiteren Raumnische sorgt ein großzügiger, ebenerdiger Duschbereich mit exzellenter Ausstattung für ein maximales Duschvergnügen. Regendusche, Schwallauslauf, Handbrause und Kneippschlauch lassen keine Wünsche offen. Eine Sitzbank, die aus der Dusche heraus weitergeführt wird, ermöglicht, dass man sich bei der Reinigung oder bei Kneippgüssen bequem hinsetzen kann. Auch die Dusche verfügt über eine vollgläserne Front, sodass hier ebenfalls zur großzügigen Anmutung des Raums beigetragen wird.

Um die passenden Stimmungen für die einzelnen Bereiche zu kreieren, erstellte der Badplaner ein ausgeklügeltes Lichtkonzept, das die Wirkung jedes Bereiches gekonnt unterstützt. Während der Saunabereich für entspannte Momente ein gedämpftes Licht bedingt, fordert der Trainingsbereich ein helles und motivierendes Farbspiel. Modernste LED-Technik mit Farblichtsteuerung wurde im gesamten Raum installiert, sodass auf Knopfdruck die gewünschte Atmosphäre entsteht. Ebenso durften Musik über einem wasserdichten Einbaulautsprecher in der Dusche und ein TV nicht fehlen. Für die technikbegeisterten Jugendlichen ein Muss.

▲ Gemütliche Atmosphäre.

◀ Auch an einen Ruhebereich zum Ausruhen nach dem Fitnessprogramm oder Saunagang wurde gedacht.

▶ **Links:** Der WC-Bereich kann durch eine Milchglas-Schiebetür geschlossen werden und bringt so die nötige Privatsphäre.
Rechts: Die Regendusche mit individuell einstellbaren Lichtszenarien verspricht ein maximales Duscherlebnis.

Grundriss, Maßstab 1:100

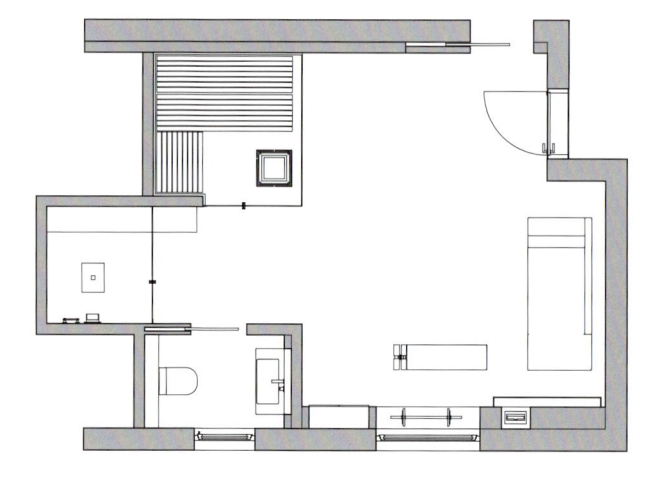

RENOVIERUNG IM BESTAND
Badgröße: **32 m²**
Badnutzer: **Familie mit zwei Jugendlichen**

VERARBEITETE PRODUKTE

Armaturen:	Vola
Regendusche, Schwallbrause und Kneippschlauch:	Dornbracht
Dusche:	Eigenbau
Einbaukamin:	Falper
Wandfliesen:	Mosa
Bodenfliesen:	Mosa
Einbaulautsprecher in der Dusche:	Busch Jaeger
Elektrische Handtuchwärmekörper:	Vola

VERARBEITETE MATERIALIEN
Glas, Holz, Feinsteinzeug, atmungsaktive Naturfarbe

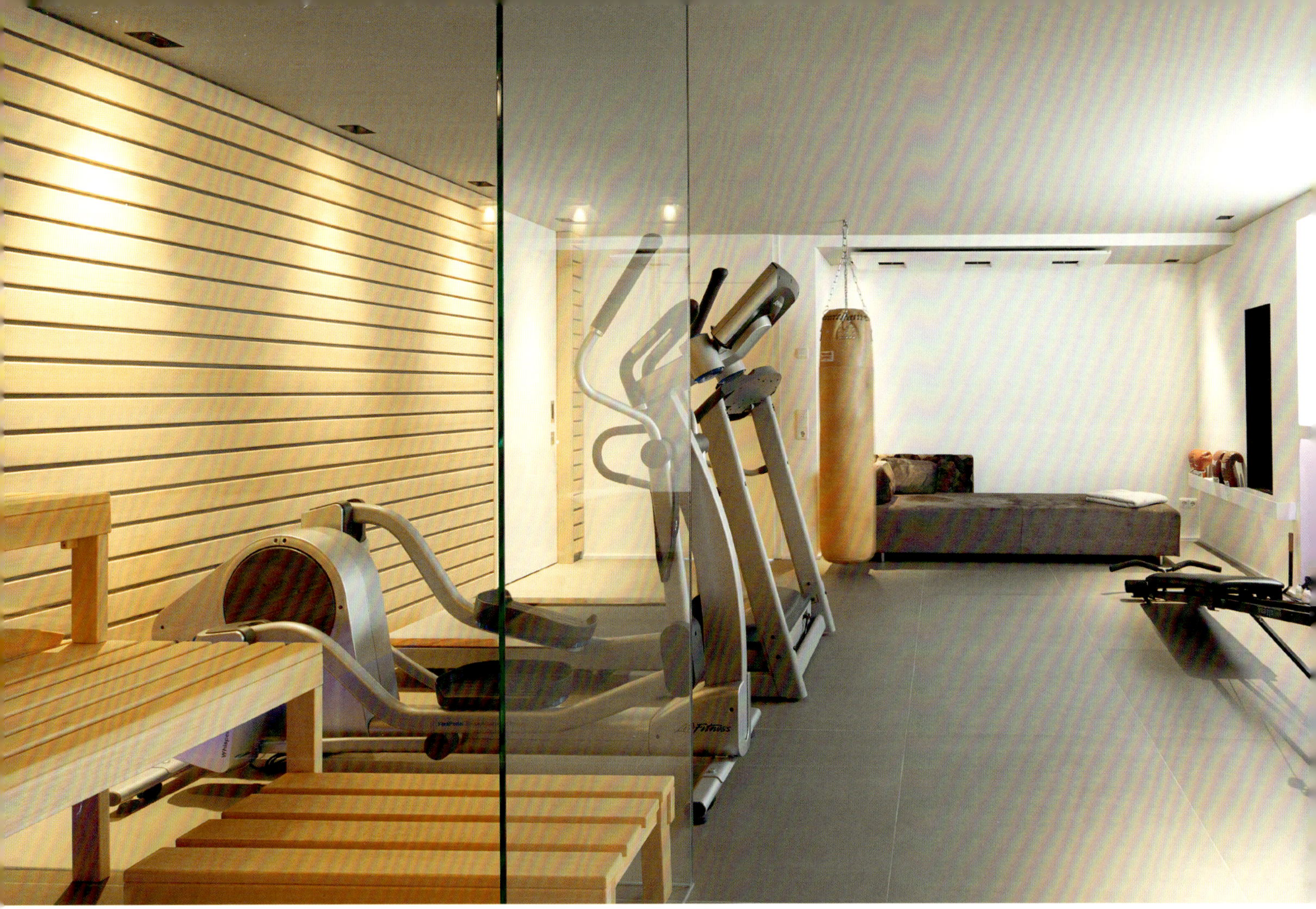

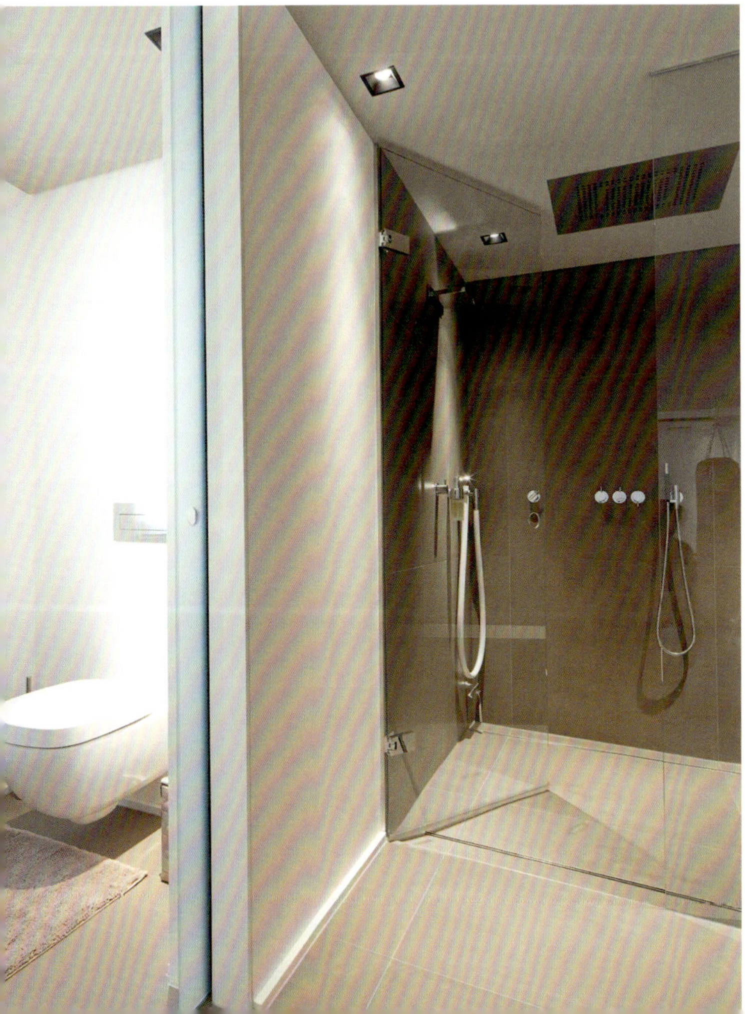

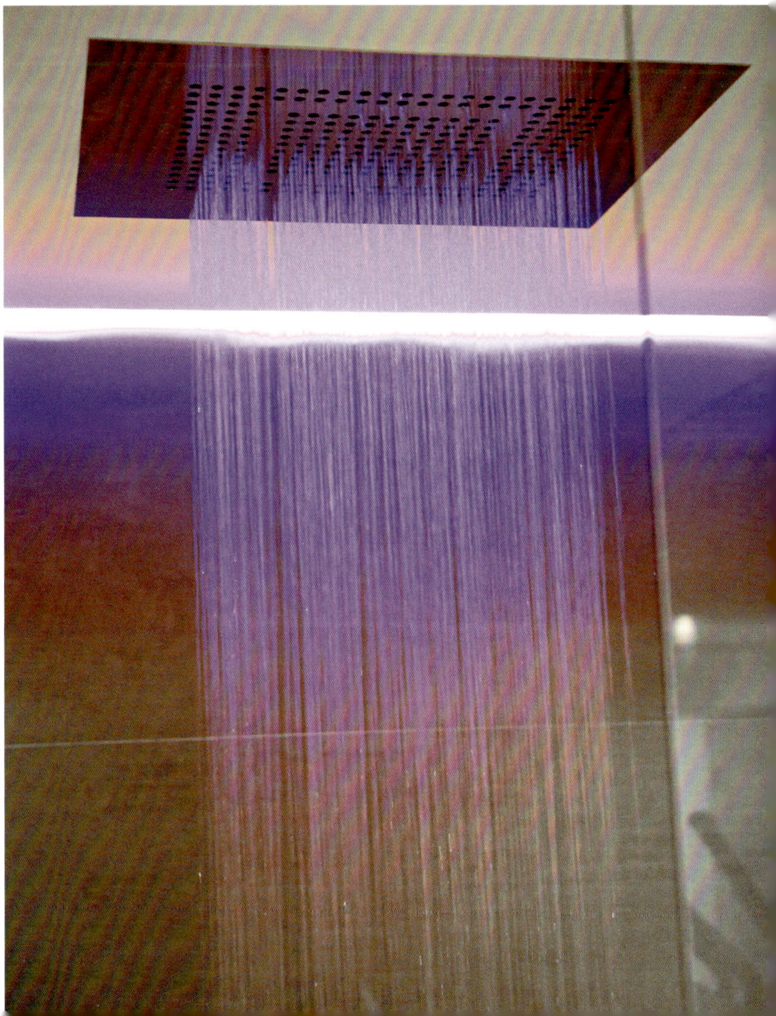

Badewannen-Himmel

Schlafzimmer im Badezimmer oder Badezimmer im Schlafzimmer? Beide Räume wirken zusammen wie aus einem Guss. Wohnlicher kann ein Badezimmer kaum sein.

Für den 16 m² großen Raum wünschte sich das Ehepaar ein Wohnbad im besten Sinne. Um Schlafzimmer und Badezimmer optisch zu trennen und dennoch eine Verbundenheit der Räume zu gewährleisten, entschied sich die Badplanerin für eine multifunktionale Lösung in Form einer neu errichteten, deckenhohen Trennwand. Während an der einen Seite der Wand das Doppelbett des Paares seinen Platz fand, wurde auf der anderen Seite der Waschplatz installiert. Rechts und links blieb der Durchgang jeweils offen. Auch der Duschbereich wurde durch eine eingezogene Trennwand separiert. Der Clou: Die Seite zur Raummitte hin integriert einen Einbauschrank. Somit entstand zusätzlicher Stauraum, den das Ehepaar gut gebrauchen konnte.

Die Hauptrolle in diesem Raum spielt jedoch die elegante freistehende Badewanne aus Mineralwerkstoff, perfekt in Szene gesetzt vor der bodentiefen Fensterfront. Sie tritt als spektakuläres Duo mit einer außergewöhnlichen Seidenlampe auf, die durch das edle Material und ihre ungewöhnliche, geschwungene, fast opulente Erscheinung ein echter Hingucker ist. Ihre Statisten sind eine im Design sehr reduzierte Standarmatur und eine schlichte Bank aus grauem Naturstein, die sowohl als Ablagefläche für die Badeutensilien als auch als Sitzbank zum Entspannen genutzt werden kann. Die klaren Formen bilden einen stilvollen Kontrast und lassen das Wannen-Leuchten-Ensemble noch besser zur Wirkung kommen. Und für den Badenden spielen sich beim Blick aus dem danebenliegenden Fenster auf die Dachterrasse und/oder in den Himmel ständig neue Szenen ab.

Auch der weiße Waschtisch aus Mineralwerkstoff mit zwei Becken und einer Ablagefläche in der Mitte stiehlt der Diva nicht die Schau.

▼ Geschickt separiert, bilden Duschbereich und Waschtisch eigene Zonen.

▶ Die Gardine und die Seidenlampe kreieren pure Wohnlichkeit um die freistehende Badewanne.

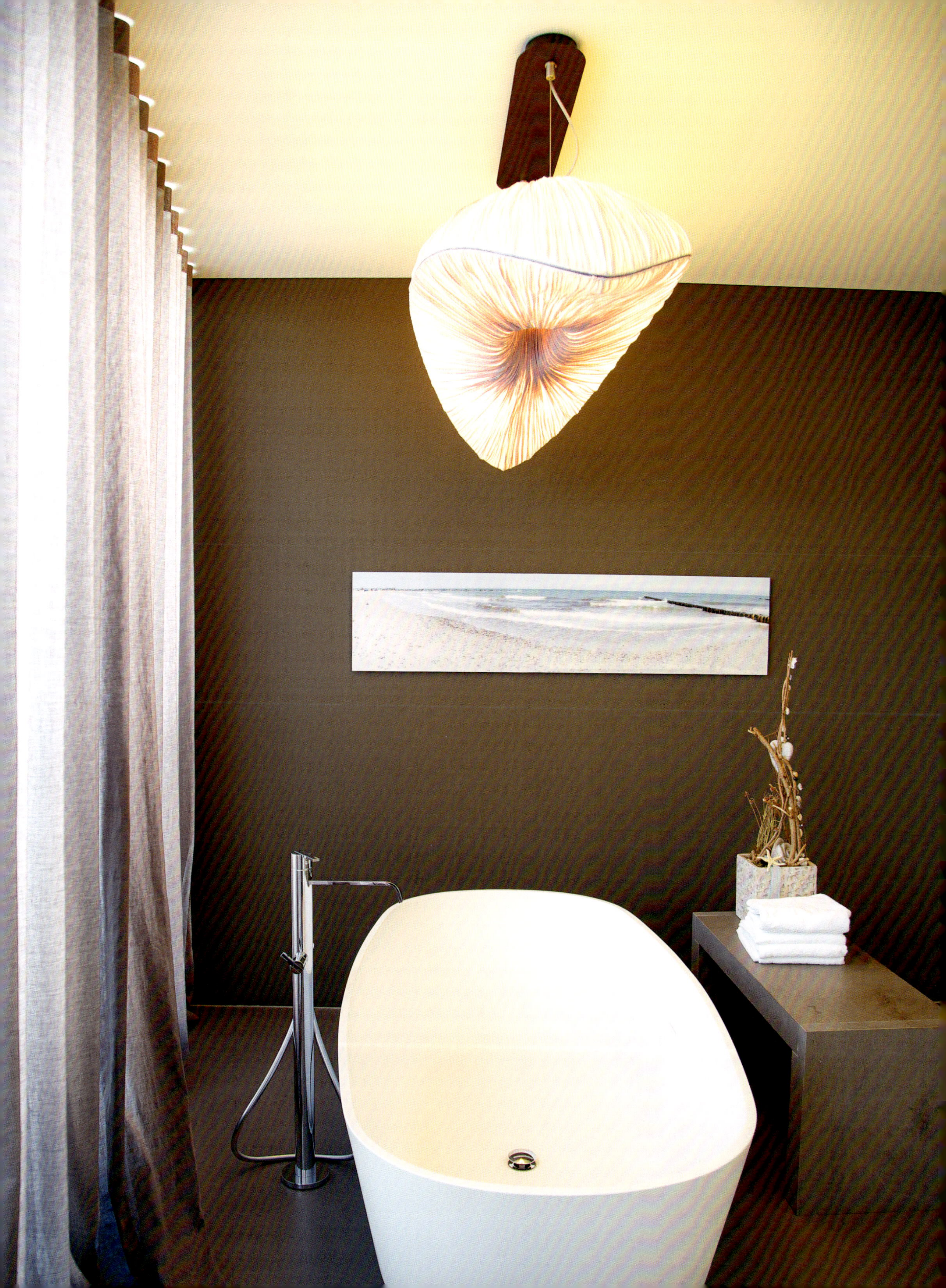

Er erstreckt sich über die gesamte Wandbreite, ebenso wie der Spiegel, und verfügt über einen etwas abgesetzten weißen Unterschrank. Die weißen Einrichtungsgegenstände auf der weißen Wand lassen den Waschbereich optisch fast verschwinden. Naturstein als primäres Material der auf Maß gearbeiteten Duschwände und dem Duschbecken sorgt für eine gewisse Wärme im Badezimmer und steht in angenehmem optischen Kontrast zu dem sinnlich weißen Mineralwerkstoff von Badewanne und Waschtisch sowie dem betonpolierten Boden im Raum.

Eine elegant fließende, bodenaufliegende Gardine, die sowohl im Schlafbereich als auch im Bad eingesetzt wird, schafft eine Verbindung zwischen den beiden Wohnbereichen und trägt wesentlich zur Gemütlichkeit des Badezimmers bei. Unterstrichen wird das wohnliche Flair durch das ausgeklügelte Lichtkonzept. Gezielt positionierte Deckenspots sorgen für eine optimale Ausleuchtung über dem Waschtisch und in der Nische der Dusche. Mit ihrem warmen Lichtschein sorgt die Leuchte über der Wanne für eine beruhigende Stimmung beim Baden oder bei der abendlichen Pflege vor dem Zubettgehen. Gleichzeitig bietet der Raum viel Tageslicht, denn die breite Fensterfront zur großzügigen Dachterrasse erhellt den Raum auf natürliche Weise.

Ein glückliches Händchen für das Kreieren von Wohnlichkeit und Ambiente hat die Badplanerin mit dieser Badinszenierung bewiesen.

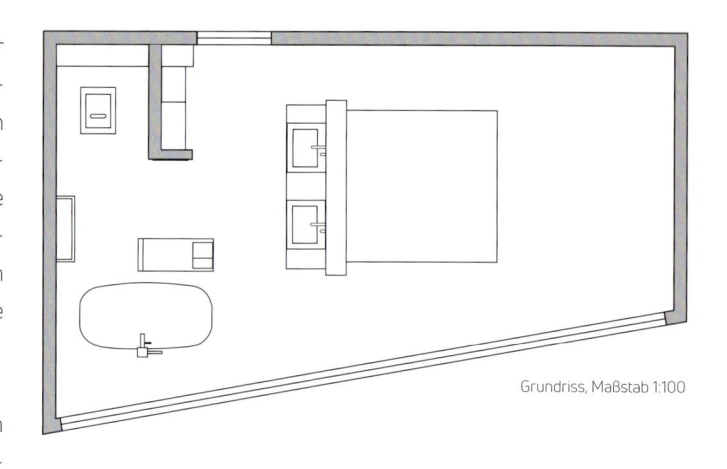

Grundriss, Maßstab 1:100

NEUBAU
Badgröße: **16 m²**
Badnutzer: **Paar**

VERARBEITETE PRODUKTE
Waschplatz, Wanne,
Duschboden und
Armaturen: antoniolupi
Leuchte: Aqua
Wände Dusche: Naturstein auf Maß
Boden: Beton poliert
Bank: Pibamarmi

VERARBEITETE MATERIALIEN
Naturstein, Cristalplant, Holz

◀ Der optimale Blick zum Entspannen.

▶ Das Badezimmer grenzt direkt an den Schlafbereich. Bei Bedarf kann die in der Trennwand eingebaute Schiebetür geschlossen werden.

▼ Ideenreich und praktisch: Die Rückwand der Dusche ist ein Schrank.

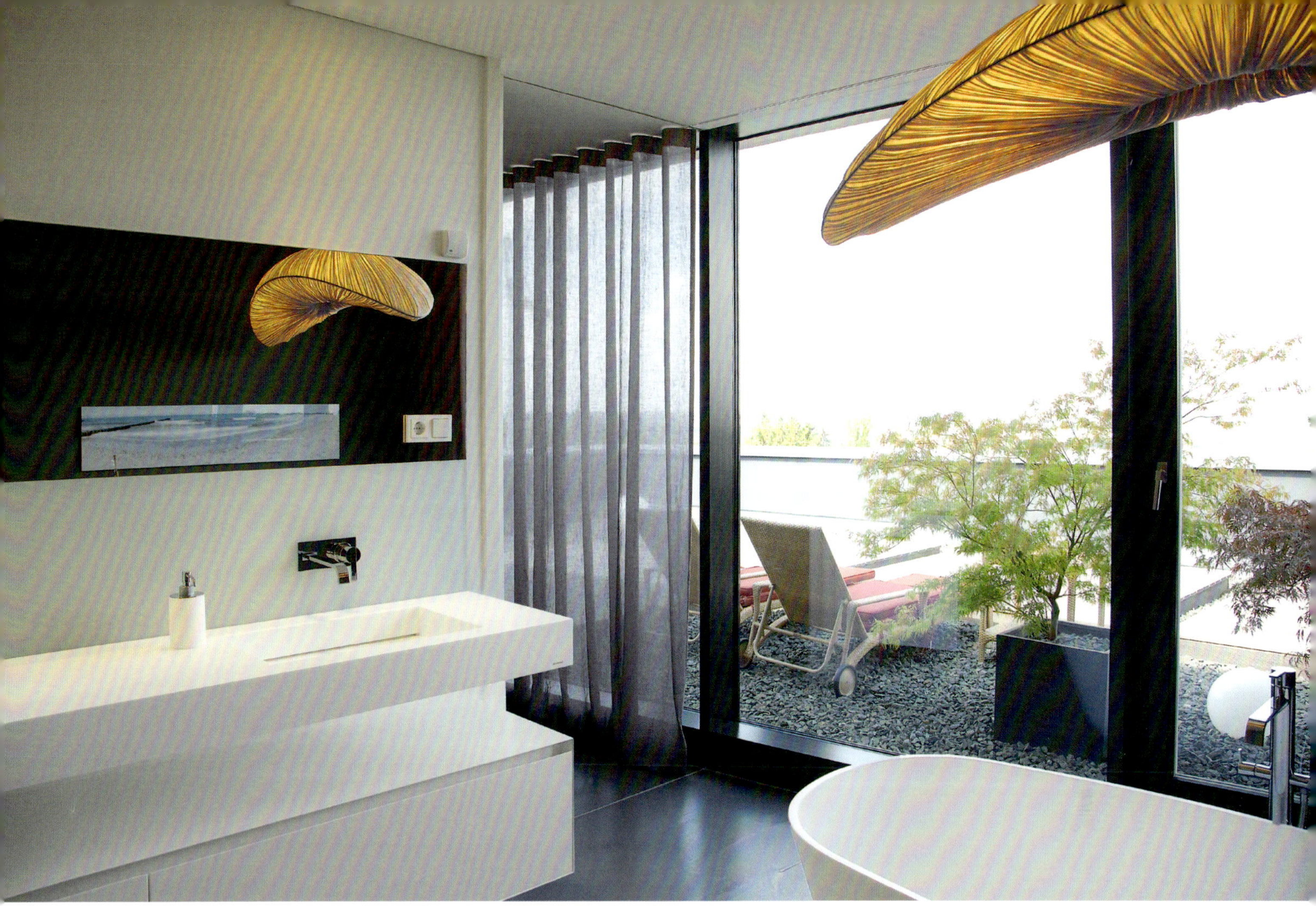

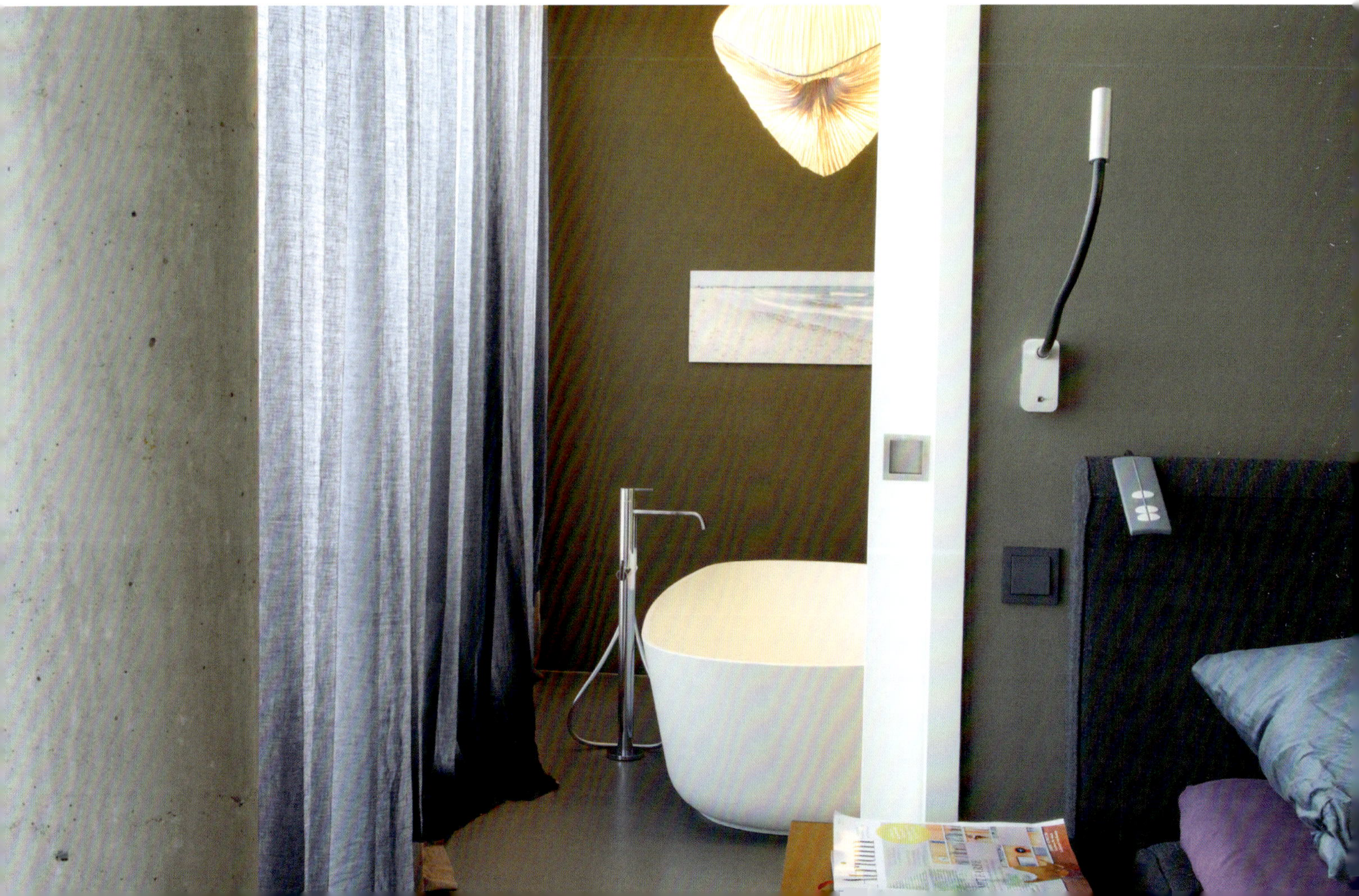

Wohnliche Eleganz

Bei der Komplettrenovierung einer alten herrschaftlichen Stadtvilla wollten die Bauherren auch dem Badezimmer einen ganz neuen Anstrich verleihen. Wohnlich sollte es werden und dem Stil der Villa auf moderne Art Tribut zollen.

Urban gelegen und dennoch umgeben von einer großzügigen Gartenanlage ist die Stadtvilla der Bauherren. Bei einer Komplettsanierung unterstützte der Badplaner in enger Zusammenarbeit mit einer Architektin die Umgestaltung des Badezimmers. Zuallererst ging es an den Grundriss. Um dem Badezimmer mehr Platz zu verleihen und die von den Bauherren gewünschte Sauna zu integrieren, wurde der begehbare Kleiderschrank in die Planung einbezogen. Mit einer Größe von nun 20 m² hatte das Badezimmer die optimale Fläche für die Umgestaltung.

Für den Einbau der Sauna in den ehemaligen Kleiderschrank hat der Planer eine interessante und einzigartige Lösung geschaffen. Eine verspiegelte Glasscheibe sorgt dafür, dass die maßangefertigte Sauna vom Flur aus nur dann einsehbar ist, wenn die indirekte Beleuchtung der Sauna angeschaltet ist. Gleichzeitig werden die Besucher des Bads sicherlich zweimal hinsehen, wenn sie die Tür zur Sauna vom Badezimmer aus betrachten. Während die eine Seite den Anschein einer normalen Zimmertür der Villa hat, besteht die andere Hälfte ebenfalls aus verspiegeltem Glas. Durch die Glasflächen wirkt die Sauna offen, lässt gleichzeitig aber auch das Gefühl von Privatsphäre im Inneren der Sauna entstehen.

Weitere Raffinessen im Raum lassen dieses Badezimmer zu etwas Besonderem werden. Prominent platziert, befindet sich in der Raummitte eine Badewanne aus warm wirkendem Mineralwerkstoff. Der breite Wannenkorpus bietet eine elegante Ablagefläche für Accessoires und Badeutensilien. Eine Trennwand aus Grauglas hinter der Badewanne separiert optisch den komplett aus weißem Marmor ausgekleideten bodengleichen Duschbereich. Eine beheizte Sitzbank, die integrierte Regendusche und der Kneippschlauch sorgen für ein exklusives Duscherlebnis. Eine hinterleuchtete Nische dient als praktische Ablagefläche und sorgt für eine interessante optische Betonung des Marmorsteins. Abgeteilt im hinteren Bereich des Badezimmers, befindet sich das WC.

▼ Das Bad überzeugt durch seine elegant kombinierte Materialvielfalt.

▶ Zimmertür oder Saunatür?

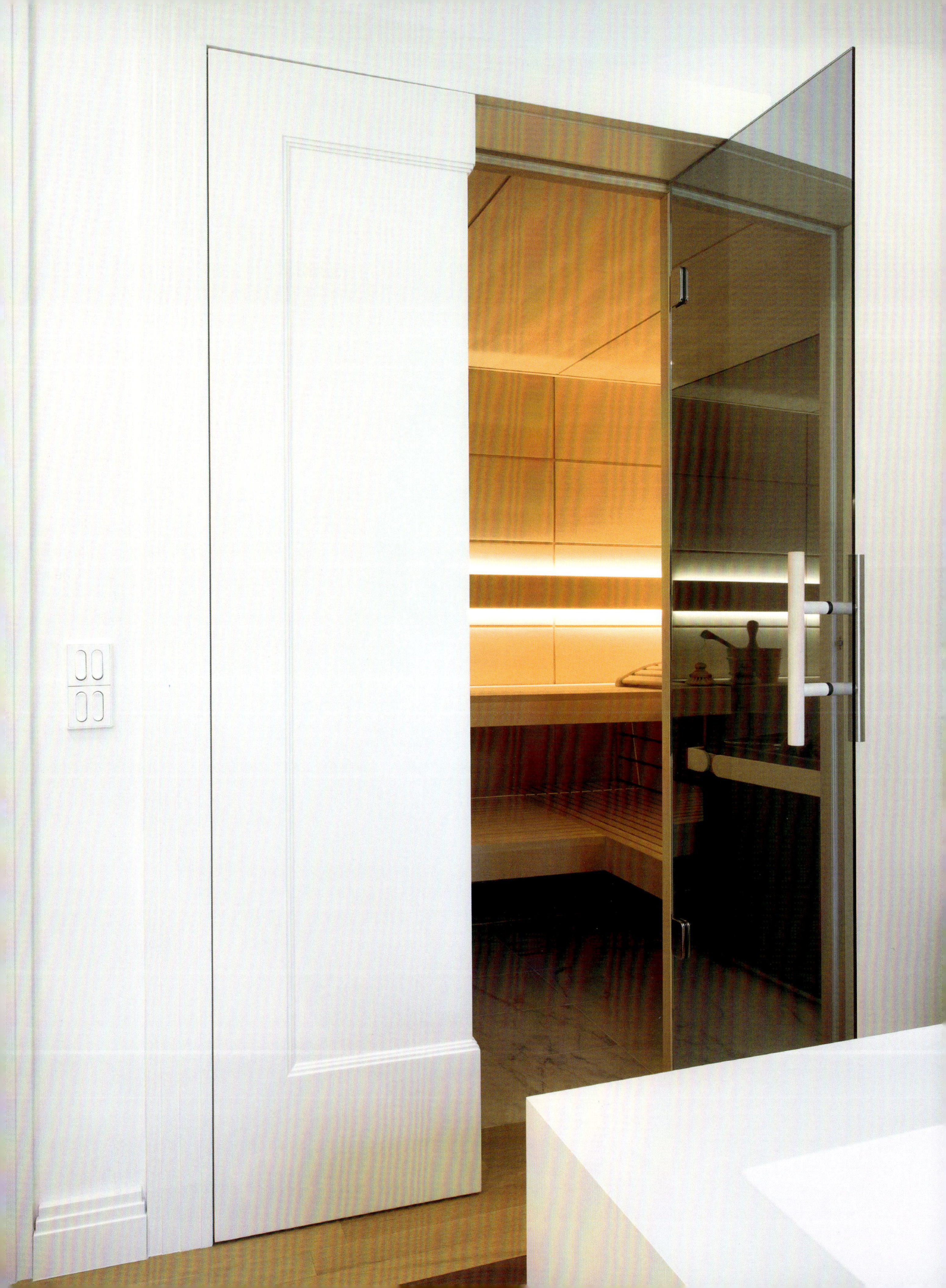

Gerade die stilvolle Kombination der Materialien verleiht dem Badezimmer den geforderten wohnlichen Charakter. Der hochwertige Marmorstein wirkt klassisch elegant und unterstreicht gekonnt den Charme der alten Stadtvilla. Das eingesetzte Holz am Boden und in kleineren Details, wie den Handtuchhaltern, steht mit seiner warmen Wirkung der kühlen Anmutung des Natursteins gegenüber und lässt eine harmonische Gesamtwirkung entstehen. Die klare und schnörkellose Holzverkleidung in der Sauna und die dekorativen stuckähnlichen Elemente an Fußleiste und Decke sorgen für zusätzliche Behaglichkeit. Zarte weiße Gardinen vor dem Fenster lassen auch geschlossen Tageslicht in das Badezimmer, bieten gleichzeitig Sichtschutz nach außen und unterstützen die Gemütlichkeit des Bads.

Das Ehepaar ist nun mehr als glücklich mit dem neuen Badezimmer, das durch geschickte Kombination von Farben, Materialien und Oberflächen die optimale Balance zwischen wohnlich und modern herstellt und perfekt zum Stil der Villa passt.

▼ Eine beheizte Sitzbank, die integrierte Regendusche und der Kneippschlauch sorgen für ein exklusives Duscherlebnis.

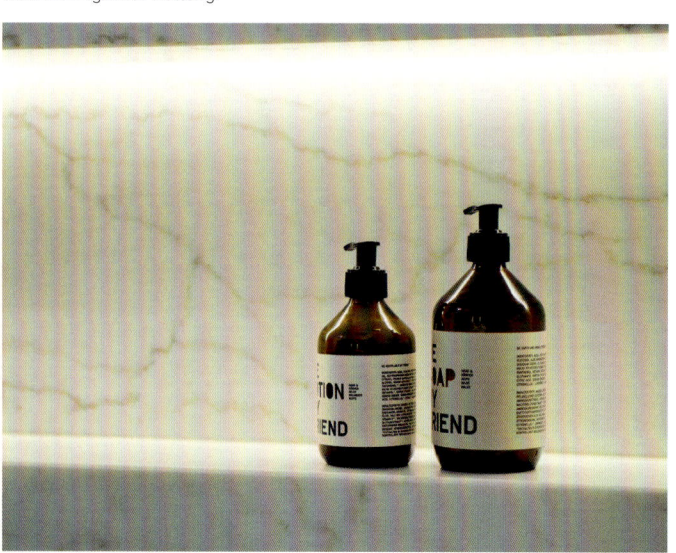

Grundriss, Maßstab 1:100

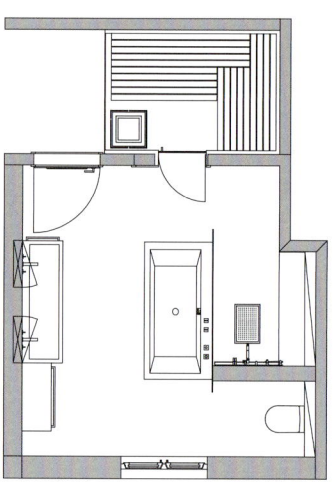

◀ Die verspiegelte Glasfläche zum Flur schützt die Intimsphäre und sorgt für ein Wohlfühlambiente im Inneren der Sauna.

▶ Die eingeschaltete indirekte Beleuchtung in der Sauna hebt den Sichtschutz auf.

▼ Die Oberfläche des Marmors kommt bei indirekter Beleuchtung besonders gut zur Geltung.

RENOVIERUNG IM ZUGE EINER KOMPLETTSANIERUNG DER ALTEN STADTVILLA
Badgröße: **20 m²**
Badnutzer: **Paar (um die 40)**

VERARBEITETE PRODUKTE
Armaturen: Dornbracht
Wanne, Whirlpool
und Sauna: Maßanfertigung
WC: Geberit

VERARBEITETE MATERIALIEN
Waschtisch und Möbel aus Stein, Holz, Glas, Mineralwerkstoff

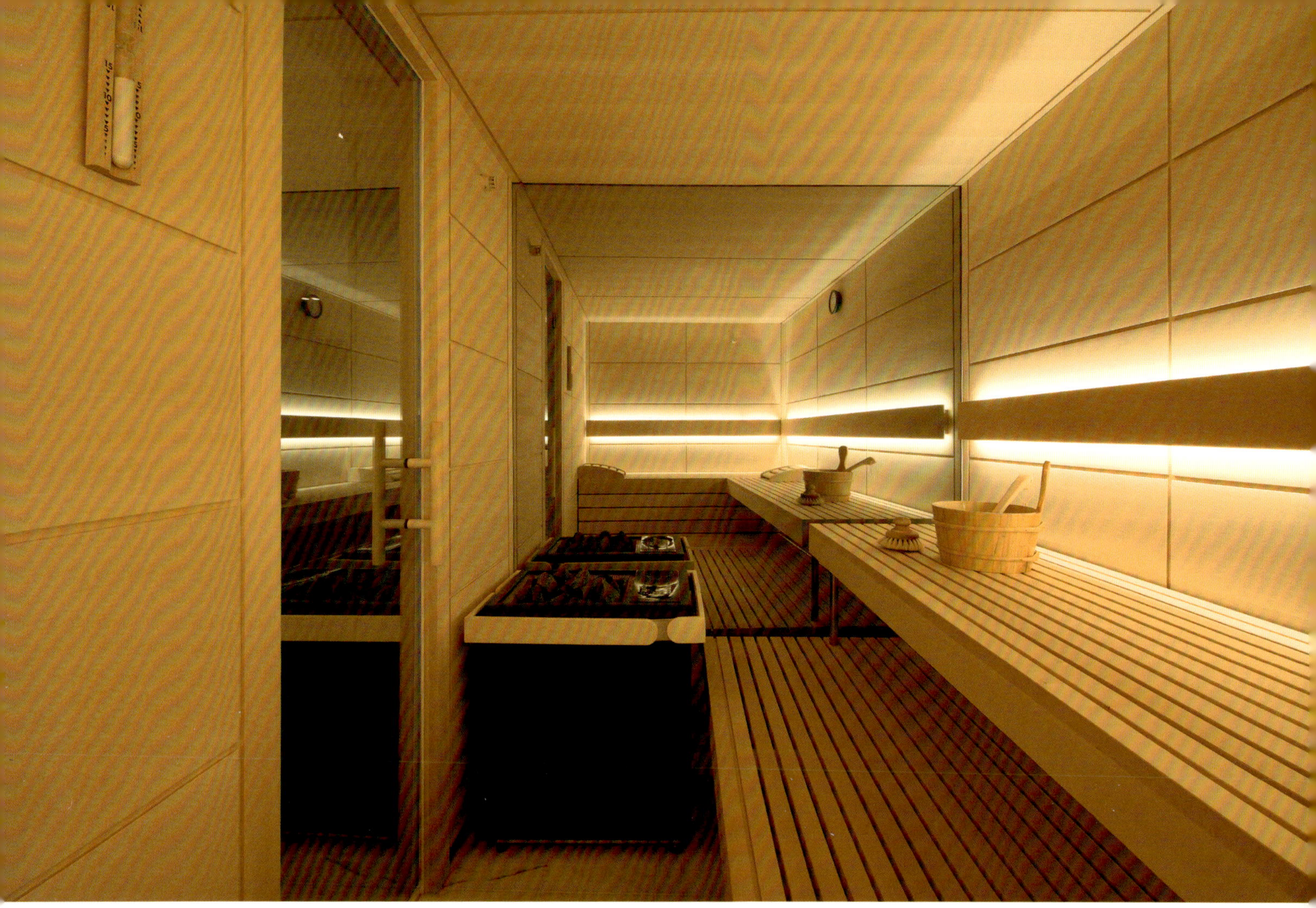

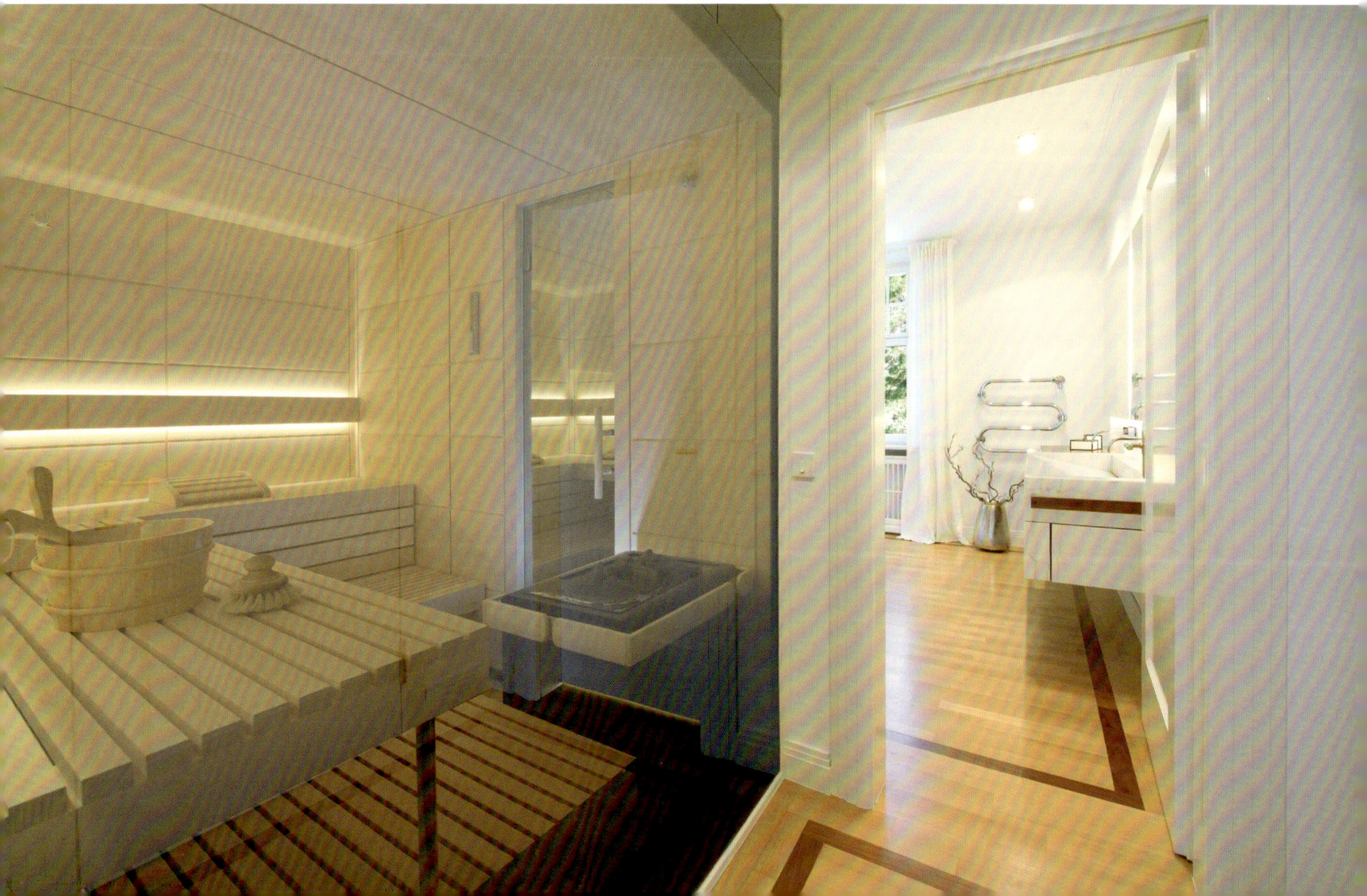

Charme der Materialvielfalt

Für zwei Personen war der Platz im Badezimmer bisher absolut ausreichend. Seit aber das Kind auf der Welt ist, wünschte das Ehepaar mehr Platz, Gemütlichkeit und Wohnlichkeit im Badezimmer.

Ausreichend Raum für die Erfüllung der Wünsche des Paars schuf der Badplaner, indem er die Wand zum Schlafzimmer versetzte. Dabei wurde überraschenderweise ein rustikaler Holzbalken freigelegt, der im Bauverlauf in die Planung integriert werden musste. Jetzt hat er eine tragende Rolle im Bad gefunden – nicht nur statisch, sondern auch optisch. Schließlich ergänzt er als naturbelassener Holzbalken ideal den natürlichen Charme des Bads.

Die Badewanne aus weißem Mineralwerkstoff ist das optische Zentrum des Bads. Sie wird durch eine leichte Fußbodenerhöhung mit Bodenstrahlern und die lebendige Rückwand aus dunklen Bruchsteinriemchen gekonnt in Szene gesetzt. Diese Natursteinkomposition bietet durch ihr vielfältiges Farbenspiel und ihre unregelmäßigen Formen einen markanten, aber ästhetischen Kontrast im Raum und korrespondiert ideal mit dem naturbelassenen Holzbalken und den Holzmöbeln im Bereich des Waschplatzes. Eingebaute Bodenstrahler geben der Natursteinwand eine warme und stimmungsvolle Anmutung.

Die Wanne selbst bietet der Familie viel Platz für die Baderituale des Jüngsten als Piratenkapitän zu hoher See oder den Eltern für ein entspannendes Schaumbad. Dabei können sie sogar direkt in die vorbeiziehenden Wolken blicken oder den Sternenhimmel betrachten, denn das Fenster in der Dachschräge ist genau über der

▼ Materialvielfalt: Naturstein, Mineralwerkstoff, Holz und Feinsteinzeug bilden ein harmonisches Ganzes.

▶ Besonderer Auftritt für die Badewanne.

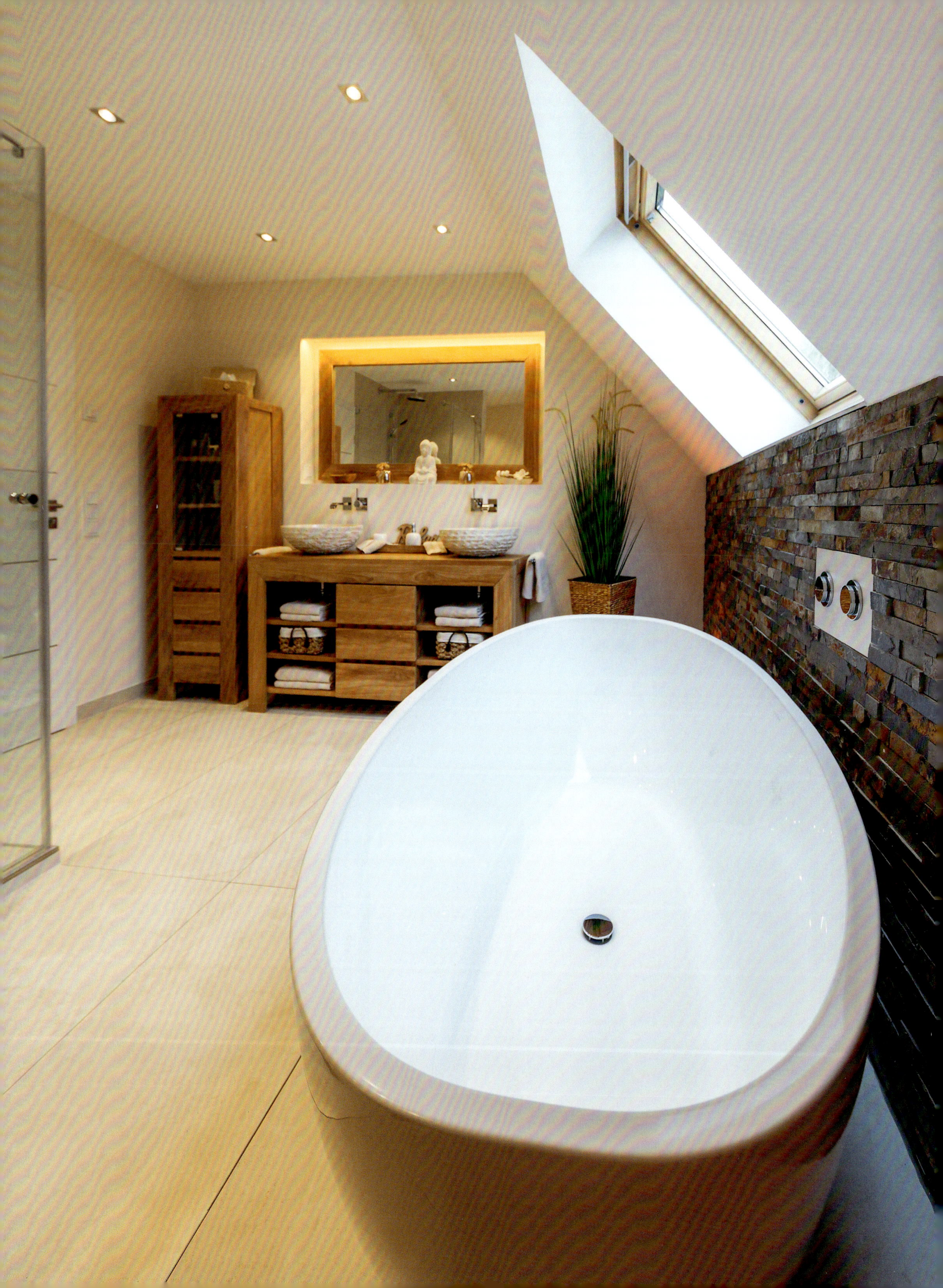

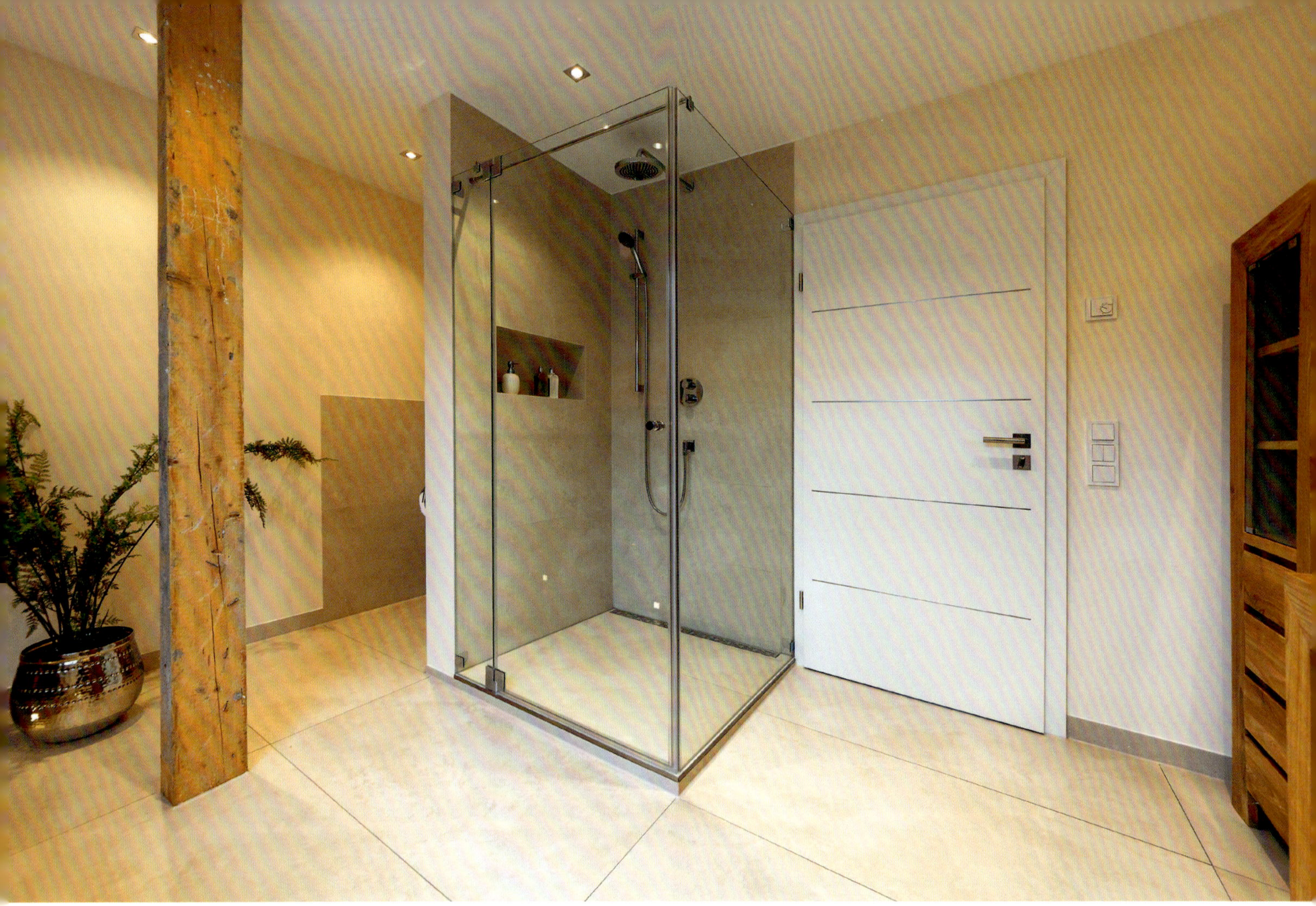
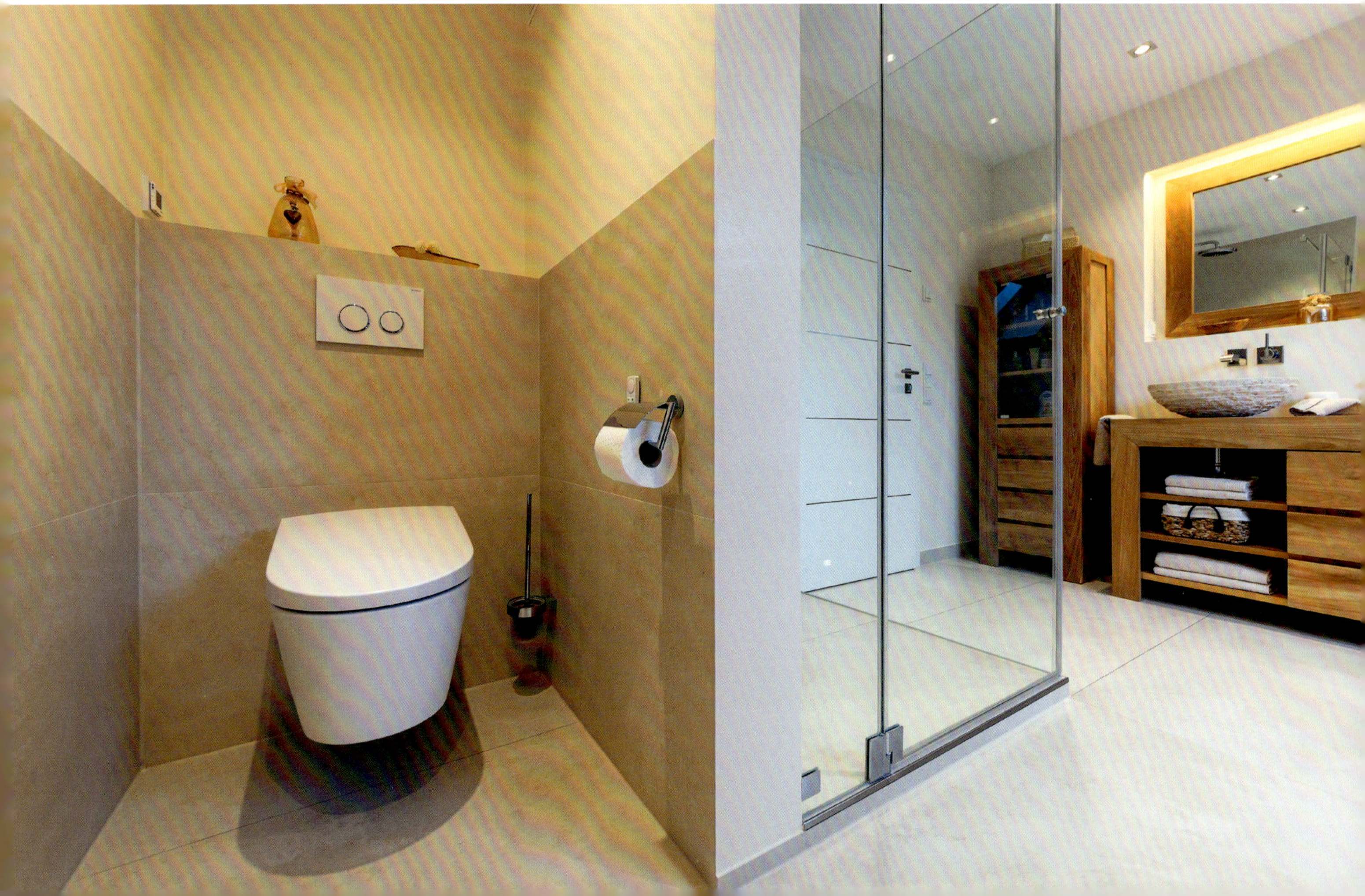

▲ Die Aufsatzwaschbecken wirken fast so, als wären sie frisch aus dem Stein gehauen.

Wanne platziert. Als Ablagefläche für Badeutensilien wurden vom Badeinrichter eine zum Einrichtungsstil passende Kiste mit Fellbezug und eine Lederbank platziert, wohl wissend, dass freistehende Wannen so etwas in der Alltagsverwendung benötigen.

Den Materialmix aus Naturmaterialien setzte der Badplaner am Waschplatz fort. Massive Holzmöbel sorgen hier für reichlich Stauraum, den die dreiköpfige Familie auch benötigt. Die Aufsatzwaschbecken sind aus Naturstein geformt, innen und an der oberen Kante glatt und außen rau. Ein in der Nische über dem Waschtisch positionierter Spiegel mit Holzrahmen sorgt, fachgerecht hinterleuchtet, für ein optimales Licht.

Dusch- und WC-Bereich mit modernem Dusch-WC nehmen sich, durch eine Trennwand separiert und mit marmorierten hellen Feinsteinzeug-Fliesen ausgekleidet, sehr zurück und stehlen der dominanten Wanne und dem markanten Waschplatz nicht die Schau. Die transparenten Glastrennwände der Dusche unterstreichen diese Zurückhaltung und sorgen für ein offenes und luftiges Gesamtbild. Getrennt schaltbare Decken- und Bodenleuchten sorgen für das immer richtige Licht. Ein Badezimmer, in dem die junge Familie ausreichend Platz findet und sich rundum wohl fühlen kann.

▼ Aus der Not eine Tugend gemacht: Die Integration des freigelegten Holzbalkens ist gelungen.

◄ Privatsphäre für das WC.

UMBAU UND RENOVIERUNG
Badgröße: **15 m²**
Badnutzer: **Familie mit einem Kind**

VERARBEITETE PRODUKTE
WC: Geberit
Armaturen: Dornbracht
Wanne: Victoria & Albert
WT und Möbel: Maßanfertigung vom Schreiner
Fliesen: Casa dolce casa

VERARBEITETE MATERIALIEN
Naturstein, Marmorino-Putz

Kosten 86.000 Euro (mit Möblierung Ankleide)

Grundriss, Maßstab 1:100

Jeden Tag Urlaub auf dem Bauernhof

Alte Häuser verfügen schon mal über sehr eigenwillige Grundrisse, die sich wegen der Statik auch nicht so einfach verändern lassen. Wie man aus dieser Not eine Tugend machen kann, zeigt die Badplanerin mit dieser exquisiten Wellnessoase in einem umgebauten Bauernhof aus dem 17. Jahrhundert.

Das Ehepaar wünschte sich ein großzügiges Wellnessbad in seinem frisch erstandenen alten Bauernhof. Die Bitte an die Planerin war, nicht nur ein modernes, funktionales Bad zu planen, sondern eines, das die Funktionalität mit dem so geliebten besonderen Charme des alten Anwesens verbindet. Platz gab es genug: 35 m² stehen den Badplanern schließlich nicht sehr häufig zur Verfügung. Dennoch bedurfte es eines erfahrenen und kreativen Badspezialisten, um aus dem verwinkelten Grundriss ein ruhiges und klares Raumbild entstehen zu lassen.

Die Badplanerin nutzte die Nischen geschickt aus. Sie platzierte in der kleineren Nische ein geschlossenes WC mit kleinem Handwaschbecken, in der danebenliegenden größeren Nische fand eine Sauna ihren Platz. Den großen Raum nutzte sie, um auf eine besondere und kreative Art und Weise Wanne, Dusche und Waschplatz zusammen mit Möbeln, in denen Waschmaschine und Trockner verschwinden können, unterzubringen. Das Besondere: Sie platzierte eine große, von zwei Seiten begehbare Dusche mitten im Raum. Daran angrenzend und nur durch eine deckenhohe und wannenbreite Glaswand getrennt, befindet sich auf der einen Seite der Wannenbereich, der mit einer beheizten Liegefläche aus dunkelbraunem Naturstein eingefasst ist. Die andere Trennwand der Dusche ist ein halbhoher Sockel, der auf der anderen Seite den Waschtisch trägt. Der über dem Waschplatz angebrachte Spiegel bildet gleichzeitig den Spritzschutz bis zur Decke zur Dusche hin. Eine wirklich kreative Lösung.

Die Wahl von Glas als Material für Türen und Trennwände von Bad und Sauna bringt trotz klarer Einteilung in verschiedene Zonen durch die transparenten Flächen eine optische Weite in den Raum. Das WC erhält durch eine Milchglastür seine von dem Paar ausdrücklich gewünschte Privatsphäre. Der Boden im gesamten

▼ Durch die geschickte Raumaufteilung entsteht ein stimmiges ruhiges Gesamtbild.

▶ Die Sauna wird durch die Glasfront optisch mit dem Bad verbunden.

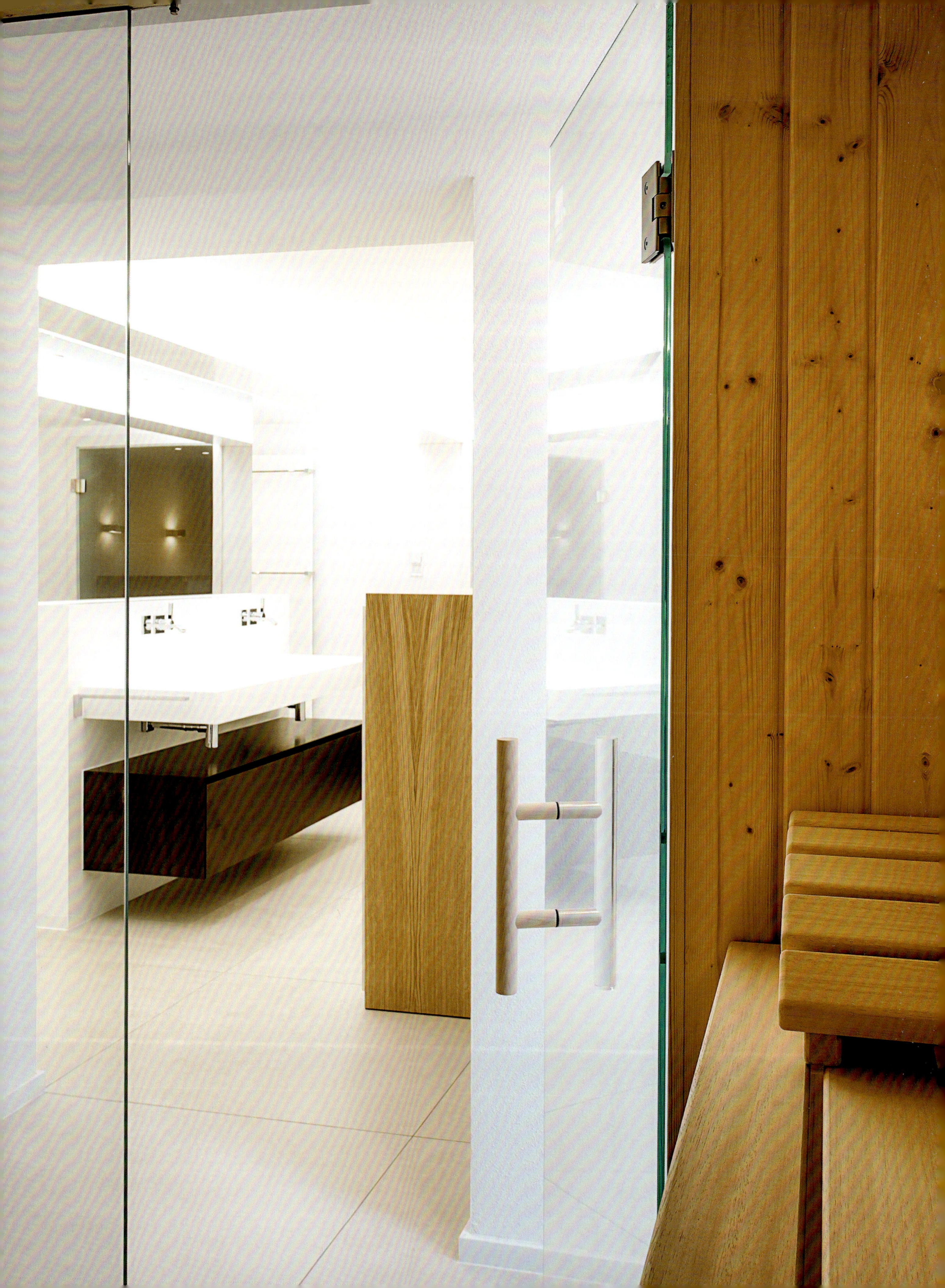

Grundriss, Maßstab 1:100

UMBAU UND RENOVIERUNG
Badgröße: **35 m²**
Badnutzer: **Paar**

VERARBEITETE PRODUKTE
Wanne, Duschwanne,
Mauer zwischen
Waschtisch und Dusche
und Waschtisch,
Unterschrank: Domovari
Armaturen: Dornbracht
Wandschrank und
Wandspiegel: Maßanfertigung vom Schreiner
WC: Flaminia
Handwaschbecken
im WC: Domovari
Armatur WC: Dornbracht
Sauna: Kugel Sauna

VERARBEITETE MATERIALIEN
Naturstein für beheizte Ablage, Corian für Waschtisch, Duschwanne und Badewanne, Feinsteinzeug-Fliesen für den Boden

Kosten 100.000 Euro

▼ Transparentes Glas zwischen Wanne und Duschbereich trennt luftig locker beide Bereiche, ohne einzuengen.

Wellnessbereich ist durchgehend mit den gleichen hellen Feinsteinzeug-Fliesen belegt. So entsteht ein deutlicher optischer Zusammenhang zwischen den verschiedenen Zonen. Wiederkehrende Elemente über die Zonen hinweg sorgen für einen stimmigen und einheitlichen Gesamteindruck. So stammen zum Beispiel Waschtische und Armaturen in Bad und WC aus den gleichen Serien, und die kontrastierende dunkelbraune Farbgebung der Natursteinliegefläche taucht bei den Unterschränken der Waschplätze wieder auf.

Insgesamt gelang es der Badplanerin, durch die Verwendung der erdigen und warmen braunen Farbtöne, die in wohltuendem Kontrast stehen zu dem mattweißen Mineralwerkstoff, der für Wanne, Waschtisch und Duschwanne genutzt wurde, das behagliche Gefühl des Bauernhauses in das Badezimmer zu transportieren. Eine ausgeklügelte Lichtplanung mit separat schalt- und regelbaren Decken- und Wandleuchten sorgt für die optische Abgrenzung der Zonen und für die immer richtige Lichtstimmung: je nachdem, ob das Paar morgens einen Frischekick braucht, um vital in den Tag zu starten, oder sich in seinem neuen Wohlfühlbad einfach mal entspannen will. Jeder Winkel des Raums wurde ideal genutzt, und die Bewohner erfreuen sich an ihrem eigenen, ganz privaten SPA: jeden Tag Urlaub auf dem Bauernhof sozusagen.

▲ Große Spiegel sorgen für mehr Tiefe im Raum.

▼ Das hochwertige Design des Badezimmers findet sich auch im WC-Bereich wieder.

Wunsch-Wellness-Raum

Um dem Wunsch nach einem großen und altersgemäßen Wellnessrefugium gerecht zu werden, musste mehr Platz her. Aus zwei Räumen, einem ehemaligen Badezimmer und einem Fitnessraum, entwickelte der Badplaner ein Badezimmer auf sagenhaften 41 m².

Das Ehepaar hegte bereits seit Langem den Wunsch nach einem großen Wellnessbad mit freistehender Badewanne, großzügigem Doppelwaschtisch, bodengleicher Dusche mit Sitzfläche und einer gesundheitsfördernden Infrarotkabine. Durch den Abbruch verschiedener Wände konnte der Badplaner auf einer neu entstandenen Gesamtfläche von 41 m² alle Wünsche des Ehepaars erfüllen.

Neben dem zur Verfügung stehenden Platz beeindruckt das Badezimmer durch ein puristisches und zurückhaltendes Farbkonzept. Zeitloses Grau auf dem Boden und den Wänden wirkt im harmonischen Zusammenspiel mit den matten weißen Oberflächen der Sanitäreinrichtung und Badmöbel. Durch die geschickte Akzentuierung von lackiertem Glas, welches als Spritzschutz hinter dem Waschtisch und als Designelement neben der Toilette zu finden ist, bekommt das Bad einen modernen Touch. Gemütlichkeit und Wohnlichkeit erhält das Bad durch ein ausgeklügeltes Lichtkonzept. Die indirekte Beleuchtung der eingezogenen Deckennische sorgt für eine heimelige und wohlige Atmosphäre. Genau diese Stimmung ist für ein Wellnessbad besonders wichtig. Die gezielt positionierten LED-Spots und im Spiegel integriertes Licht bieten zudem ein auf den Kunden abgestimmtes funktionales Licht.

Um die neu geschaffene Fläche optimal zu nutzen, wurde ein großzügiger Duschbereich in eine Nische integriert. Wahres Duscherlebnis bietet die Regendusche, die dank des zur Verfügung stehenden Platzes verbaut werden konnte. Auch an die für das Ehepaar wichtige Sitzgelegenheit wurde gedacht. Durch die Integration mit dem Boden- und Wandbelag aus Feinsteinzeug-Fliesen in edler Betonoptik fügt sie sich nahtlos in die Dusche ein. Nicht nur im Alter eine wohltuende Einrichtung.

▼ Klare Linien auch bei den Armaturen.

▶ Stimmungsvolle Lichtwirkung.

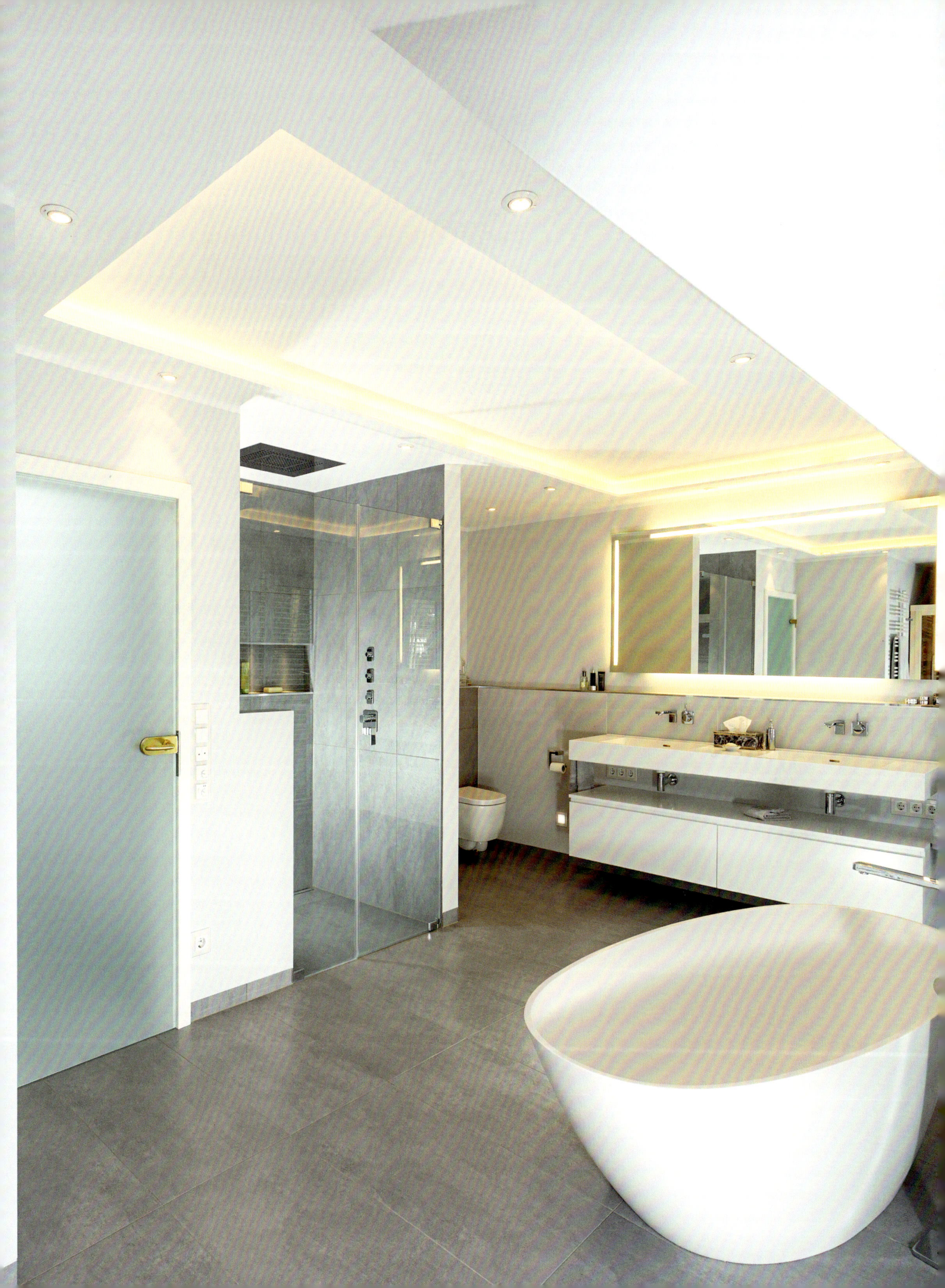

Statt einer Sauna entschied sich das Ehepaar für eine gesundheitsfördernde und wohltuende Infrarotkabine. Da sie mit niedrigeren Temperaturen und lokaler Wärmewirkung im Bereich Nacken und Wirbelsäule arbeitet, ist das Klima einer Infrarotkabine für den Körper allgemein verträglicher als beispielsweise eine finnische Sauna. Diese Kabine integrierte der Badplaner geschickt in einer weiteren Nische des Badezimmers. Ein maßangefertigtes Regal, welches den übrigen Teil der Nische ausfüllt, bietet dem Ehepaar genügend Ablagefläche und steht mit seiner weißen Oberfläche in direktem Kontrast zu dem warm wirkenden Holz der Kabine. Ein Sprossenheizkörper, als Handtuchhalter genutzt, sorgt für kuschelig warme Handtücher nach dem Wellnesserlebnis. Um den Platz unter der Schräge nicht zu verschenken, sorgte der Badplaner an dieser Stelle für passende Einbauschränke, die dem Ehepaar ausreichend Stauraum bieten. Dadurch erhält das Bad eine klare, aufgeräumte Wirkung.

Das ist genau die richtige Bühne für die formschöne, mattweiße freistehende Badewanne aus Mineralwerkstoff. In der Raummitte positioniert, ist sie mit ihren chromglänzenden Standarmaturen das Highlight des Raums.

Das entstandene Wellnessbad hat am Ende die Bauherren restlos begeistert. Doch nicht nur das. Auch die Nachbarn des Ehepaars waren hingerissen von dem Badezimmer und spielen jetzt auch mit dem konkreten Gedanken, ihr Bad zu renovieren.

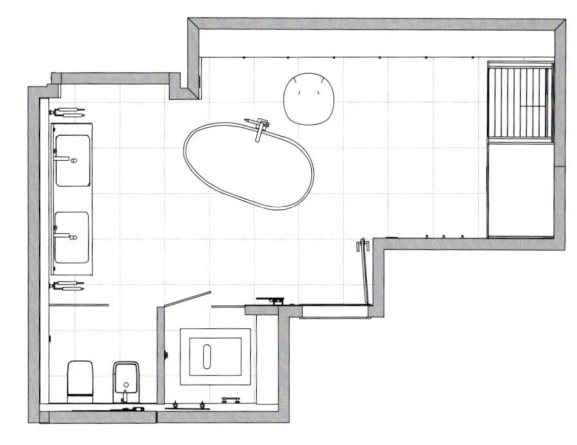

▼ Die Sitzgelegenheit und eine in die Wand integrierte Ablage für Duschutensilien sorgen für den besonderen Duschkomfort.

Grundriss, Maßstab 1:100

▶ Jede Nische des Raums wurde perfekt ausgenutzt.

◀ Die in den Raum integrierte Infrarotkabine komplettiert das Wellnessbad.

UMBAU UND RENOVIERUNG
Badgröße: **ca. 41 m²**
Badnutzer: **Paar**

VERARBEITETE PRODUKTE
Armaturen: Dornbracht
Badewanne: Vela
Keramik, Waschtisch,
Möbel, Spiegel: antoniolupi

VERARBEITETE MATERIALIEN
Corean, Feinsteinzeug, lackiertes Glas

▼ Optimale Ausleuchtung durch im Spiegel integriertes Licht.

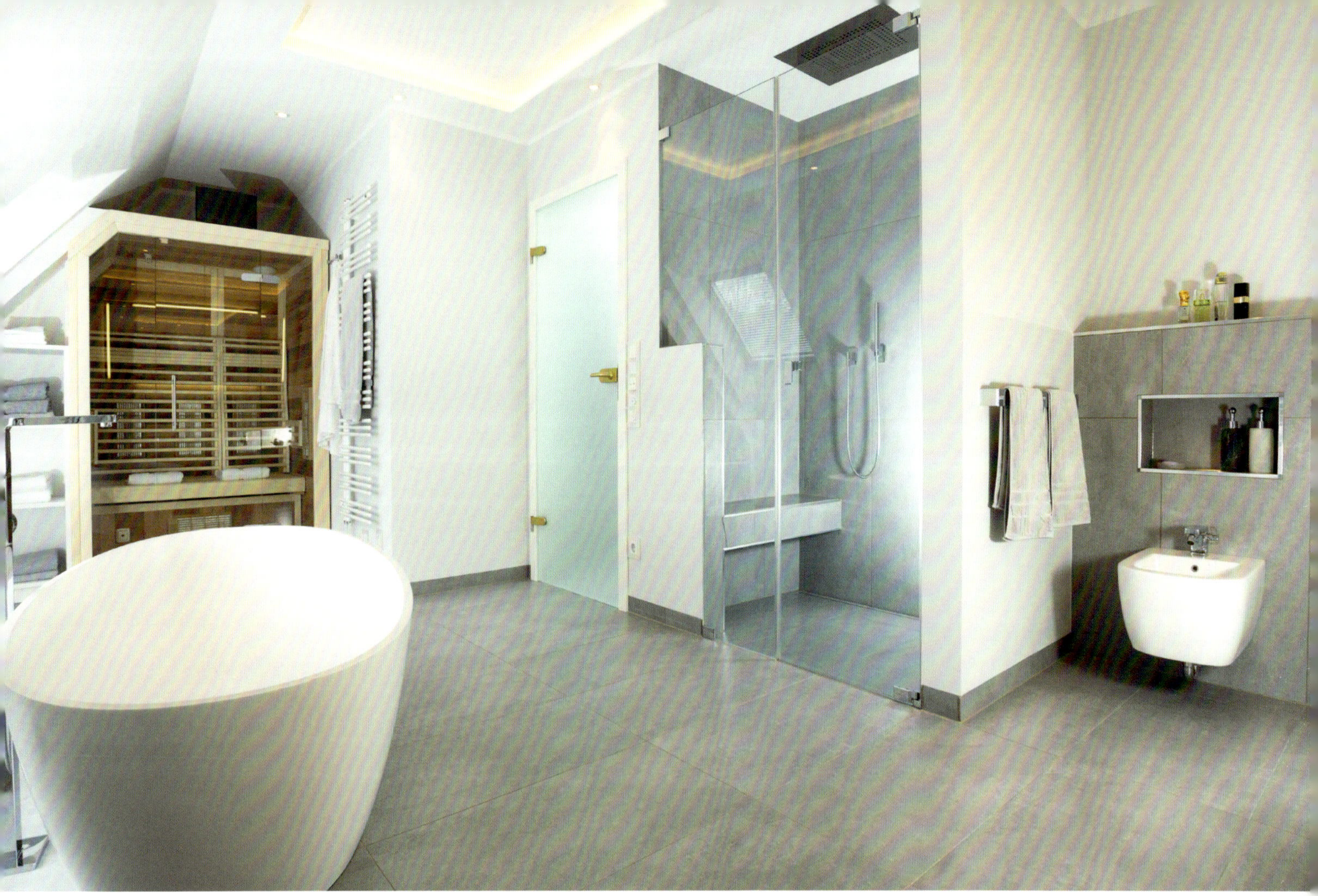

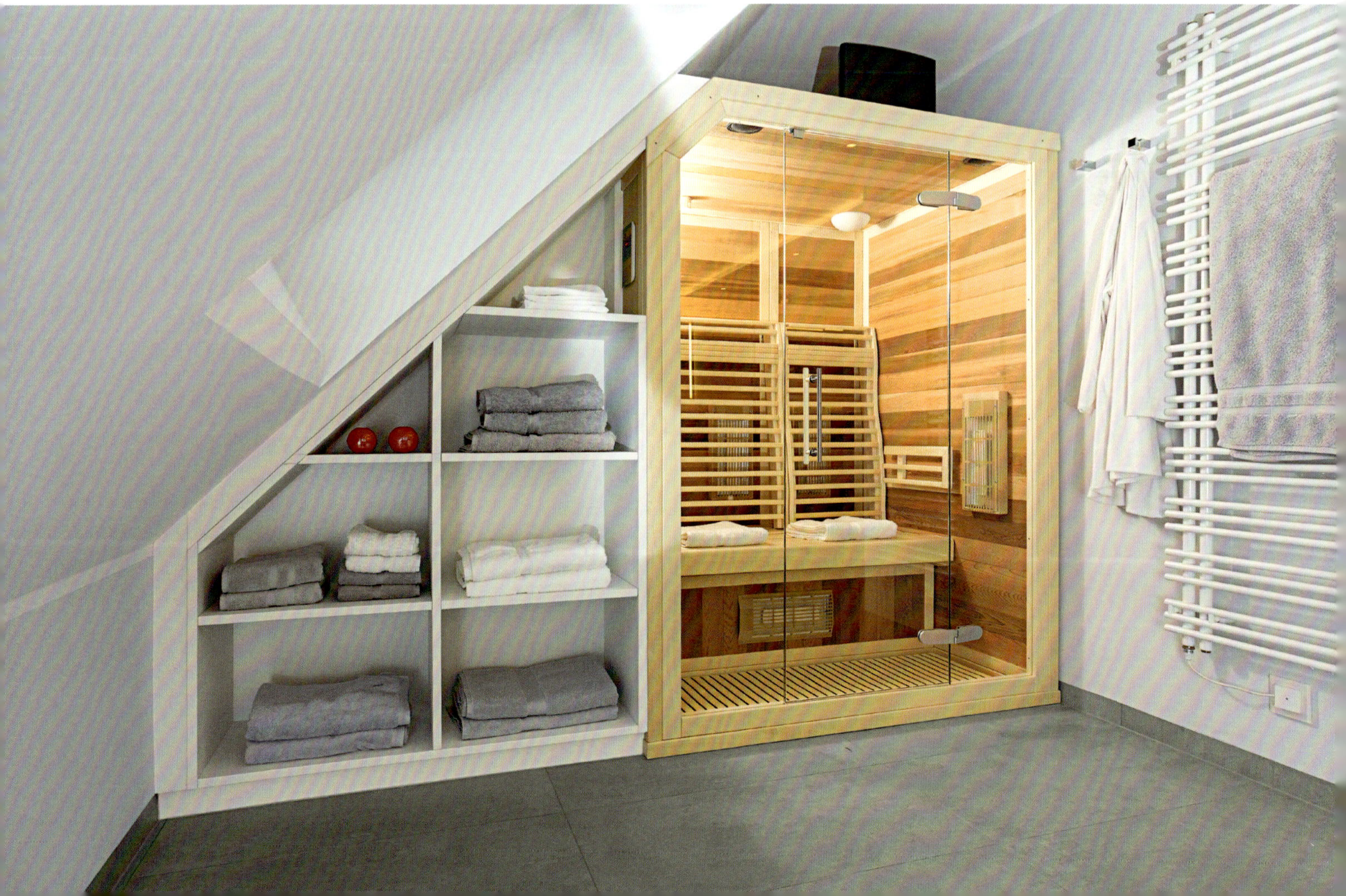

Gemeinschaftswerk

Aus diesem besonderen und speziellen Grundriss des Raums kann man doch mehr machen, dachte sich das Ehepaar mittleren Alters. Minimalistisch, puristisch, elegant und wohnlich sollte das neue Badezimmer werden. Dazu legte die Bauherrin gleich selber mit Hand an.

Es kommt vor, dass ein Badezimmer gleich von mehreren kreativen Köpfen gestaltet wird. In diesem Fall war die Bauherrin sogar selbst vom Fach und plante das Badezimmer ganz nach ihren und den Vorstellungen ihres Mannes. Die Kubatur des Raumes und die Gauben wurden von einem Architekten und die Details, die Bestückung und ein ausgereiftes Lichtkonzept vom Badplaner umgesetzt. Dass mehrere Köche den Brei nicht zwangsläufig verderben müssen, sieht man an diesem Badezimmer.

Optisches Highlight des 14 m² großen Badezimmers bildet die mit hochwertigem Holz verkleidete Dachgaube, die ein über zwei Treppenstufen erreichbares Podest integriert. Durch die an der Innenseite durchgezogene Verbindung zwischen Decke und Boden wird der danebenliegende WC-Bereich raffiniert separiert und bietet die gewünschte Privatsphäre. Exakt nach Maß in die Gaube eingepasst, findet die Badewanne ihren optimalen Platz. Das strahlende Weiß der Badewanne verschmilzt optisch mit der weißen Wandfarbe und bildet einen stilvollen Kontrast zu dem edlen Holz der Gaube, dem Stabparkett am Boden und den anthrazitfarbenen Armaturen. Stoffgardinen vor dem Gaubenfenster, deren Trägerschienen elegant in die Holzverkleidung eingelassen wurden, transportieren die gewünschte Wohnlichkeit. Ein parallel zu den Gardinenschienen angebrachtes LED-Band sorgt für stimmungsvolle Beleuchtung und Behaglichkeit.

Eine weitere originelle und individuelle Kreation, die für sich und losgelöst von dem Ensemble um die Badewanne steht, ist um den Waschtisch geplant und umgesetzt worden. Puristisch wirkt die Waschtischplatte aus Stein mit dem Aufsatzbecken aus weißem Mineralwerkstoff und der dunklen Chromarmatur. Die deckenhoch

▼ Klare und einfache Formensprache.

▶ Als wäre es immer schon so gewesen, schmiegt sich die Badewanne in die Gaube ein.

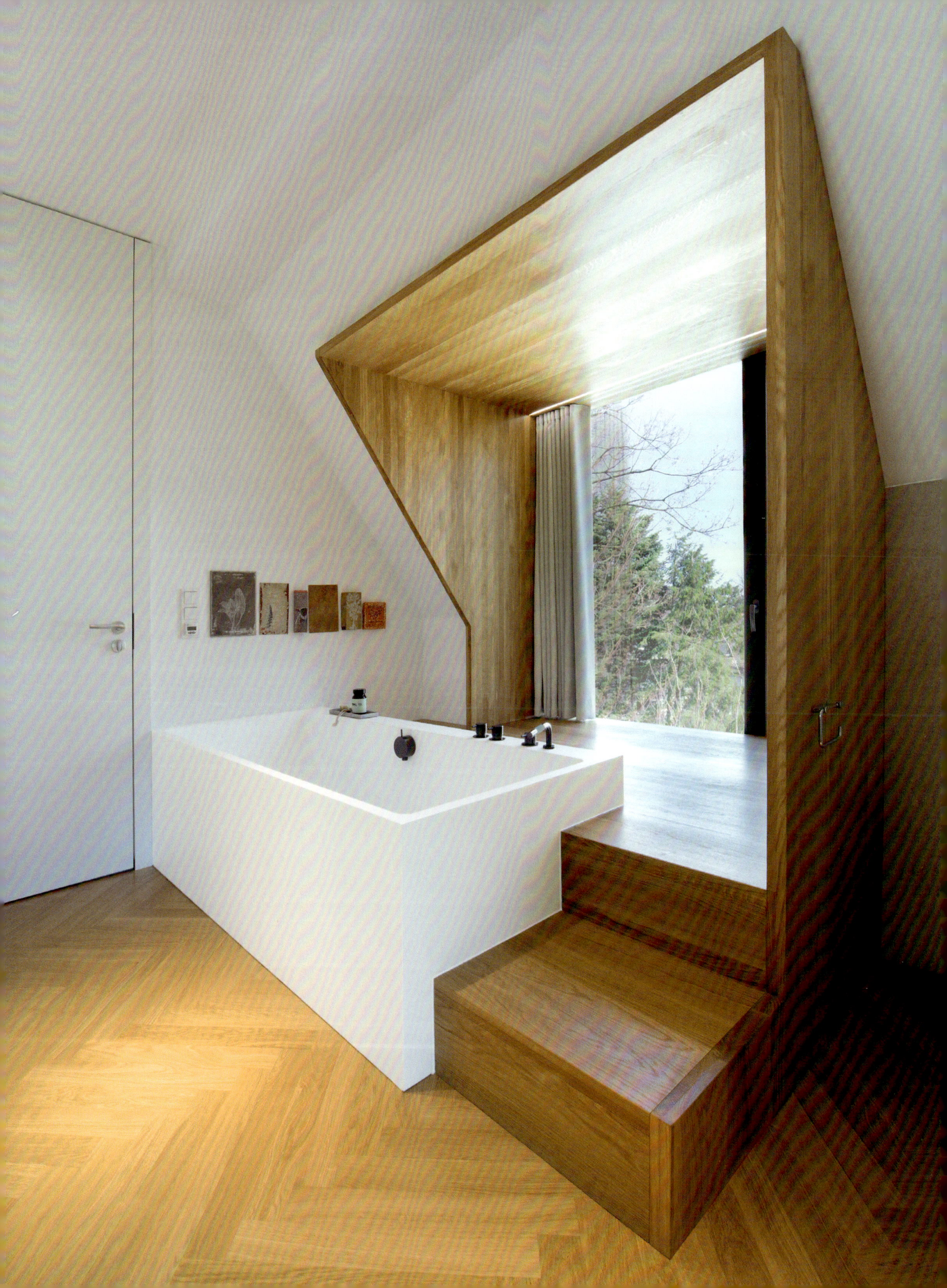

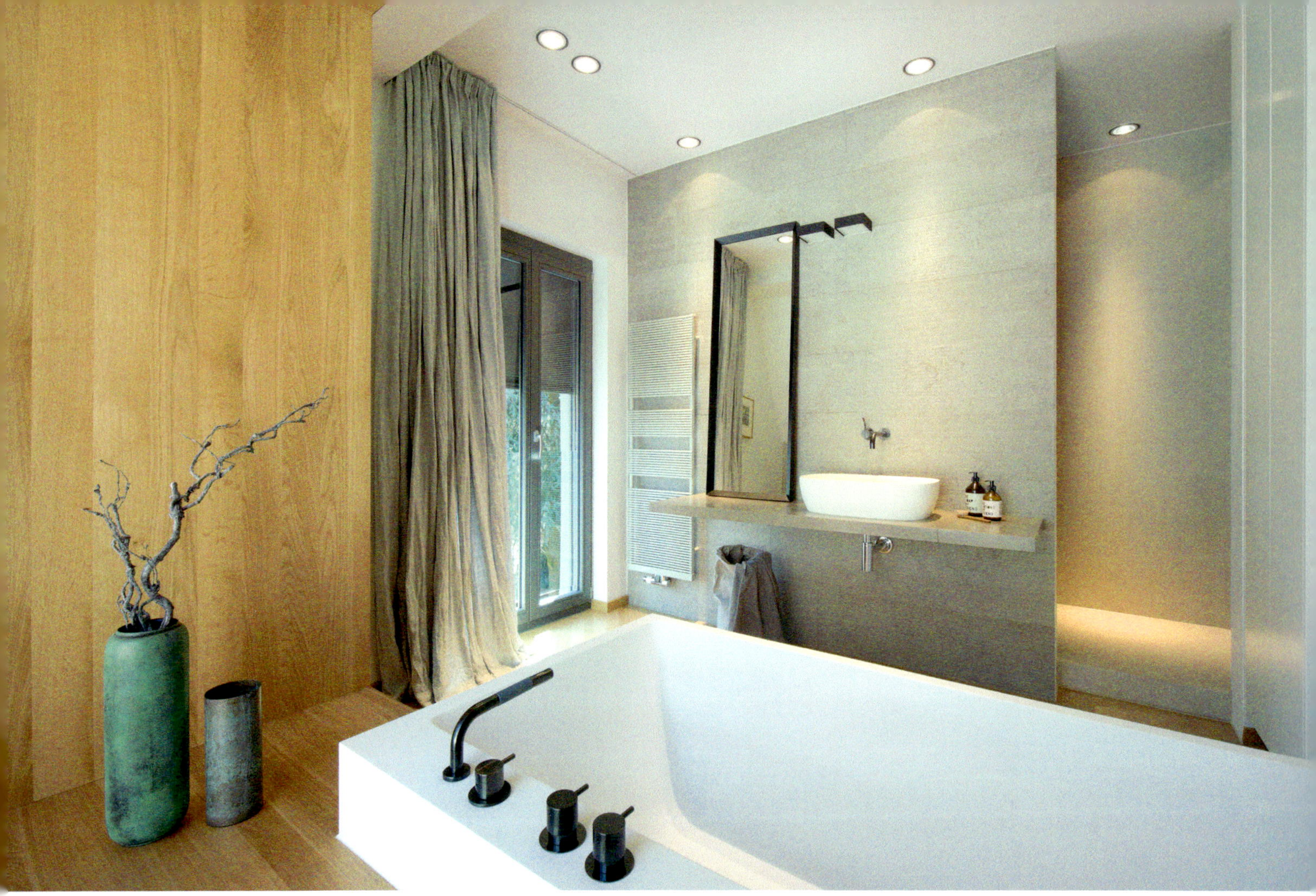

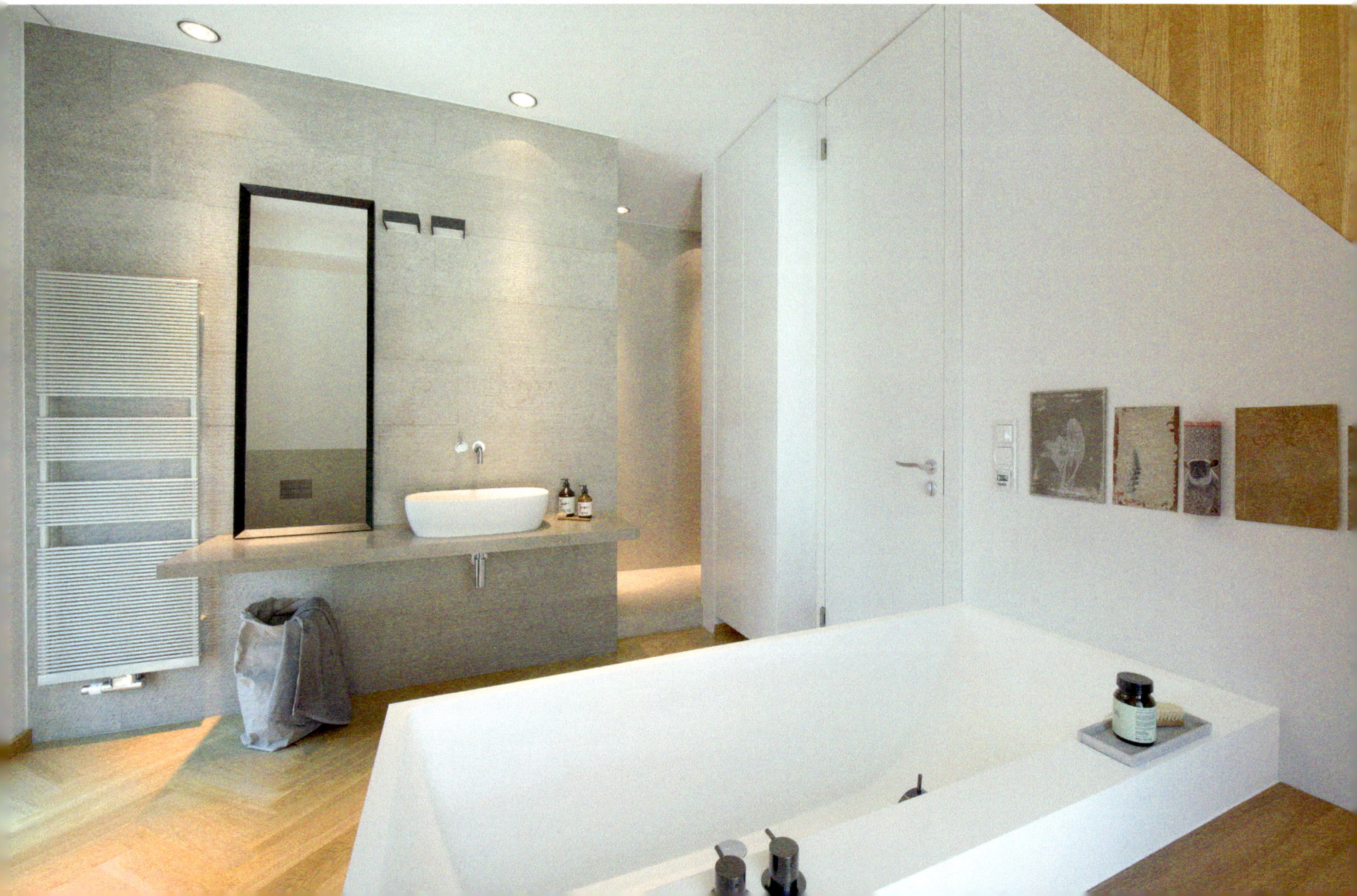

errichtete Vorwand vor dem Waschtisch wurde mit großformatigen Naturstein-Fliesen versehen, die durch ihre individuellen Maserungen den natürlichen Charme dieses Bereichs unterstreichen. Eher ungewöhnlich für einen Waschtisch befindet sich ein großer Spiegel mit elegant schwarzem Rahmen neben dem Waschbecken und nicht, wie gewöhnlich, direkt darüber. Elegant und zweckmäßig sorgt der neben dem Waschtisch angebrachte Heizkörper zugleich für angewärmte Handtücher.

Der durch die Vorwand für den Waschtisch entstandene Raum auf der anderen Seite bietet ausreichend Platz für eine Sauna. Die verbleibende Nische wird als großzügiger Duschbereich genutzt. Mit Naturstein ausgekleidet, einer stilvoll minimalistischen Designarmatur aus satiniertem Edelstahl und einer flachen Ablaufrinne an der hinteren Wand wirkt die Dusche edel reduziert und bietet zugleich höchsten Komfort für die Bewohner. Frei begehbar, lädt der mit Regenduschfunktion ausgestattete Auslass zu einer erfrischenden Dusche nach dem Saunagang oder einfach für die tägliche Reinigung ein. Ergänzt wird das Duscherlebnis durch eine schmale Stabarmatur, die dennoch das Wasser in einem sehr angenehmen Strahl auf den Körper treffen lässt. Sie sitzt in einer eleganten Wandhalterung und verzichtet auf eine Stange, sodass die Reduziertheit in der Form auch hier geschickt umgesetzt wird, aber dennoch die Funktion höchsten Komfortansprüchen genügt.

Insgesamt minimalistisch, puristisch und nicht überladen in den Details und der Anmutung, elegant und wohnlich durch die eingesetzten Materialien – eine gelungene Komposition.

◄ Hinter der neu errichteten Vorwand, die den Waschplatz trägt, befindet sich die 1 m breite Sauna.

► Elegant und wohnlich durch die harmonische Kombination von Material und Farbe.

▼ Die entstandene Nische wird zum optimalen Platz für das stille Örtchen.

RENOVIERUNG IM ZUGE EINER KOMPLETT-SANIERUNG DES HAUSES
Badgröße: **14 m²**
Badnutzer: **Paar (ca. 50)**

VERARBEITETE PRODUKTE
Waschbecken,
Kopfbrause, Spiegel: antoniolupi
Armaturen: Vola
Heizkörper: Tubes
Wanne: Maßanfertigung
LED-Leuchten: Bernd Beisse
Spiegelleuchten: Davide Groppi

VERARBEITETE MATERIALIEN
Stein: Pibamarmi
Feinsteinzeug: Kerlite

Kosten 50.000 Euro

Grundriss, Maßstab 1:100

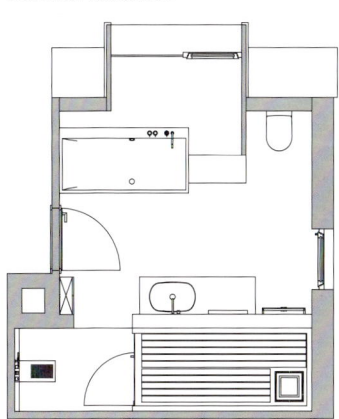

Farbwahrnehmung und Farbwirkung

„Das Interieur begriff die Wohnung als Futteral des Menschen und bettete ihn mit all seinem Zubehör so tief in sie ein, daß man ans Innere eines Zirkelkastens denken könnte, wo das Instrument mit allen Ersatzteilen, in tiefe, meistens violette Sammethöhlen gebettet, daliegt."

Walter Benjamin, Beschreibung eines Interieurs aus dem 19. Jahrhundert

Im Bad ist der Mensch oftmals entkleidet, nackt, halbnackt oder ungeschminkt. Die Insignien seiner gesellschaftlichen Bedeutung legt er ab und ist ganz und gar „er selbst". Er muss sich mögen in diesem Ambiente, um nicht Teile seines Selbstwertgefühls einzubüßen. Wie empfindet er seinen Körper im Umfeld der Materialfarben des Raums? Er sollte sich wunderbar fühlen, sich mit Lust den Reinigungsritualen widmen, es genießen, sich mit Wasser zu benetzen, sich einzucremen, wohliger Wärme gewahr werden, mit Düften und Schminke seinen Körper krönen. Bestenfalls stellt er hier die Balance zwischen Geist und Körper wieder her. Eine eilige Dusche oder ein kontemplatives Bad, beides braucht sinnliche Orte für das feine Körperempfinden, auch für visuelles und auditives Vergnügen: Gleicht das Wasser reinem Quellwasser? Wie klingt das hinabfließende Nass: plätschernd, rauschend, strömend, schwallartig, wie ein prickelndes Rinnsal?

Hautfunktion und Hautfarbe

Haut hat subtile Merkmale: Sie erfüllt Schutzfunktionen der Immunologie, sie schützt vor dem Eindringen von Krankheitserregern – sie ist das größte Organ des Körpers und übernimmt Stoffwechselaufgaben, regelt Wasseraufnahme und -abgabe, in der Sauna werden Salze und toxische Stoffe ausgeschwitzt. Sie hat Sinnesrezeptoren für Temperaturreize wie kalt und warm, reguliert den Wärmehaushalt und wirkt einer Überhitzung durch Schweißdrüsen entgegen. Sie ist Grenzorgan des Inneren und Repräsentationsorgan für das Äußere, sie bemerkt Berührungsreize und empfindet Schmerz, ihre Tastkörperchen reagieren auf Druckreize und – sie ist Stammzellenreservoir. Wird die Haut lokal verletzt, verklebt der Körper mit Fibrin die offene Stelle. Haut atmet! Wie notwendig ist es, dass die den Körper umgebenden Flächen diffundieren, dass sie aufnehmen und abgeben können, um die Atmungskette an die Raumflächen weiterzugeben?

Die Hautfarbe hat im Kontext des Bads eine genauso maßgebliche Bedeutung. Pigmentierung der Haut und Struktur der Blutgefäße führen zu unterschiedlichen Hautfarben: Hellhäutige sind rosig oder gelblich, Dunkelhäutige braun. Neben welchen Farbtönen wirkt der Mensch in seiner Hautfarbe gesund? Welche Farben lassen ihn kränklich oder blass erscheinen?

Der Mensch möchte gesund und attraktiv erscheinen und in warmes sanftes Licht getaucht sein. Im Bad pflegt er seine Haut, es ist der Ort, an dem er sich identifiziert mit seinem Spiegelbild, die roten Äderchen kaschiert, Augen und Mund ins rechte Licht rückt, sich frisiert. Häufig kleidet er sich hier an und beurteilt sein Outfit.

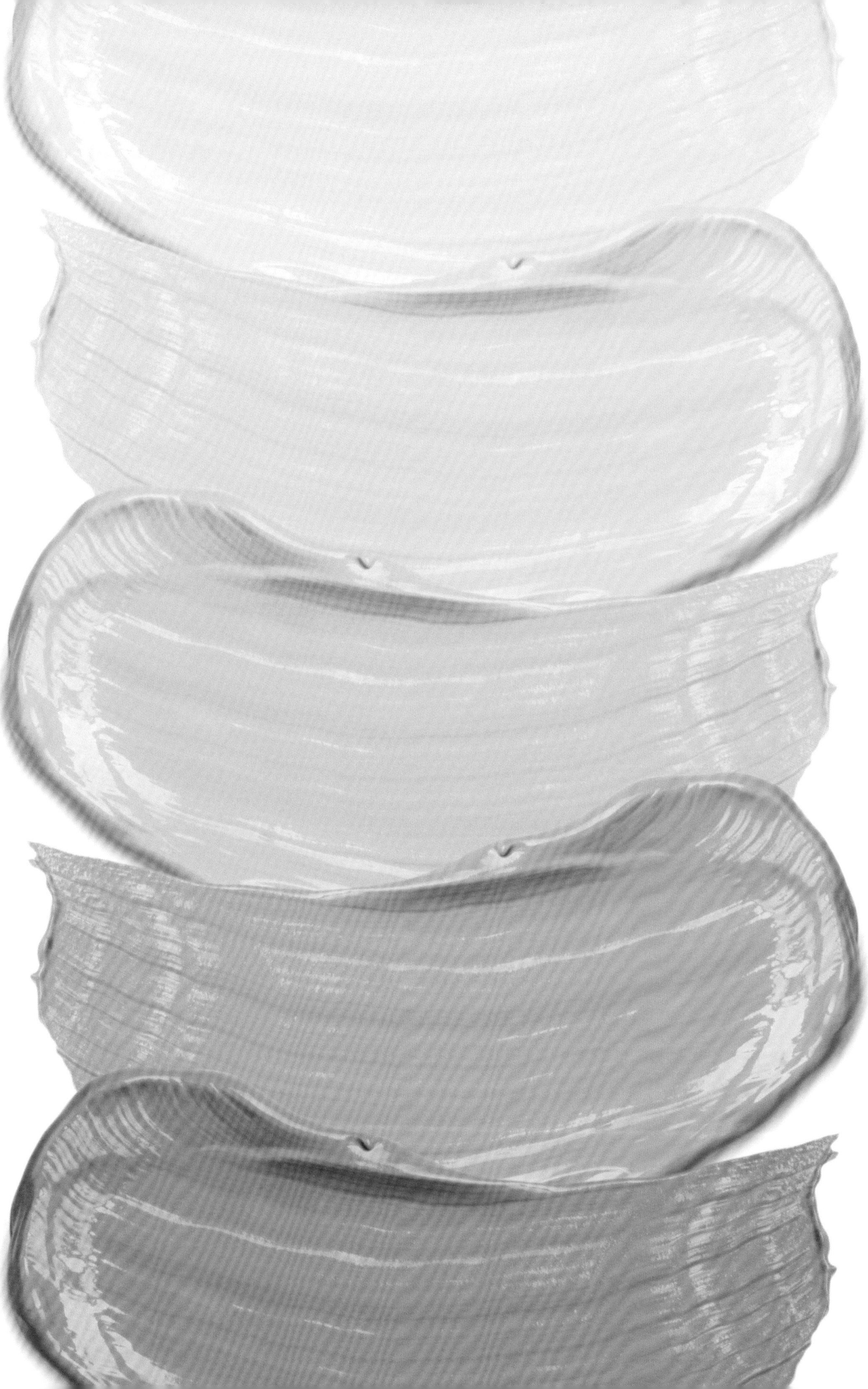

Farbe und Wahrnehmung

Zwei wichtige Farben gibt es im Bad: die Farbe der Haut und die Farbe des Wassers. Die Farbwirkung der Umgebungsfarben, ihre Dimension, ihre Proportion, ihre Ausgewogenheit, all das hat Relevanz. Farben, Nuancen und Farbbeziehungen entstehen erst im Vergleich.

Das Auge greift in den Prozess der Wahrnehmung ein – auswählend, nachbildend und gestaltend, ordnet es das Gesehene. Ständig ist es dabei in Bewegung. Ebenso dynamisch sucht der Farbsinn nach Relationen und Kontrasten eines Gegenpols. Jede Farbe, die auf das Auge einwirkt, wird in den gesamten Farbkreis gestellt. Das Streben der Farbe zum Bild ist das Wahrnehmungsziel unseres Farbsinns: Oliv, Zimt, zartes Türkis, gebrochenes Weiß.

Diese „Bilder" gilt es, mit den Augen zu erfinden. Farbbeziehungen brauchen künstlerische Konzeptionen. Wie Maler könnten wir Farbe räumlich denken, anstatt Räume farbig zu denken.

Für das ästhetische Erleben der Farbe heißt das: Nur die als verborgene Vielfarbigkeit sichtbaren, polychromen Farben sind wohltuende Farben im eigentlichen Sinn. Monochrome reine Farben, bei denen Rot nur Rot ist, sind – da ohne Gestaltungsprozess – keine vollen Farben. Komplementärfarben (Rot – Grün, Blau – Orange, Gelb – Violett) und gemischte Töne (abgedunkelt, aufgehellt, vergraut) werden bemerkt und in der Steigerung registriert. Licht muss dem Auge in rhythmischem Wechsel – Schatten und Helligkeit – Übergänge und Stufen anbieten. Farbe sollte Klänge bilden, Zonen gliedern, Kontraste schaffen, eine eigene virtuelle Tektonik bilden. Die Grundpolarität zwischen dem aktiven Purpur-Rot-Orange-Gelb-Grün und dem passiven Grün-Türkis-Blau-Violett: Aktive Farben wirken plastisch konvex, gleich einer Linse auf uns zukommend, passive Farben wirken plastisch konkav, sie weichen. Helle Töne kommen nach vorn, dunkle Farben weichen zurück, warme Töne wirken vorne liegend, kühle Töne hinten liegend. Farbflächen stehen wie ein Beziehungsgefüge zueinander. Angewandte Farbperspektive erhöht die Plastizität im Raumempfinden. Gute Farbgestaltung wird immer zu einem sinnstiftenden und impulsspendenden Dialog zwischen Nutzer und Raum führen, der die Aufforderung forciert, etwas anzufassen, es zu betrachten oder dem Plätschern des Wassers zuzuhören oder sich auf angenehm weiche Sitzflächen aus Lederhaut zu setzen.

Farbwirkungen

„Tragende" Farben sind Basis für Farbkonzeptionen. Damit sind nicht die dominanten Farben gemeint, sondern solche, die eine oder wechselnde Dominanzen zulassen, die der Hautfarbe einen Anreiz bieten. Farbqualität entsteht dann in minimalsten Tonwertmodulationen, diese wecken die malerisch farbige Wirkung im Warm-Kalt-Kontrast. Ein Grau kann warm wirken, wenn daneben ein Gletscherblau angeordnet ist, fast erscheint es olivfarben. Die Oberflächeneigenschaften der Farbe sprechen den Tastsinn an, obwohl er nicht selbst beteiligt ist. Der Sinn des Sehens erzählt uns, wie die Materialien sich anfühlen. Wir sehen Eigenschaften wie weich, samtig, pudrig, fließend, knitternd, kalt, kratzig, borstig, warm ... Sehen wird so zum genaueren Anfassen, und die Erkenntnis daraus bestimmt unsere emotionale Reaktion. Ein weißer Marmor wird an einem kalten Wintertag die Aufmerksamkeit an eine rindslederne Auflage abtreten müssen. Ettore Sottsass sagt dazu: „Alles hängt von den Farben ab, die drum herum sind, ... wenn sie durch weiße oder schwarze Grenzen getrennt werden oder wenn sie plötzlich gegeneinander springen, wenn sie Ton in Ton sind, ... alles hängt ab von dem, was Sie sagen wollen, von den Bedeutungen, die Sie den Farben zumessen wollen, von den Geschichten, die Sie erzählen wollen ..."

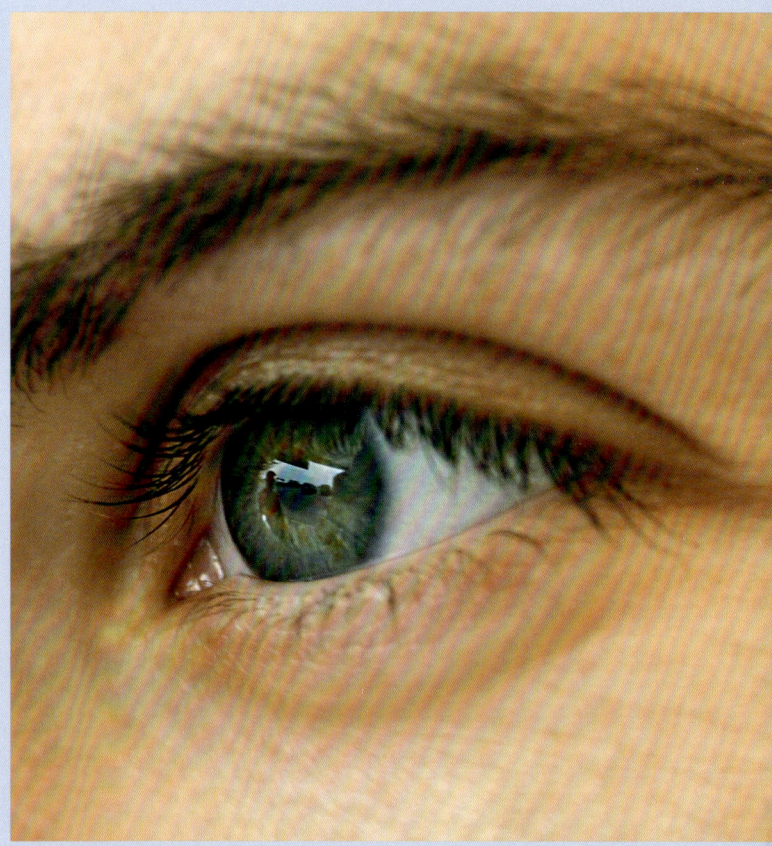

Künstlerische Raumkonzeption könnte Farbe wie Haut behandeln und sie in der Schichtung als Hautoberfläche erfahrbar machen. Farbe könnte Bereiche gliedern, oder sie könnte austauschbar sein. Farbe kann strukturelles Element sein oder perspektivisches Phänomen. Kühle Farben wie die Schattenfarben des Eises – Gletscherblau, helles, frisches Türkisblau –, die blasse Farbe von Kittweißlich, Grünlich, Gelblich, Bläulich –, aber auch warme Farben wie Neapelgelb rötlich, Umbra, erdiges Orange, Lachs, Puder, Creme, Mauve, kaltes Rosa oder Weiß, Terrakotta und gebrannte Erde – sie alle bilden kontrastreiche Farbfamilien, die einheitlich erfahren werden. Die kühle Klarheit des Wassers, Kristallines und Perlmuttartiges spielen mit der Frische von Meergrün oder Moosgrün.

Die erste Wahrnehmung ist nichts anderes als Wiedererinnerung, ein Grundspeicher, der Verhalten und Urteil bestimmt: Denken Sie an sommerliches Baden, das Eintauchen ins türkisblaue Meer, Perlmuttmuscheln im gelben Sand oder das Sich-Versenken in einen Waldsee – mit dem Duft von Kiefernnadeln und warm einfallenden Sonnenstrahlen – oder ein Bad wie ein Hamam, bekleidet mit großen Sandsteinplatten, ein orientalisch anmutendes Badekabinett. Denken Sie an „Winterbaderäume" mit Kupferbecken und Wannen aus Kupfer, an loderndes Feuer. Farbsinn funktioniert dynamisch gestalthaft, ohne einen gestaltenden Prozess ist er unbeteiligt am Wahrnehmungsvorgang. Farbe vermittelt uns den Eindruck von einem heiteren Raum, einem gemütlichen, kühlen oder ernsten Raum.

Henry Matisse sagt: „Farbe ist eine Frage der Komposition! Was bei der Farbe am meisten zählt, das sind die Beziehungen ... So kann ein Bild intensiv farbig sein, ohne dass es nötig wäre, wirklich Farbe aufzutragen. Farbe ist nie ein Problem der Menge, sondern gewinnt an Ausdruckskraft in der Auswahl und der Organisation. Die Proportion spielt dabei eine erstrangige Rolle."

Prof. Eva Filter, Lehrgebiet Wohnen,
Studiengang Innenarchitektur in Detmold

Mut zu neuen Räumen

Bei einer Komplettrenovierung eines Hauses kann schon mal alles durcheinandergewürfelt werden. Und manchmal werden, wie in diesem Fall, das Wohnzimmer und die Küche zum Badezimmer.

Die Familie mit kleinen Kindern plante die Renovierung des gesamten Hauses und wünschte sich, passend zu dem Look des Jugendstil-Vorstadthauses, ein wohnliches Badezimmer. Wichtig war den Bauherren, dass der Raum mit Kindern unkompliziert zu nutzen, aber dennoch stilvoll gestaltet sei. Bei der Planung der Renovierung des Hauses wurden die Küche und das Wohnzimmer zusammengelegt, sodass ein 37 m² großer Raum entstand, der dann für das neue Bad genutzt werden konnte. Sichtbar wird die Zusammenlegung einzig durch Wandstücke, die für die Statik des Hauses bleiben mussten und wie ein Torbogen als optisch gelungene Trennung zwischen Dusch-Wannen-Sauna-Bereich und Waschtischzone dienen.

In der Waschtischzone fällt ein auf die ganze Wandbreite ausgedehntes Doppelwaschbecken aus seidig matt wirkendem Mineralwerkstoff sofort ins Auge. Geschmackvoll dazu wirken die mit blauer Seide bespannten Hängeleuchten, die sich auch über der Badewanne wiederfinden und einen verspielten Charme in das Bad bringen. Der Waschtischunterschrank ist eine Sonderanfertigung, die passend zu dem Waschbecken sehr edel und hochwertig wirkt. Ein ebenfalls wandbreiter Spiegel über dem Waschtisch lässt den Raum optisch mit dem Dusch-Wannen-Sauna-Bereich verschmelzen. In einer Nische über dem Waschtisch, die zugleich als zusätzliche Ablagefläche dienen kann, sorgt flächenbündig eingelassenes LED-Licht für eine atmosphärische und indirekte Beleuchtung. Das

▼ ► Blaue Seidenleuchten lockern auf und bringen Wohnlichkeit in den Raum.

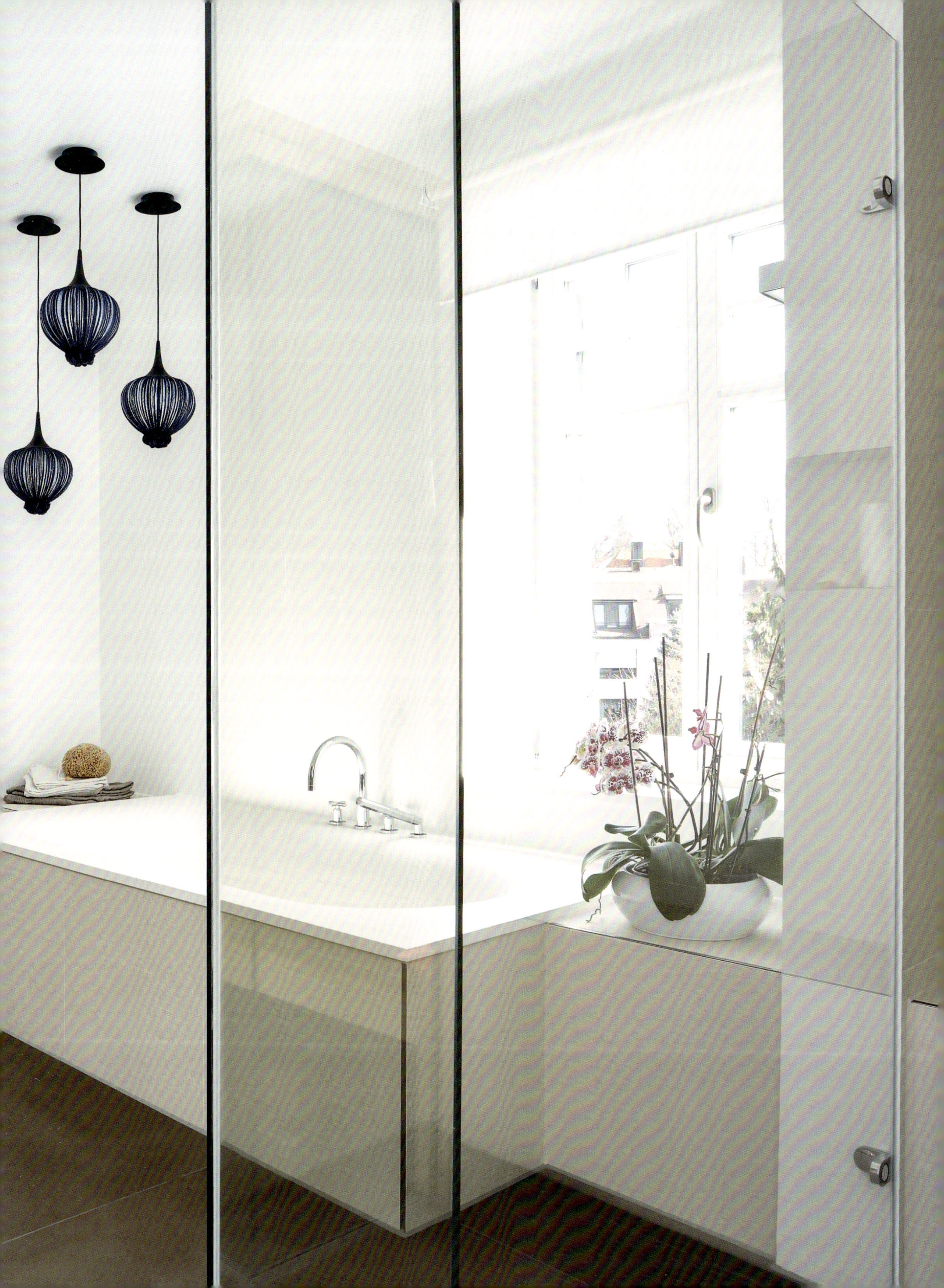

▲ Die edle Armatur wurde in den Wannenrand integriert.

RENOVIERUNG IM ZUGE EINER KOMPLETTSANIERUNG DES HAUSES
Badgröße: **37 m²**
Badnutzer: **Familie mit zwei kleinen Kindern**

VERARBEITETE PRODUKTE
Waschtisch und
Unterschrank sowie
Badewanne: Sonderanfertigung Domovari
Hochschränke: Domovari
Armaturen: Dornbracht
Glasabtrennung: Maßanfertigung
Sauna: Klafs

VERARBEITETE MATERIALIEN
Waschtisch und Badewanne aus Mineralwerkstoff, hochglanzlackierte Holzmöbel, Feinsteinzeug-Fliesen, seidenbespannte Hängeleuchten aus Tel Aviv

Kosten ca. 80.000 Euro

gleiche Beleuchtungssystem findet sich auch unter dem Waschtischunterschrank, in der Duschnische und über den Sauna-Glasscheiben am Rücksprung bis zur Decke wieder. In Gruppen schaltbar, können so individuelle Stimmungen im Raum erzeugt werden. Zur weiteren Beleuchtung wurden dezente Wandleuchten angebracht, da ansonsten die Stuckkante in den Raumecken beschädigt worden wäre.

In dem etwas größeren Teil des Badezimmers, dem ehemaligen Wohnzimmer, lädt die Badewanne aus weißmattem Mineralwerkstoff zu gemütlichen Stunden ein. Mit den Ablageflächen an beiden Seiten passt sich das ganze Ensemble stimmig auf die Wandbreite, bis zu einem kleinen Wandvorsprung zur Dusche, ein. Unter dem Fenster gelegen, kann beim Schaumbad der Blick entspannt nach draußen schweifen.

Neben der Badewanne befindet sich ein großzügiger und bodenebener Duschbereich. Eine Glastrennwand zum Rauminneren schützt den übrigen Raum vor Spritzwasser beim Duschen und sorgt gleichzeitig für eine offene und luftige Wirkung. Die Sitzmöglichkeit in der Dusche entspricht der Tiefe der Ablagefläche von der Badewanne, sodass auch hier ein einheitliches und durchgängiges Bild entsteht. Clever gelöst, sorgt eine kleine Nische in der Dusche für Ablagefläche.

Dank der Glasfronten wirkt auch die Sauna nicht wie ein Raum im Raum, sondern integriert sich perfekt in das Ambiente des Badezimmers. Ein reduzierter, aber gemütlicher Ruhebereich neben der Sauna sorgt für die nötige Entspannung nach dem Saunagang.

So bietet dieses Bad für jedes Familienmitglied etwas und bei Bedarf auch gleichzeitig: ein entspanntes Wannenbad, eine revitalisierende Dusche, ein gesundheitsförderndes Saunaerlebnis und ausreichend Platz, den eine Familie mit zwei Kindern nun mal braucht.

Grundriss, Maßstab 1:100

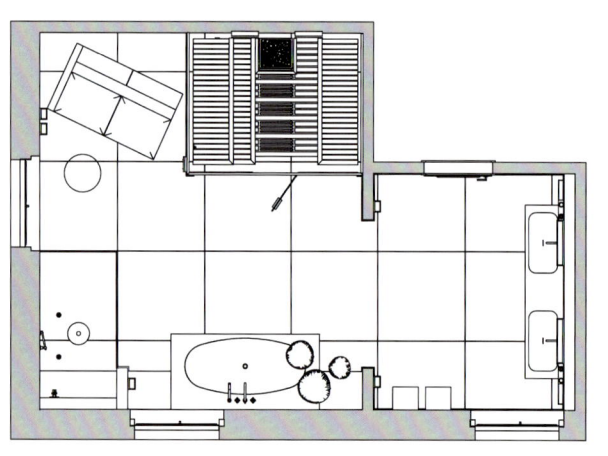

◀ Die Dusche wirkt offen und luftig durch Glaswände.

▶ Platz für entspannte Momente für die ganze Familie.

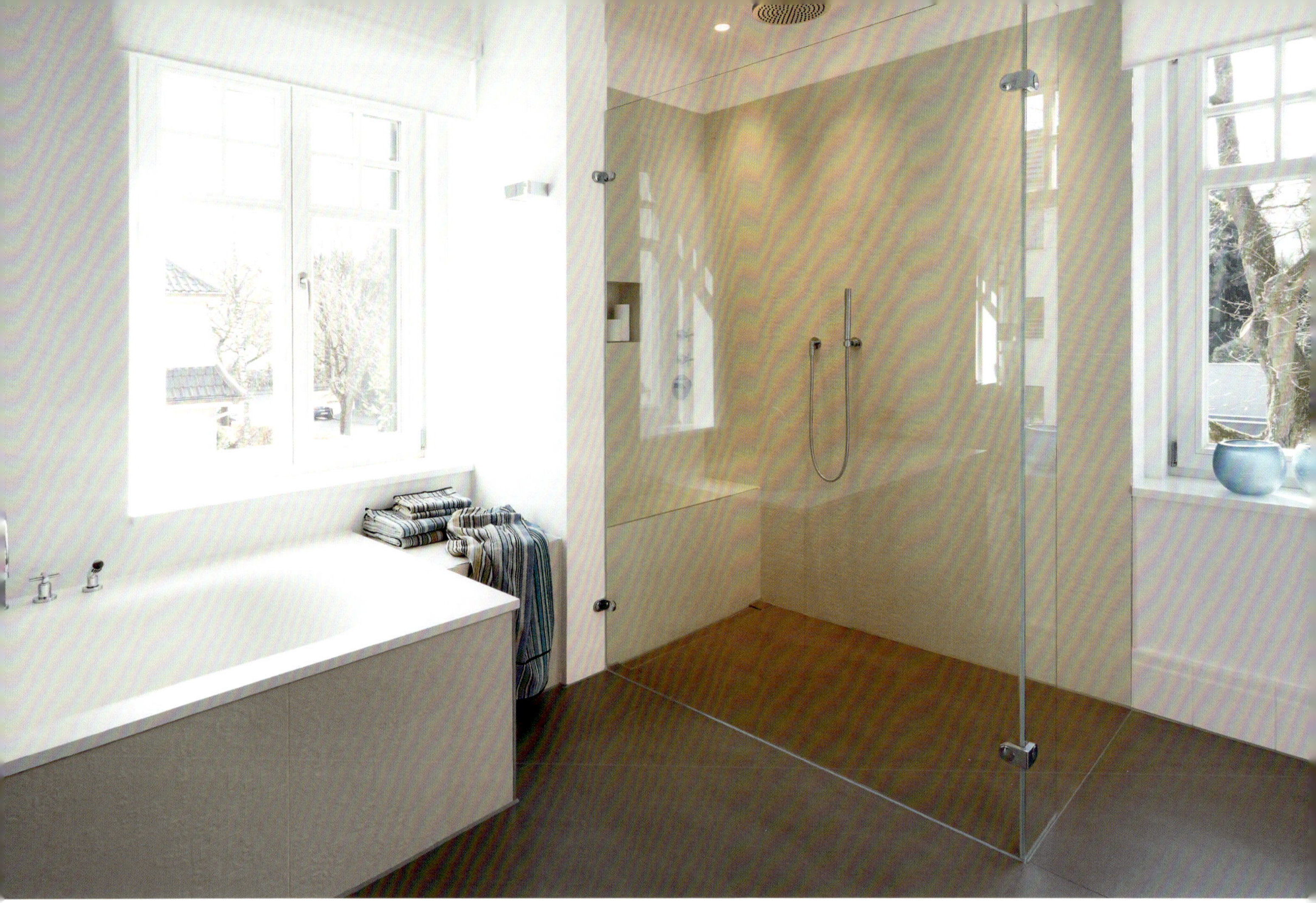

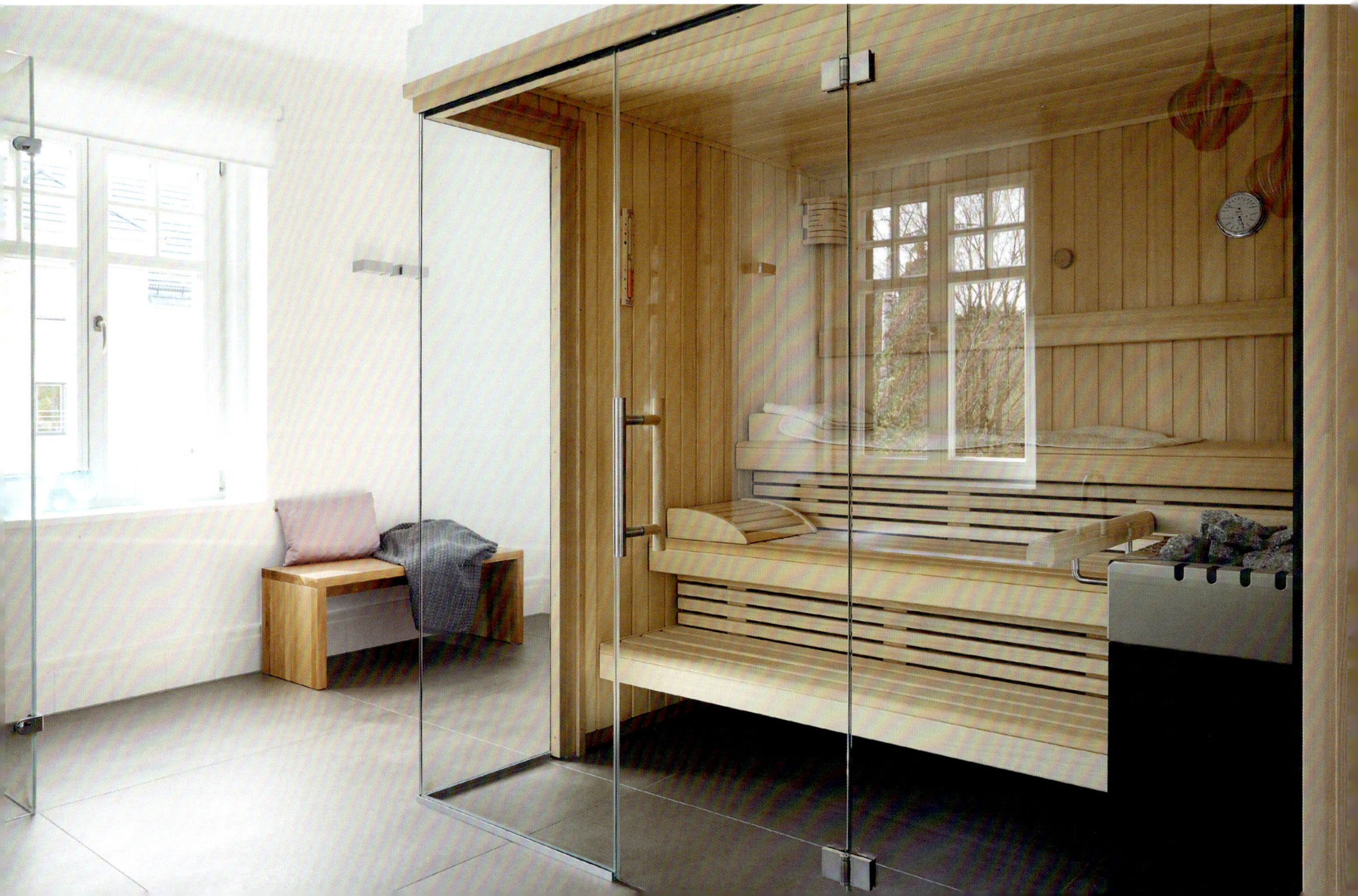

Willkommen in der Hauptstadt

Nach vielen Jahren im Ausland hat sich das Bauherren-Ehepaar ein eigenes Refugium in Berlin geschaffen. Wichtiger Schritt: das Badezimmer!

Nach vielen Jahren im Ausland ist das kosmopolitische Ehepaar Mitte 40 in Berlin angekommen. Im Rahmen der kompletten Sanierung des Gründerzeithauses sollte das Dachgeschoss ausgebaut und aufgestockt werden. Die eigentlichen Wünsche für sein Badezimmer zu formulieren und sich auf einen Stil festzulegen, fiel dem weltoffenen Paar nicht leicht, sodass die Räume immer wieder umgeplant wurden. Damit änderte sich auch für die Badplanerin mehrfach die Aufgabenstellung. Puristisch, klar, reduzierter Einsatz von Farben und hochwertige, wohnlich wirkende Materialien waren letztendlich die Vorgaben an die Badplanerin. Gewünscht wurde zudem ein offener Übergang zu dem angrenzenden Schlafzimmer und zu der Dachterrasse mit breiter Fensterfront.

Um die Bereiche Schlafzimmer und Badezimmer offen zu gestalten, gleichzeitig aber auch zu gliedern, wurde eine nicht ganz deckenhohe und etwa badewannenbreite Trennwand eingezogen. Die offene Gestaltung wird zugleich durch den durchgehenden Fußboden aus gebürsteter und geölter massiver Eiche unterstrichen.

In puncto Materialien entschieden sich die Bauherren für Steinmaterialien und Objekte eines Herstellers aus Italien. Die Steine und deren Verarbeitung hatte sich das Paar eigens in Italien angesehen, sodass hier ein ganz besonderer persönlicher Bezug entstand. Die Badewanne aus glattem Naturstein ist ein einzigartiger Hingucker, und auch das Waschbecken aus Stein unterstreicht den natürlichen

▼ Stilvoller Materialmix: Naturstein, Glas und gebürstete und geölte massive Eiche.

▶ Kronleuchter und Holzfußboden als ungewöhnliche Badeinrichtung.

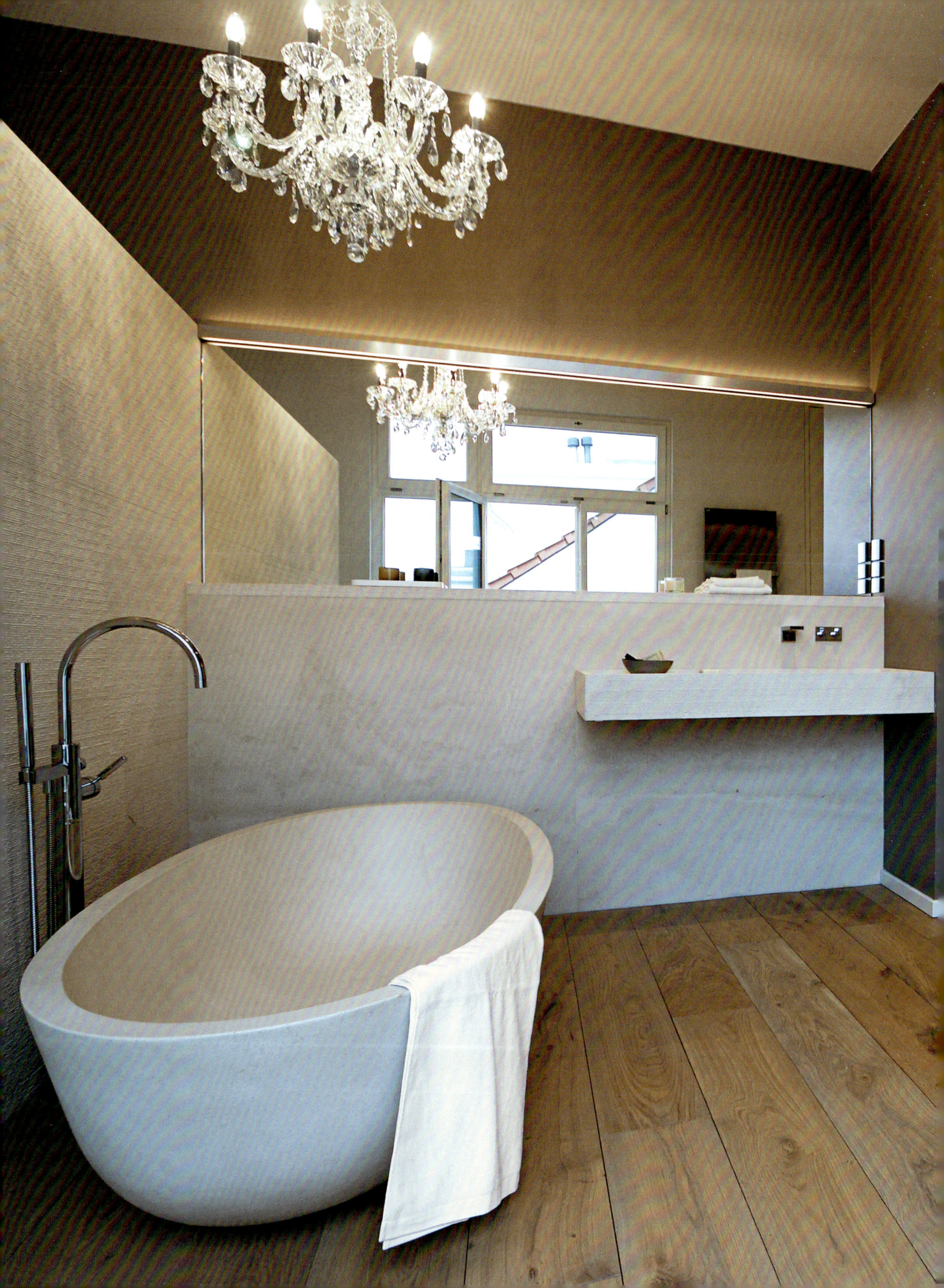

Charakter des Badezimmers. In einem stilvollen Gegenpol hierzu stehen die glänzend kühlen Armaturen aus Chrom. Ein Kronleuchter über der Badewanne sorgt zudem für ein elegantes, wohnliches Feeling.

Hinter dem Waschplatz entstand ein Wandvorsprung, der als schmale Ablagefläche dient. Ein breiter Spiegel mit einer entsprechenden Lichtvorrichtung sorgt mit seiner Reflexion der Fensterfront zur Dachterrasse für ein tieferes Raumgefühl. Wegen der offenen Lösung wurde bei der finalen Planung auf ein WC in diesem Raum verzichtet und separiert geplant. Es ist durch die mit der Wand bündigen Tür neben der Dusche zu erreichen.

Neben der Eingangstür befindet sich ein großer bodengleicher Duschbereich. Dieser bietet mit Schwallauslauf, Regendusche, Gießschlauch und Handbrause viel Potenzial für ein besonderes Duscherlebnis – sehr zum Vergnügen der Bauherrin. Die mit Marmor gefliese Rückwand der Dusche geht optisch in die rahmenlose Eingangstüre über, wodurch diese als solche kaum sichtbar ist. Die Glaswände der Dusche sorgen für ein luftiges Raumgefühl. Die ansonsten in einem warmen Grau und gebrochenen Weiß gestalteten Wände bieten einen eleganten Hintergrund für die Einrichtungsgegenstände aus Naturstein. Der Heizkörper mit Handtuchhalter spiegelt durch seine Edelstahloptik elegant den Wandputz wieder. Details, die dieses Bad zu etwas ganz Besonderem machen.

Gezielt gesetzte Deckenspots leuchten den Raum geschickt aus, sodass die optischen Eigenheiten der Materialien gezielt in Szene gesetzt werden. Zusätzlich zu dem Tageslichteinfall und dem besonderen Lichtschein des Kronleuchters entstehen hier einzigartige Stimmungen im Raum. So kann das Paar sich täglich neu in seinem ganz privaten Rückzugsbereich frisch machen für einen anstrengenden Arbeitstag, sich von diesem erholen oder einfach nur mal ausspannen.

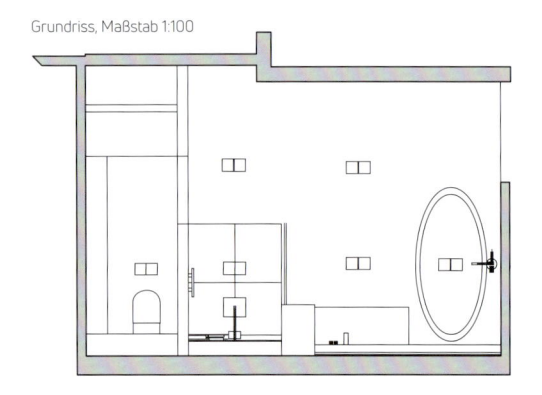

▲ Die in Glas eingefasste Dusche lädt mit einer hochwertigen Ausstattung zum täglichen Duschvergnügen ein.

RENOVIERUNG IM ZUGE EINER KOMPLETTSANIERUNG DES GRÜNDERZEIT-HAUSES
Badgröße: **20 m²**
Badnutzer: **Paar ca. Mitte 40**

VERARBEITETE PRODUKTE
Armaturen: Dornbracht
Waschbecken und
Badewanne: Pibamarmi
Farbe: Farrow & Ball
Duschrinne,
WC-Element: TECE
WC: Villeroy & Boch
Glaswand: Anfertigung Heiler-Glas
Spiegel: Anfertigung
Beleuchtung Spiegel: Millelumen
Kronleuchter: Iris Cristal Bohemia
Deckenspots: Occhio

VERARBEITETE MATERIALIEN
Naturstein
Boden: Eiche massiv, gebürstet und geölt

Grundriss, Maßstab 1:100

◀ Offene Raumgestaltung: Unmittelbar zum Badezimmer angrenzend, befindet sich der Schlafbereich.

▶ Ein großer Spiegel öffnet den Raum.

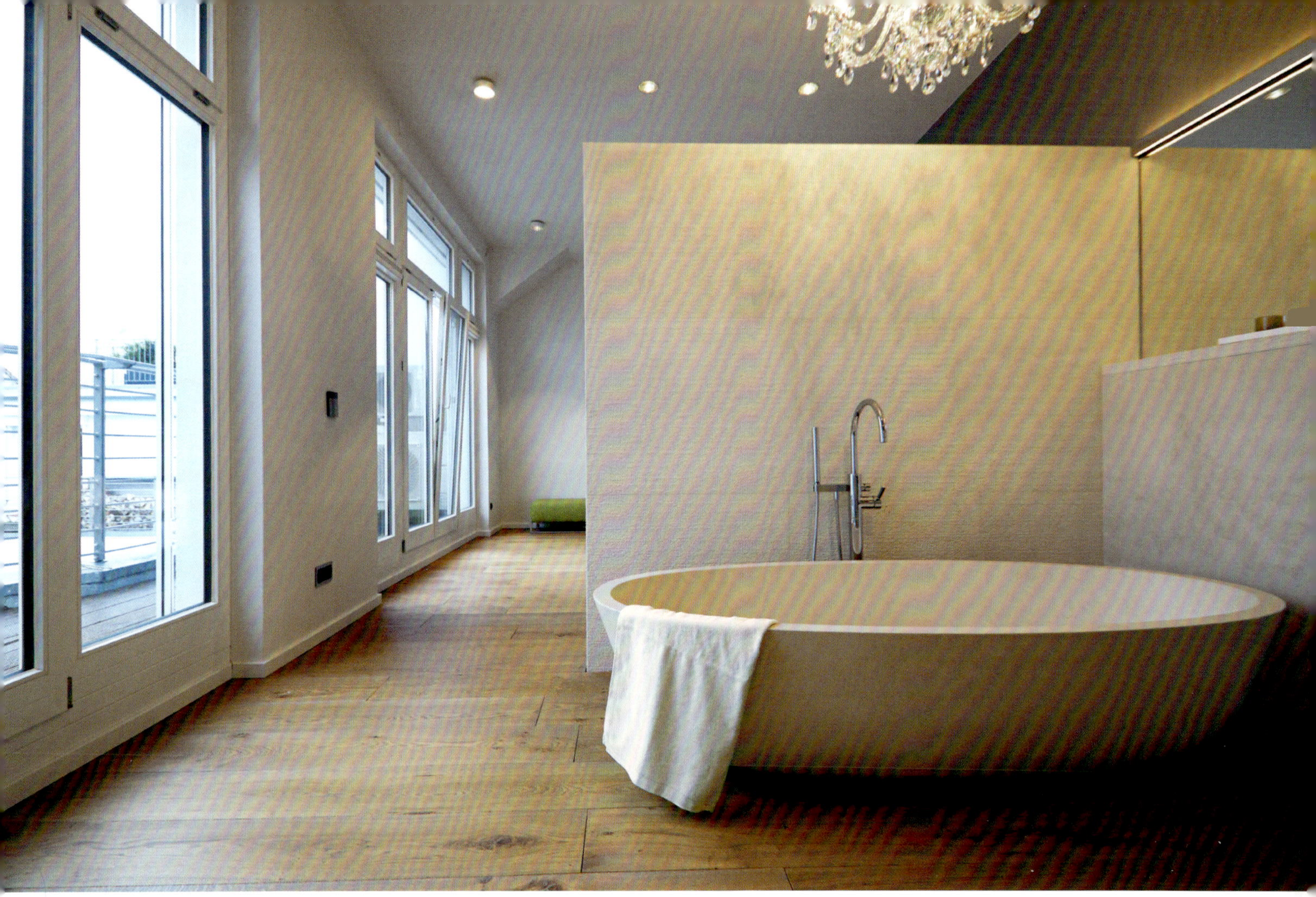
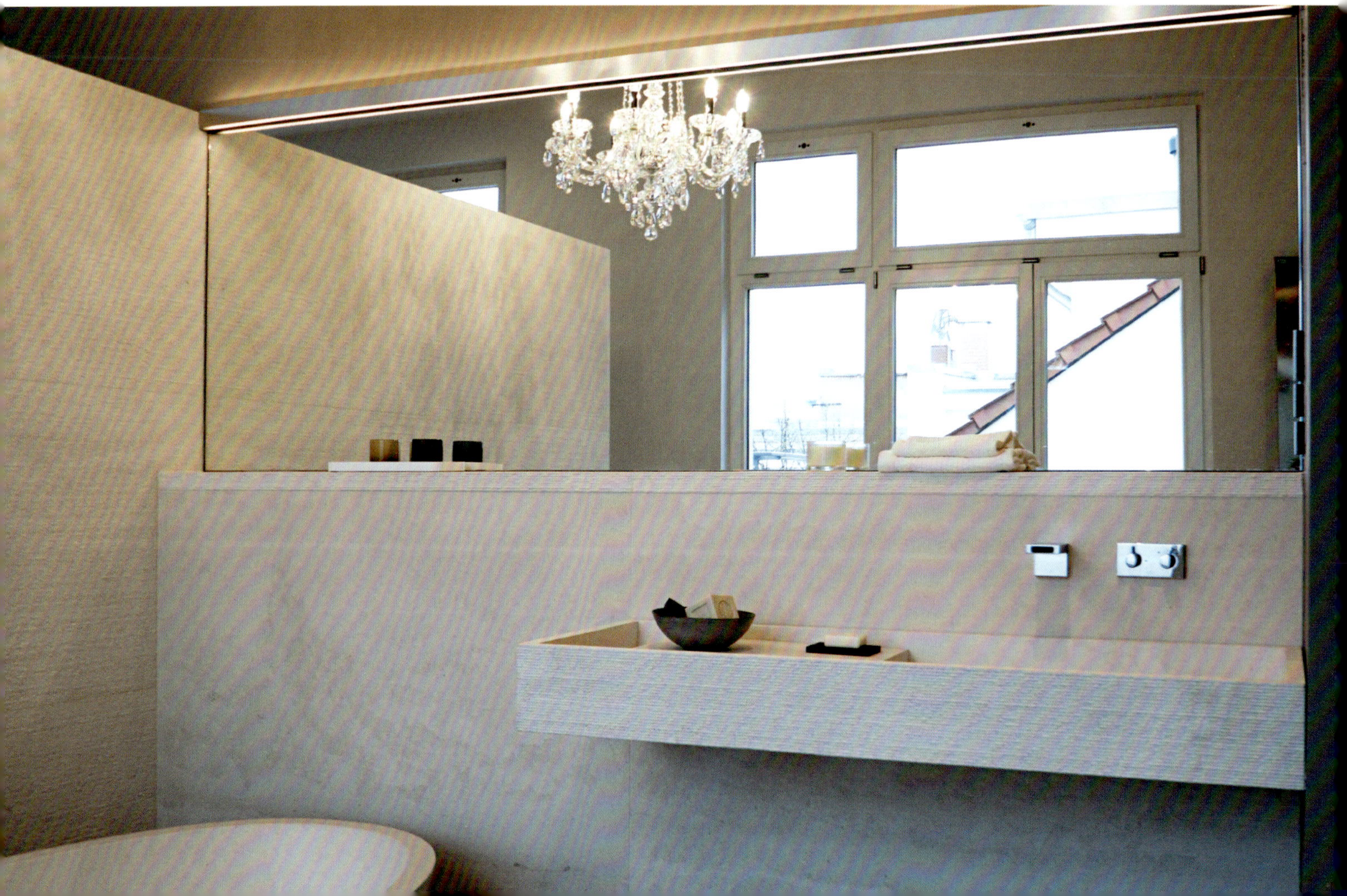

Puristisch mit einem Hauch Natur

Puristisch, keine Wandfliesen, funktional und kein Schnickschnack – diese Vorstellung hatte das Ehepaar von seinem neuen Traumbad. Entstanden ist eine moderne, großzügige und farblich zurückgenommene Wohlfühloase.

Das kinderlose Ehepaar wünschte sich eine Umgestaltung seines 35 m² großen Badezimmers. Die Besonderheit: Das Bad bildet zusammen mit dem Schlafraum die obere Etage des Einfamilienhauses und ist der ganz private Rückzugsort des Paars. Der Weg zum Schlafraum führt durch das Bad. Deshalb sollte die Mitte des Raums möglichst frei bleiben, um keinen Hindernisparcours auf dem Weg zum Bett meistern zu müssen. Schlaf- und Badbereich sollten getrennt sein und doch irgendwie verschmelzen.

Um die gewünschte puristische Gestaltung zu erzielen, wählte die Badplanerin das Rechteck als tonangebende Form, die die gesamte Planung durchzieht. Wände, Spiegel, Möbel, Sanitärobjekte, Fenster, Raumteiler: Alle weisen eine rechteckige Form auf. Als Farben setzte sie ganz klassisch auf Schwarz und Weiß. Wände, Möbel und Sanitärobjekte sind in Weiß gehalten und bilden einen klaren Kontrast zu den großformatigen schwarzen Bodenfliesen und dem schwarzen Duschboden mit ebenfalls schwarzem Bodenablauf. Zusammen mit den gradlinigen Chromarmaturen ergibt sich so ein stimmiges puristisches Gesamtbild.

Purismus für sich genommen ist schön und edel, wirkt aber auch schnell kalt und leer. Mit einem Hauch Natur, den sie mithilfe einer hellen Duschrückwand in Natursteinoptik, einem freien Blick auf den hellen Parkettboden des angrenzenden Schlafbereichs, Birkenstämmen als Dekoelement und einem echten Kuhfell in den Raum integrierte, zauberte die Badeinrichterin eine angenehme

▼ Hochwertige Armaturen aus Chrom an der Badewanne. Auch auf eine praktische Handbrause wurde nicht verzichtet.

▶ Die begehbare Dusche bildet mit ihrer Natursteinoptik das optische Highlight im Raum und gleichzeitig eine räumliche Trennung zum Schlafbereich.

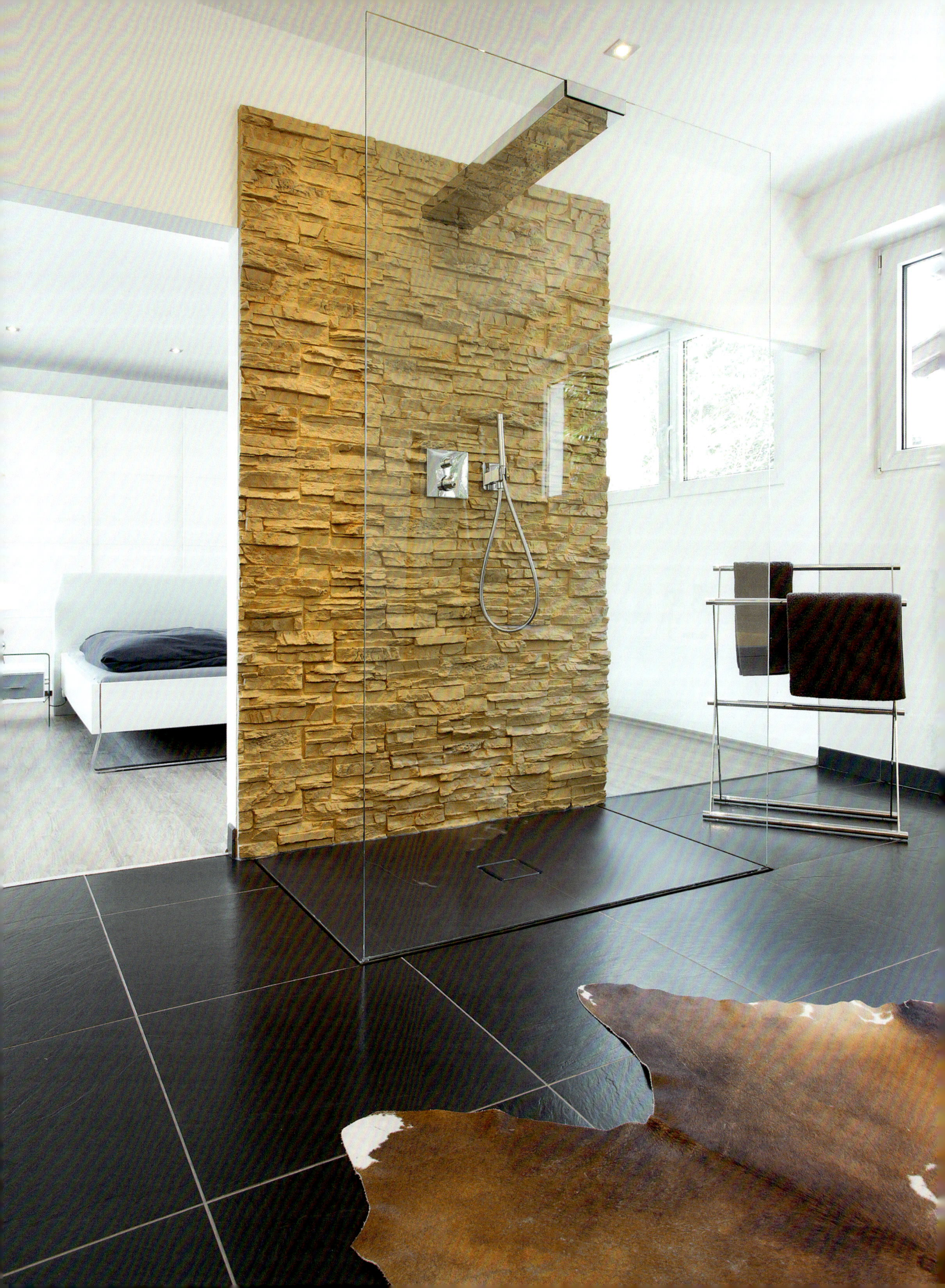

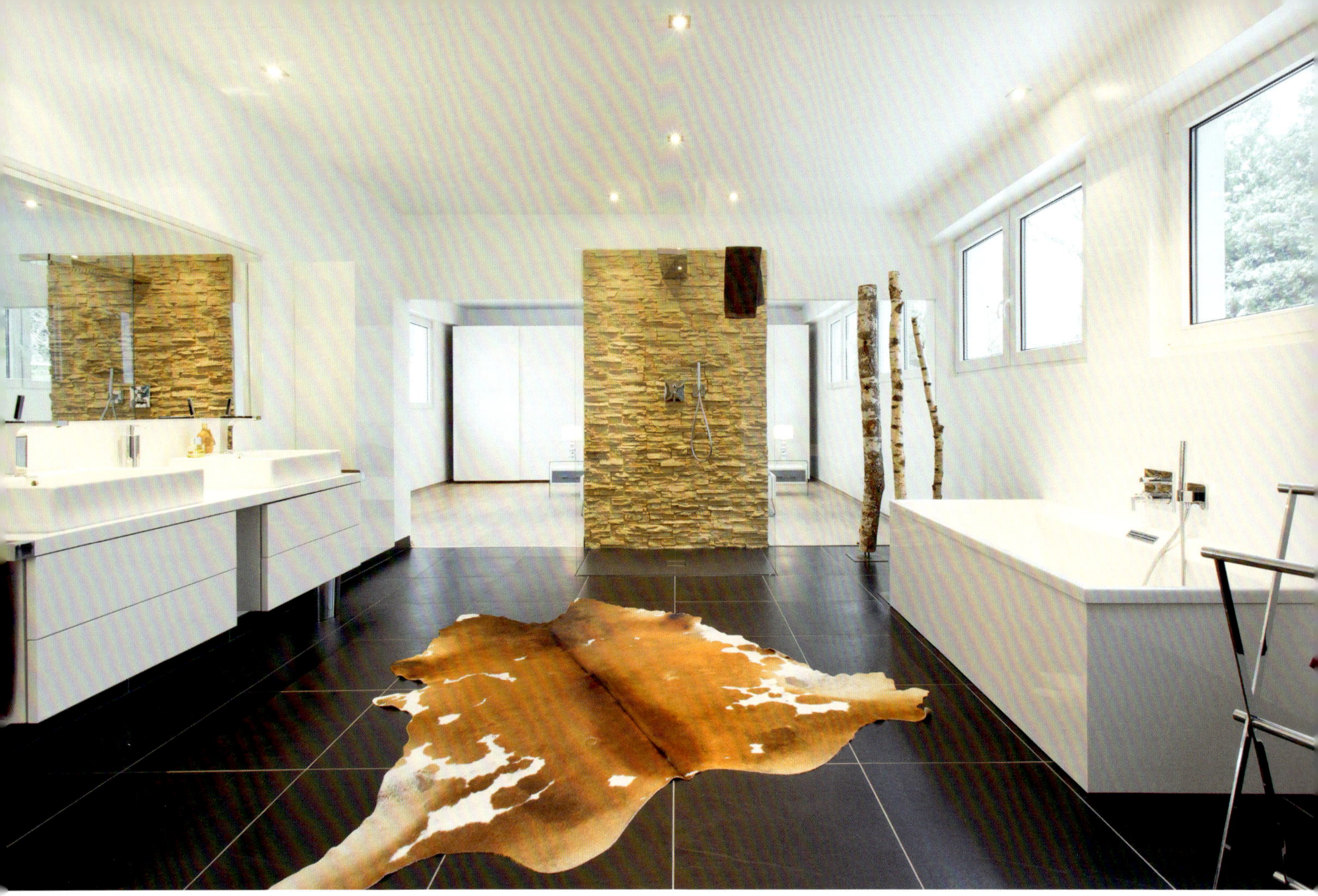

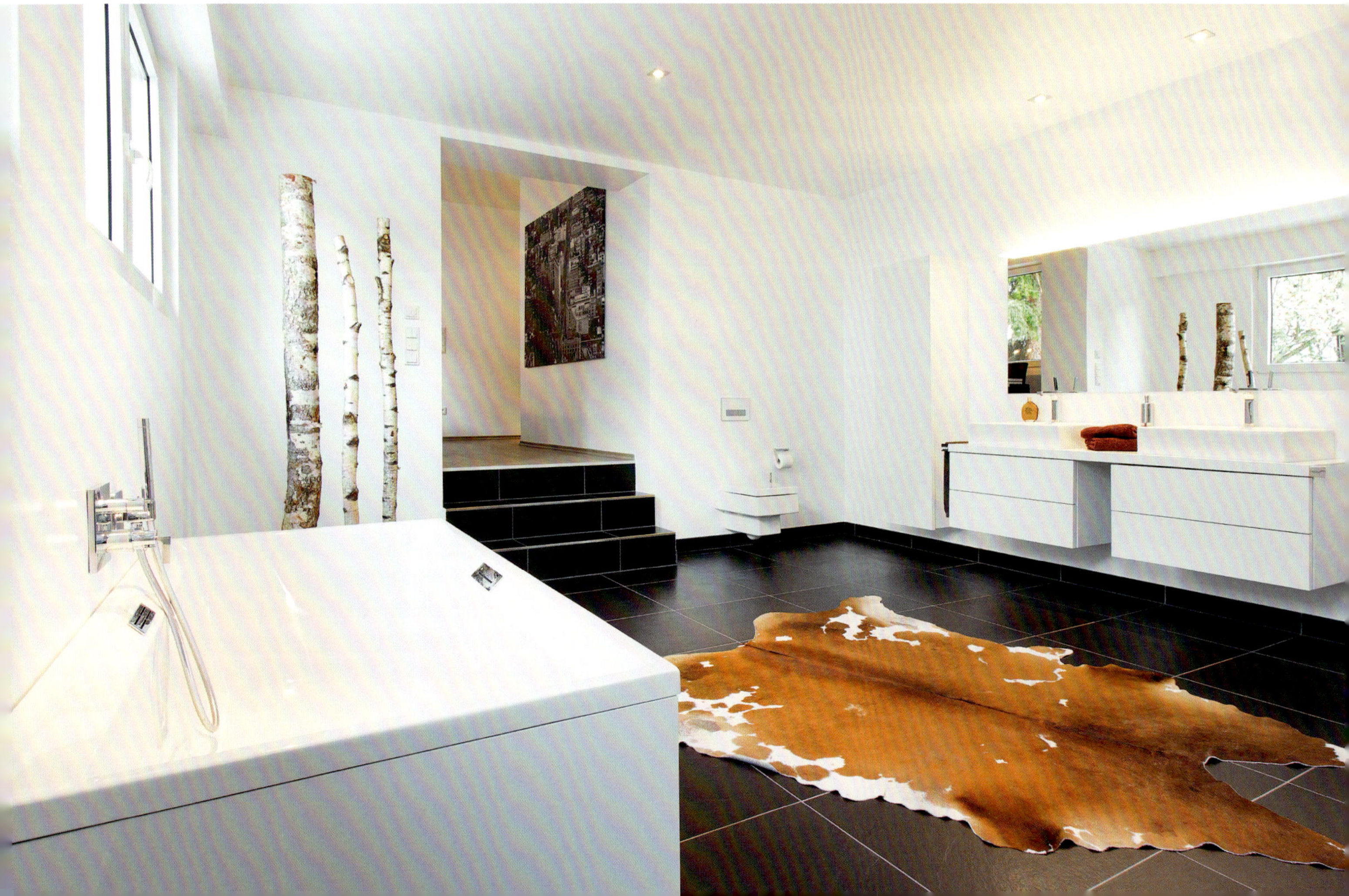

▲ Großzügiger Waschplatz für zwei mit ausreichend Stauraum.

▲ Hochwertiger Schwallauslauf an der Badewanne.

Wohlfühlatmosphäre in das sonst so gradlinige Bad. Die Beige- und hellen Brauntöne durchbrechen in wohltuender Art und Weise die schwarz-weiße Farbsprache.

Die optische Verschmelzung des Bads mit dem Schlafbereich bei gleichzeitiger räumlicher Trennung gelingt durch den Einsatz von Glas-Trennwänden und der Nutzung der Duschrückwand als Raumteiler. Dem Muster der rechteckigen Formgebung folgend, ist der Übergang vom Bad in den Schlafbereich in drei Rechtecke aufgeteilt: in der Mitte die von zwei Seiten begehbare Dusche mit Rückseite in Natursteinoptik und Frontseite aus Echtglas, an der rechten Seite eine Glaswand, die räumlich, aber nicht optisch trennt, und an der linken Seite ein offener Durchgang ins Schlafzimmer. Dass keine Natursteinwand, sondern eine hochwertige Kunststoffplatte in Natursteinoptik gewählt wurde, kommt einem weiteren Wunsch der Bewohner entgegen: Funktionalität in Form von geringem Pflegeaufwand.

RENOVIERUNG IM BESTAND
Badgröße: **35 m²**
Badnutzer: **Paar**

VERARBEITETE PRODUKTE
Duschfläche:	Stahl/Email Kaldewei
Armaturen:	Hansgrohe
WC, Waschtische, Spiegel, Badewanne und Möbel:	Duravit
Accessoires:	Dekor Walther

VERARBEITETE MATERIALIEN
Fliesen:	Feinsteinzeug Porcellanosa
Wandbelag Dusche:	Natursteinoptik
Wandfarbe:	Tikkurila Symphony
Möbel:	Holz hochglanzlackiert

Kosten ca. **35.000 Euro**

Grundriss, Maßstab 1:100

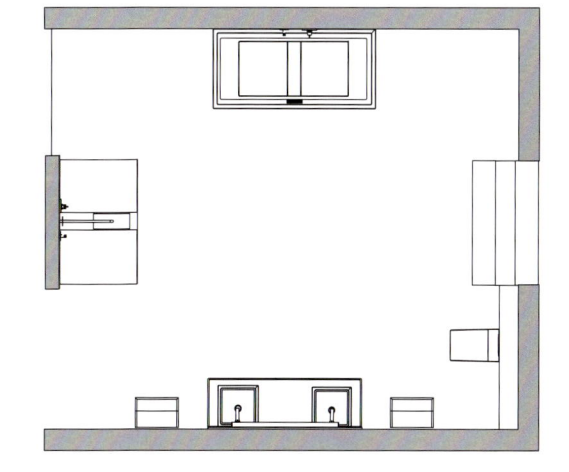

▼ Puristisch und doch wohnlich.

◄ Geschickt aufgeteilt: Badewanne, Waschtisch und WC lassen den Weg zum Schlafbereich frei.

Kleiner Raum ganz groß

Für das 13 m² große Badezimmer unter dem Dach des Hauses mussten zunächst zwei Räume zusammengelegt werden. Geschickt nutzte der Badeinrichter jeden einzelnen Winkel des Raums und schuf dieses originelle und äußerst komfortable Dachbad.

Gekonnt arbeitete der erfahrene Badplaner mit den nach der Zusammenlegung der Räume entstandenen Nischen, installierte zusätzliche Vorwände, zog neue Decken und Wände ein und erschuf so eine ganz natürlich wirkende Zonierung. In einer Nische neben dem Eingang zum Bad wurde die gewünschte Dampfsauna eingepasst, die auch als klassische Dusche genutzt werden kann. Mit beheizter Sitzbank, Kopf- und Stabbrause bietet sie nicht nur ein hohes Maß an Duschkomfort, sondern sorgt mit fünf individuell einstellbaren Lichtszenarien und wasserdichter integrierter Soundanlage für ein entspannendes Wellnessgefühl. Die Duschtür aus Echtglas unterstützt die offene Gestaltung.

Den vorhandenen Raum ohne Schräge unter einer Gaube nutzte der Planer geschickt für eine Trocken- und eine WC-Zone, durch eine Trennwand in der Mitte getrennt. Der WC-Bereich erhält zum übrigen Bad mittels einer davorgesetzten, halbhohen Wand die gewünschte Intimsphäre. Mit dem hier eingesetzten Dusch-WC erfüllte sich das Paar den langgehegten Wunsch nach einem höheren Maß an Hygiene und Komfort. Mit Sitzhocker und Handtuchhalter, der auch als Handtuchwärmer funktioniert, und einem in die seitliche Schräge auf Maß eingepassten Regal aus Eichenholz erschuf der Planer eine bequeme Ankleidesituation. Dass die Stäbe des Badheizkörpers individuell angeordnet werden können und als modulares System funktionieren, unterstützt den individuellen Charakter dieses Bads.

Unter der seitlichen Schräge der Kopfwand findet eine formschöne Badewanne aus mattweißem Mineralwerkstoff ihren Platz. Vor einer braunen Natursteinwand erscheint sie fast freistehend, obwohl sie an der Rückwand befestigt ist. Der freistehende Eindruck wird

▼ Designheizkörper als Handtuchwärmer.

▶ Nischenposition: Dampfdusche auf Maß eingebaut.

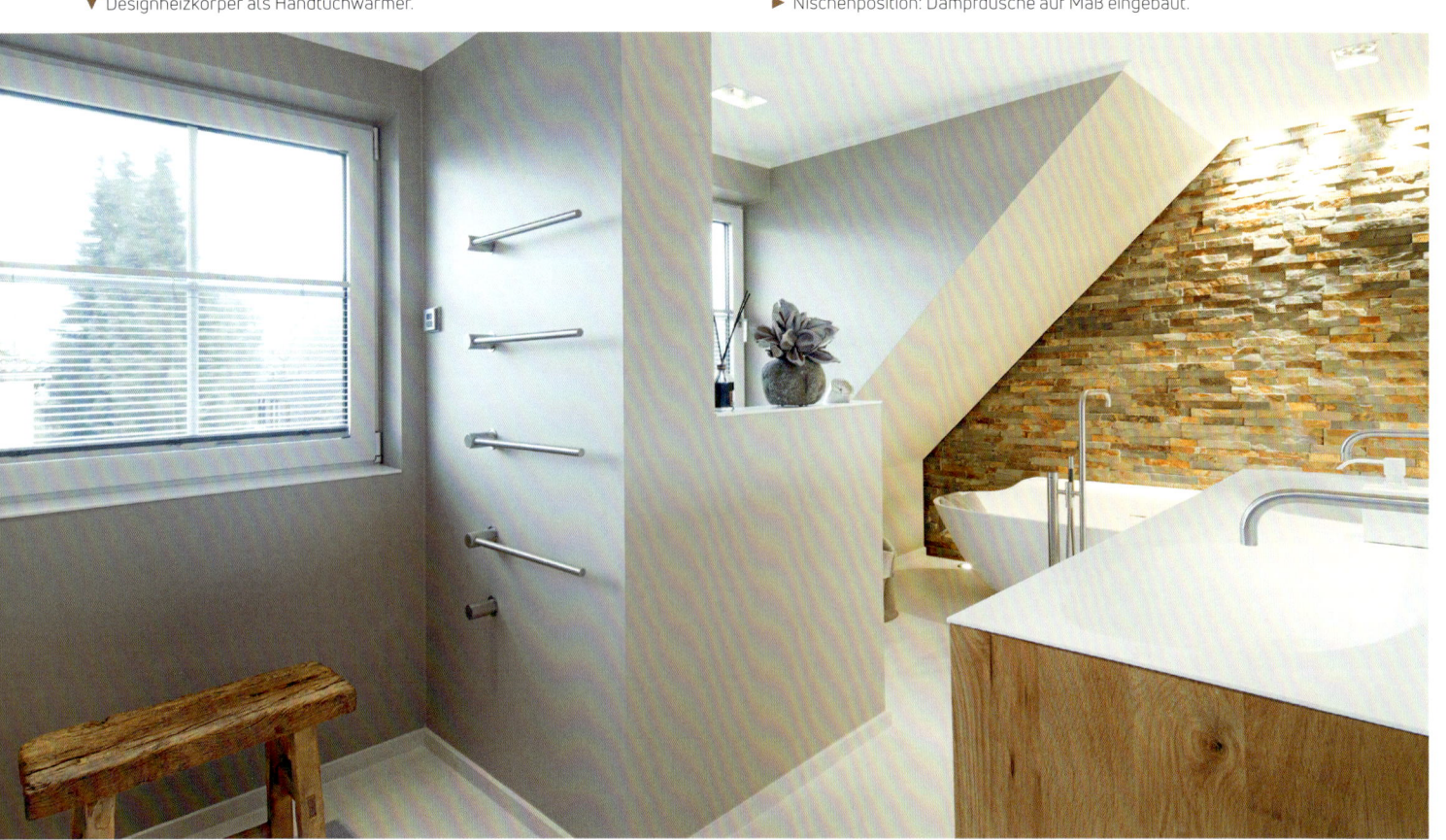

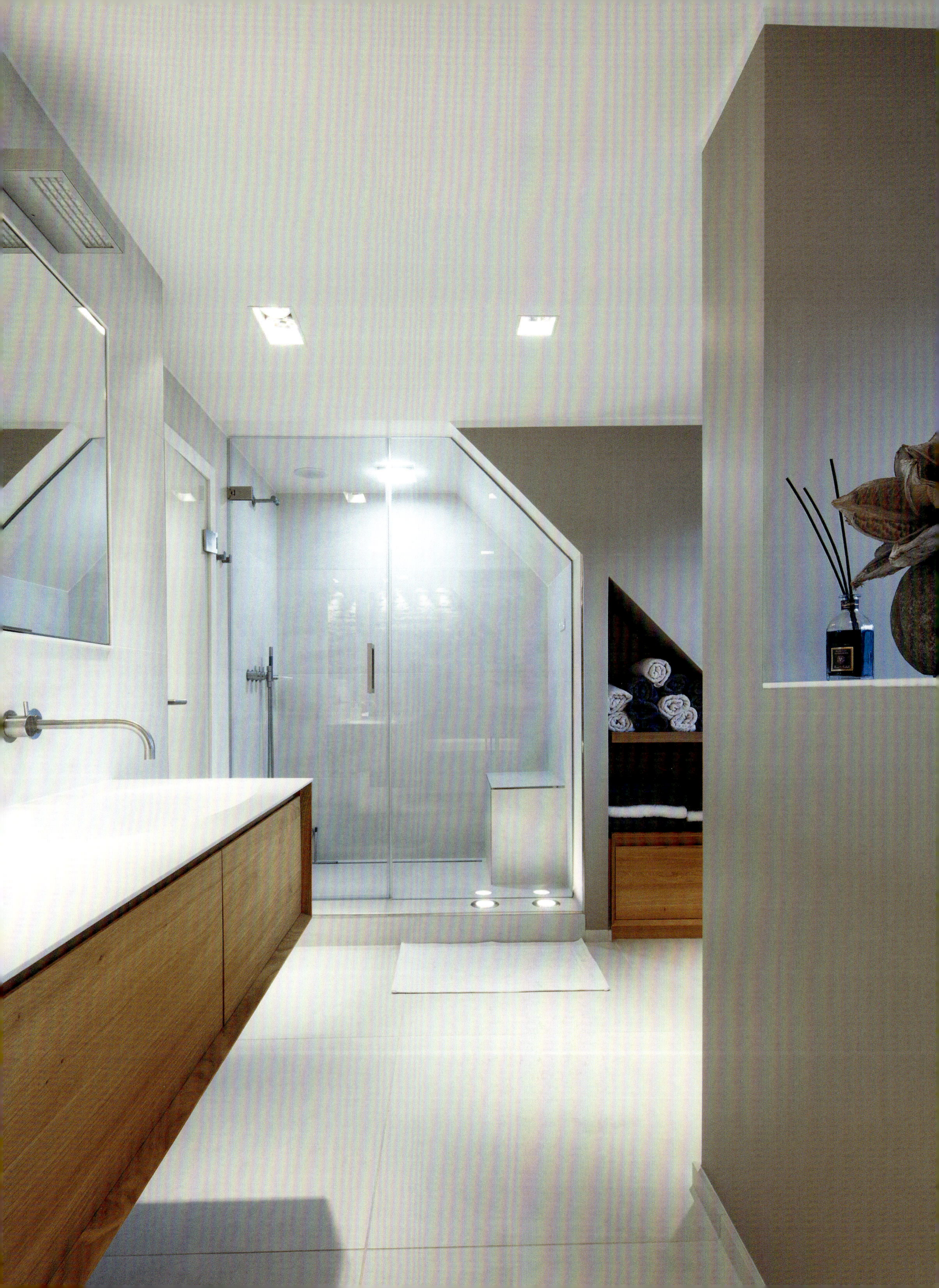

durch die Standarmatur mit integrierter Handbrause, die davor platziert wurde, noch verstärkt. Raffiniert durch gezielt positionierte Decken- und Bodenstrahler ausgeleuchtet, ist der Wannenbereich ein echter Hingucker im Raum und lädt zu Mußestunden beim ausgiebigen Vollbad ein.

An der geraden Fläche im Badezimmer wurde der gewünschte Doppelwaschtisch untergebracht. Die hauchdünnen Waschbecken aus mattweißem Mineralwerkstoff gehen so elegant fließend ineinander über, dass der Eindruck einer einzigen Fläche mit zwei Mulden entsteht. Edel dazu wurde der Waschtisch-Unterschrank aus massiver Eiche kombiniert.

Um den Wunsch nach einem wohnlichen, hellen und freundlichen Bad zu erfüllen, nutzte der Badplaner eine Kombination aus weißer und hellgrauer Wandfarbe mit großflächigen beigefarbenen Feinsteinzeug-Fliesen für den Boden. Echtholzmöbel, die im gleichen Braunton wie die Natursteinwand gehalten sind, fördern das behagliche und natürliche Raumgefühl. Das ausgeklügelte Lichtkonzept – mit Funktionslicht am Spiegel, indirektem Licht in der Wandnische, Decken- und Bodenstrahlern und Farblicht – beinhaltet die Möglichkeit, ganze Szenarien voreinzustellen. Es sorgt so in Kombination mit dem durch die zwei Fenster einfallenden Tageslicht für die perfekte Beleuchtung des Badezimmers für alle denkbaren Stimmungen, die dem Paar je nach Tageszeit und eigenem Befinden gerade vorschweben.

Auch auf TV und Musik muss das Paar im neuen Bad nicht verzichten: In die Wand neben der Badewanne eingelassen, ermöglichen der schwenkbare Monitor Fernsehgenuss im ganzen Badezimmer und eine in die Wand integrierte Vorrichtung das Abspielen eigener Musik über das Smartphone oder das Hören des Lieblings-Radiosenders.

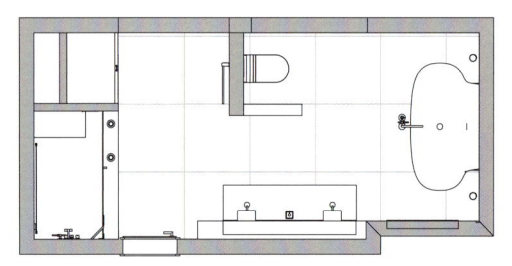

▲ Separiertes Dusch-WC für Hygiene mit Komfort.

Grundriss, Maßstab 1:100

UMBAU UND RENOVIERUNG
Badgröße: **13 m²**
Badnutzer: **Ehepaar**

VERARBEITETE PRODUKTE
Accessoires: Frost
TV-Gerät: Samsung
Licht: Occhio
Elektrotechnik, Schalter: Jung
Einbauradio: Gira
Dusch-WC: Duravit
Waschtischarmaturen, Kopf- und Schlauchbrause, Wannenarmatur, Handtuchtrockner: Vola
Waschtisch, inkl. Unterschrank, Badewanne: Falper
Fliesen: Mosa

VERARBEITETE MATERIALIEN
Naturfarben, Feinsteinzeug, Mineralwerkstoff, bruchraue Naturstein-Verblender, Echtholz Eiche, Glas

◀ Sinnliche Materialauswahl: Rau und grob trifft weich und glatt.

▶ Smarte Tools für ein modernes Bad.

Samstag
Sonntag
Montag
Lokalzeit
Prognose

10:57
Freitag, 9. Januar
Entsperren
PROG

Harmonische Komposition aus Gegensätzen

Das Ehepaar mag es besonders und ausgefallen. Für die Gestaltung seines 20 m² großen Badezimmers wandte es sich an den erfahrenen Badeinrichter, der den gewünschten Stil verstand und perfekt umzusetzen wusste.

Stilgebend für die Komposition dieses Bads ist die Kombination von scheinbar Gegensätzlichem, das sich dann doch zu einem harmonischen Ganzen zusammenfügt. So brachte der Badplaner gekonnt runde mit eckigen Formen zusammen und wählte ein kontrastierendes Farbkonzept, bestehend aus hellen und dunklen Farben.

Im Zentrum des an das Schlafzimmer angrenzenden Bads steht eindeutig die elegante runde, eigentlich freistehende Badewanne aus mattweißem Mineralwerkstoff, die – ganz im Sinne des Formen- und Farbkonzepts – in eine eckige maßgefertigte Möbelsituation aus dunklem Eichenholz eingefasst ist. Die Wanne ist unter den bodentiefen Fenstern in der Dachschräge platziert und bietet so nicht nur komfortablen Platz, sondern auch das perfekte Ambiente für entspannte Stunden zu zweit. Schließlich eröffnet dieser Ort per TV-Bildschirm auch die Möglichkeit, die Lieblingssendung jederzeit zu verfolgen. Das umbaute Möbelstück bietet viel Stauraum, schafft zugleich mit seiner breiten Fläche eine bequeme Sitz- und Liegemöglichkeit und hält damit auch eine komfortable Kommunikationsplattform bereit, während sich einer von beiden stylt oder badet. In dem Möbelstück integrierte Strahler leuchten dezent den Boden aus. Die Armaturen, die die Befüllung der Wanne mit Wasser aus dem Schwallauslauf oder der Handbrause sicherstellen, wurden auf dem Möbelstück angebracht und unterstützen die edle Anmutung.

Die weitere Badausstattung ist entlang einer L-Linie positioniert. So konnte auch der Waschbereich freistehend gestaltet werden. In den rechteckigen weißen Waschtisch mit ebenfalls rechteckigem weißen Unterschrank integriert ist ein Waschbecken mit abgerundeten Ecken, versehen mit einer schlichten Designarmatur, die einem gebogenen Auslaufrohr gleicht. Der darübergelegene Spiegelschrank ist maßgefertigt.

▼ Eckig und rund, schwarz und weiß: Gegensätze ziehen sich an.

► Dampfdusche mit Ausblick.

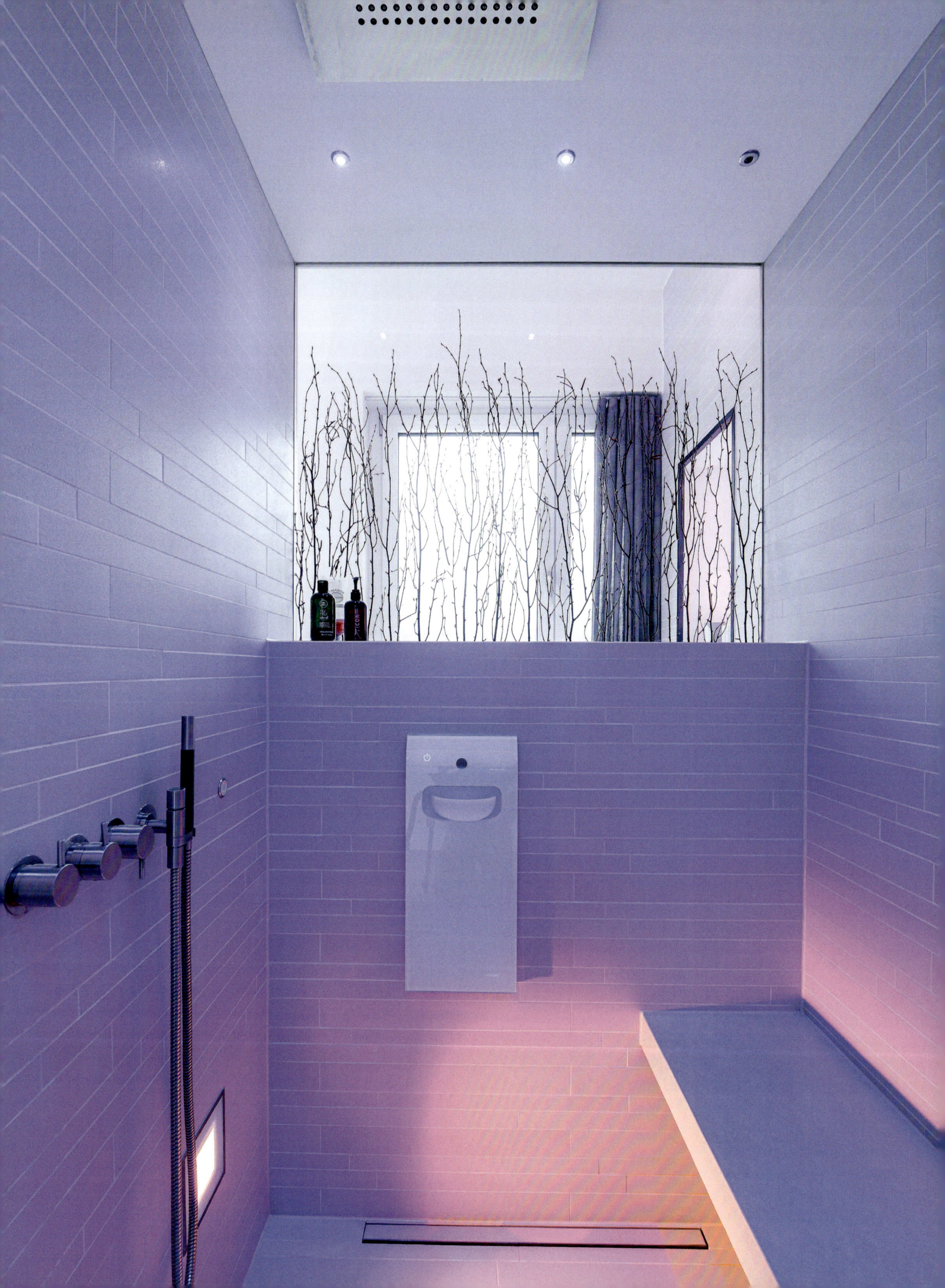

Der Waschbereich ist an einer Installationswand angebracht, die auf der Rückseite auch die Armaturen der Dusche trägt. Sie steht mit gleichen Abständen zu den Außenwänden im Raum. Dabei dient die eine Seite als WC-Bereich mit der nötigen gewünschten Intimsphäre, die mit Dusch-WC auch in puncto Hygiene ganz vorne liegt. Die andere Seite ist der Zugang zur Dusche und einem Ankleideraum, der, optisch separiert, über eine Schiebetür erreichbar ist. Die Dusche ist auch als Dampfdusche nutzbar und lässt keinerlei Wünsche offen: Ausgestattet mit einer in die Decke integrierten Regenbrause mit zwei Zonen, lässt sie das Wasser wortwörtlich wie Regentropfen auf den Körper fallen – mal stark, mal sanft. Über der in der Dusche integrierten Sitzbank wurde zusätzlich eine Schwallbrause angebracht, die mit einem breit gefächerten und gezielten Wasserschwall Nacken und Schultermuskulatur entspannt. Individuell einstellbares Farblicht sorgt für stimmungsvolles Ambiente. Ein ganz besonderer Clou: Auf halber Höhe besteht die Rückwand der Dusche aus Verbundglas mit eingelassenen Birkenzweigen. Dies lässt den Eindruck eines Duschgangs in freier Natur entstehen und bringt Tageslicht in den abgetrennten Duschbereich.

Den attraktiven und noblen Eindruck erhält das Badezimmer zum einen durch sein zurückhaltendes und edel wirkendes Farbkonzept: elegantes Anthrazit im Zusammenspiel mit fast weich wirkendem Weiß und einem hellen Sandton. Untermalt wird der stimmige Gesamteindruck durch klug eingesetzte Strahler und indirekt hinterleuchtete Nischen im gesamten Raum. Die eingesetzten Materialien aus Feinsteinzeug, Mineralwerkstoff und dem weich fallenden, dunklen, leicht transparenten Leinen der Gardinen unterstreichen den einzigartigen Charakter dieses Bads. Eine Komposition ganz im Sinne der Auftraggeber.

▲ Tageslicht für Dusch-WC und Dusche.

NEUBAU EINFAMILIENHAUS
Badgröße: **20 m²**
Badnutzer: **Paar**

VERARBEITETE PRODUKTE
Wanne, Waschbecken, WT-Unterschrank:	antoniolupi
Dusch-WC:	Toto
Armaturen:	Vola
Regen- und Schwallbrause:	Dornbracht
Dampfdusche, Duschabtrennung, Verbundglas Birke, Spiegelschrank:	Maßanfertigung
Bodenfliesen:	Mutina
Wandfliesen:	Brix
Beleuchtung:	Kreon
KNX-Technik	

VERARBEITETE MATERIALIEN
Bodenbeläge:	Feinsteinzeug-Fliesen
Wandbeläge:	Feinsteinzeug-Fliesen und Anstrich

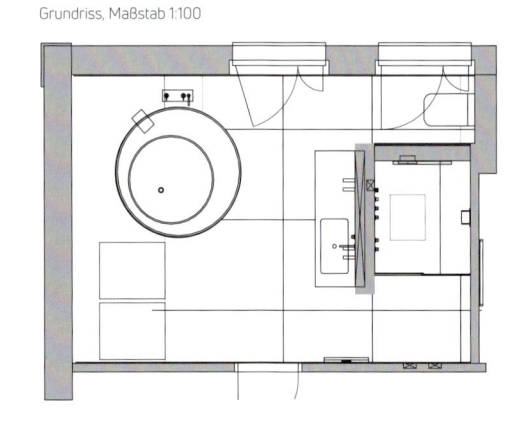

Grundriss, Maßstab 1:100

◀ Waschplatz mit Zugang zu Dusche und WC.

▶ Platz unter der Dachschräge optimal genutzt.

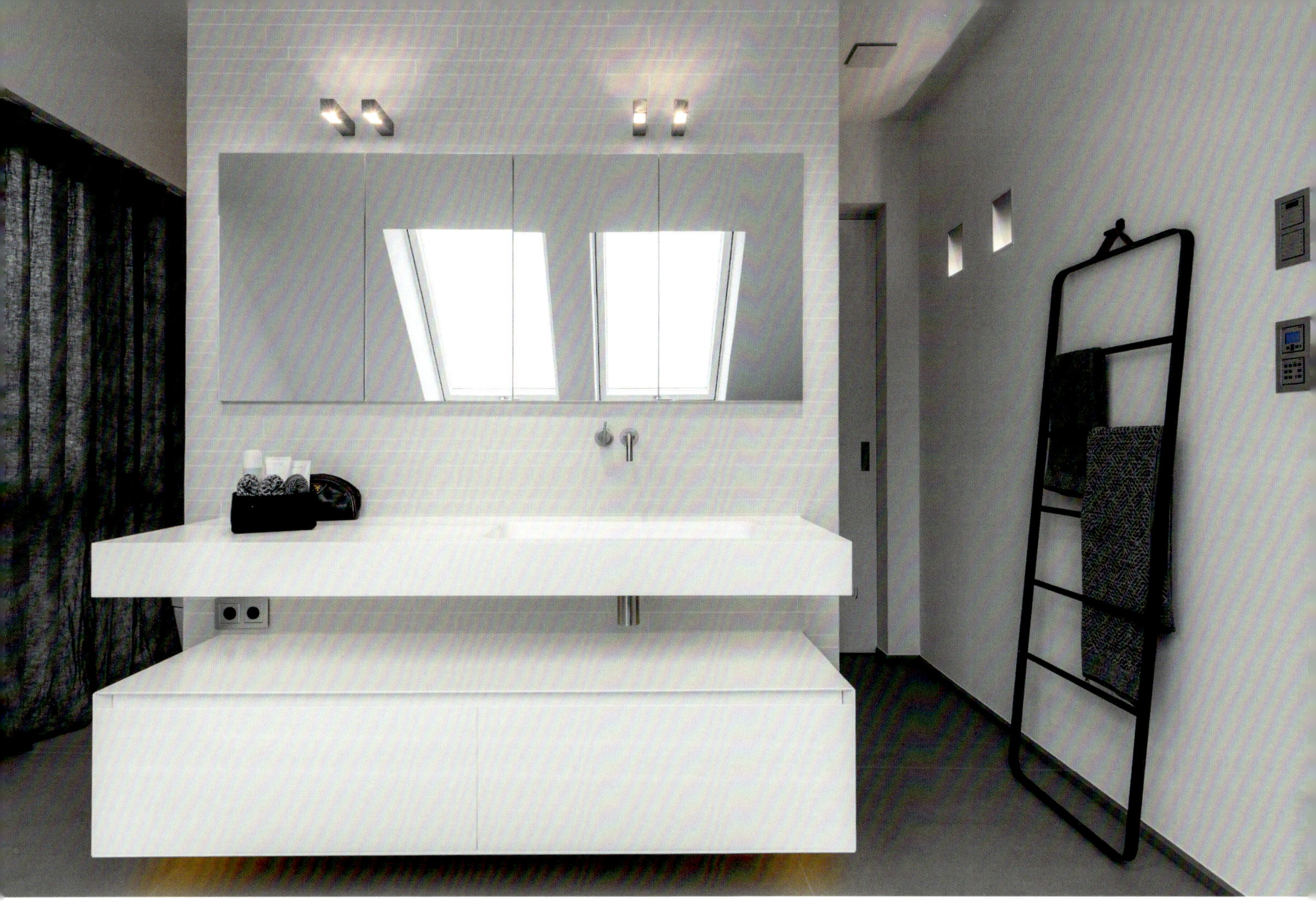

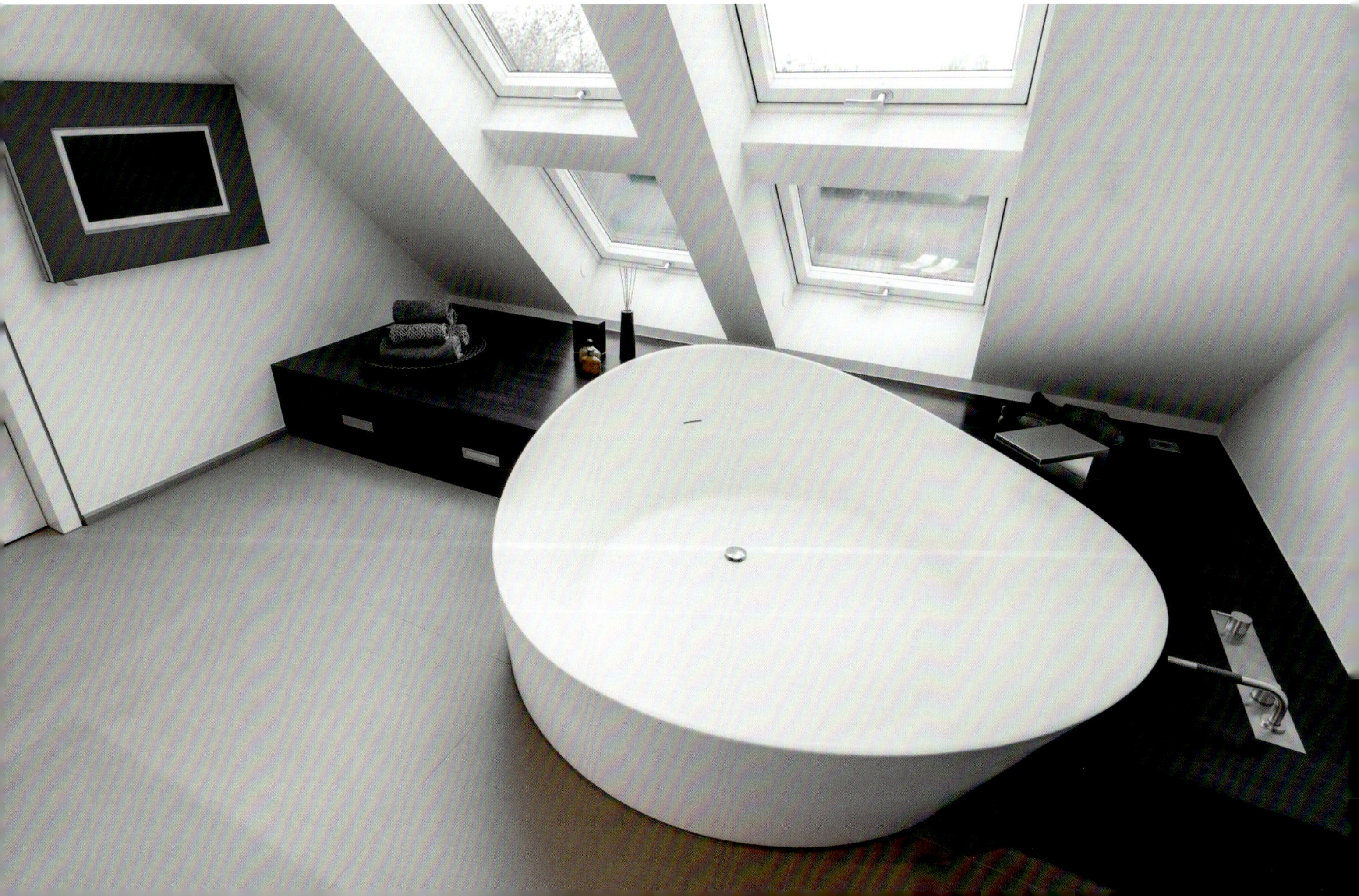

Elegantes Styling

Das Ehepaar wünschte sich für sein neues Haus neben einer exklusiven und besonderen Gestaltung und Planung des Hauptbadezimmers auch ein ausgeklügeltes Konzept für das zweite Badezimmer, welches in erster Linie von Gästen genutzt werden sollte.

Den Stil des Paares kannte der Badplaner bereits durch die Realisierung des Hauptbadezimmers. Da jeder Raum seine eigene originelle Note haben sollte, ließ sich der Badgestalter für das zweite Bad mit seinen 5,5 m² eine ganz andere ausgefeilte Lösung einfallen.

Ein anthrazit-weißes Farbkonzept dominiert den Raum und unterstreicht damit die gewünschte edle, moderne und puristisch klare Wirkung. Bei den im gleichen dunklen Anthrazit-Farbton gehaltenen Materialien arbeitete der Badplaner mit unterschiedlichen Fliesengrößen, die je einen Bereich im Badezimmer für sich hervorheben. Auf dem Badezimmerboden wurden großflächige dunkle Fliesen aus Feinsteinzeug verlegt, während an den Wänden des Duschbereichs dunkles Riemchenmosaik die Blicke auf sich zieht. Gleichzeitig untermalt auch das effektvolle dunkle Minimosaik hinter Waschtisch und WC den individuellen Touch des Bads. Der Waschtisch aus hellem Holz mit bündig integriertem, mattweißem Becken aus Mineralwerkstoff kommt vor dieser Wand besonders gut zur Geltung. Ein waschtischbreiter Spiegel über dem Fliesenspiegel mit integrierter Beleuchtung und eine schnörkellose klare Armatur runden das stilvolle Gesamtbild ab.

In der Dusche wirken die hochwertige verchromte Regenbrause und die integrierte Handbrause besonders edel auf dem dunklen Material. Eine transparente Glasabtrennung lässt den Raum offen und den Duschbereich damit großzügiger wirken. Der weiße Duschboden und integrierte Deckenstrahler fördern die einladende Wirkung der Dusche.

Neben der puristischen Wirkung, die in erster Linie durch die klare Formensprache und das zurückgezogene, aber ausdrucksstarke Design zustande kommt, sorgen ausgewählte Accessoires wie ein schwarzer Handtuchhalter auf der weißen Wand gegenüber dem Waschtisch und eine weiße lichtdurchlässige Jalousie für einen Hauch Wohnlichkeit. Auch wenn das Ehepaar bei diesem Bad nicht viel Wert auf Stauraummöglichkeiten legte, kann in einer kleinen integrierten Schublade des Waschtischs das eine oder andere Badutensil doch seinen Platz finden.

Bei einem modernen Bad darf auch ein wenig Technik nicht fehlen. So können alle im Raum integrierten Strahler und Leuchten sowie die Fußbodenheizung über ein zentrales Bedienpanel gesteuert werden.

Ein rundum funktionelles, puristisches und designstarkes kleines Bad, das nicht nur die Gäste bezaubert.

◀ Geschickte Kombination verschiedener Fliesenarten und -formen.

▶ Der Waschtisch aus Holz bringt Wärme und Wohnlichkeit in das Gästebad.

Grundriss, Maßstab 1:50

NEUBAU EINFAMILIENHAUS
Badgröße: **5,5 m²**
Badnutzer: **Gäste**

VERARBEITETE PRODUKTE
Duschtasse,
Duschabtrennung: Maßanfertigung
WC: antoniolupi
Waschtisch: agape
Armaturen: Vola
Regendusche: Dornbracht
Wand- und
Bodenfliesen: Brix
Beleuchtung: Kreon
KNX-Technik

VERARBEITETE MATERIALIEN
Bodenbeläge: Feinsteinzeug
Wandbeläge: Feinsteinzeug-Mosaik und Anstrich

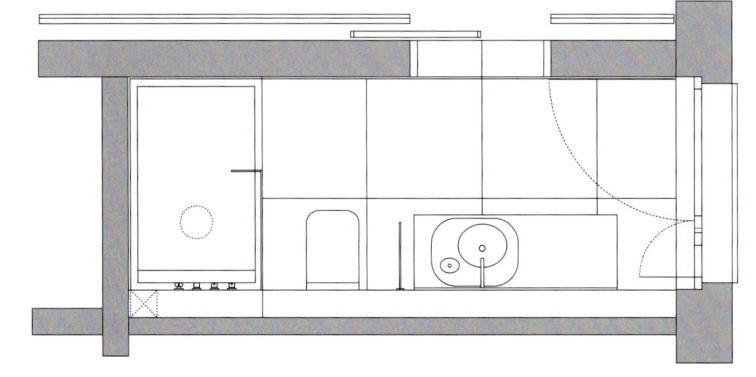

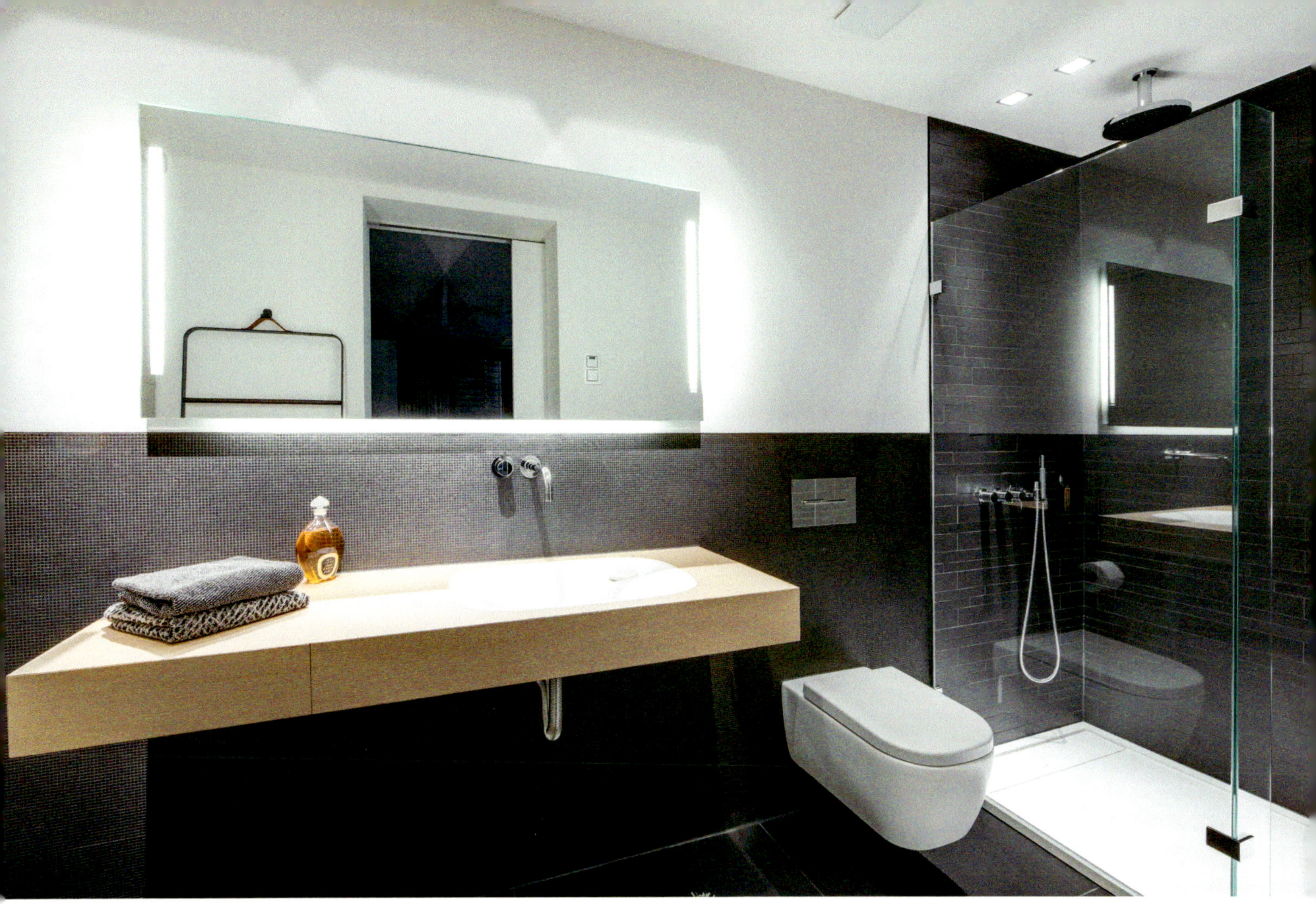

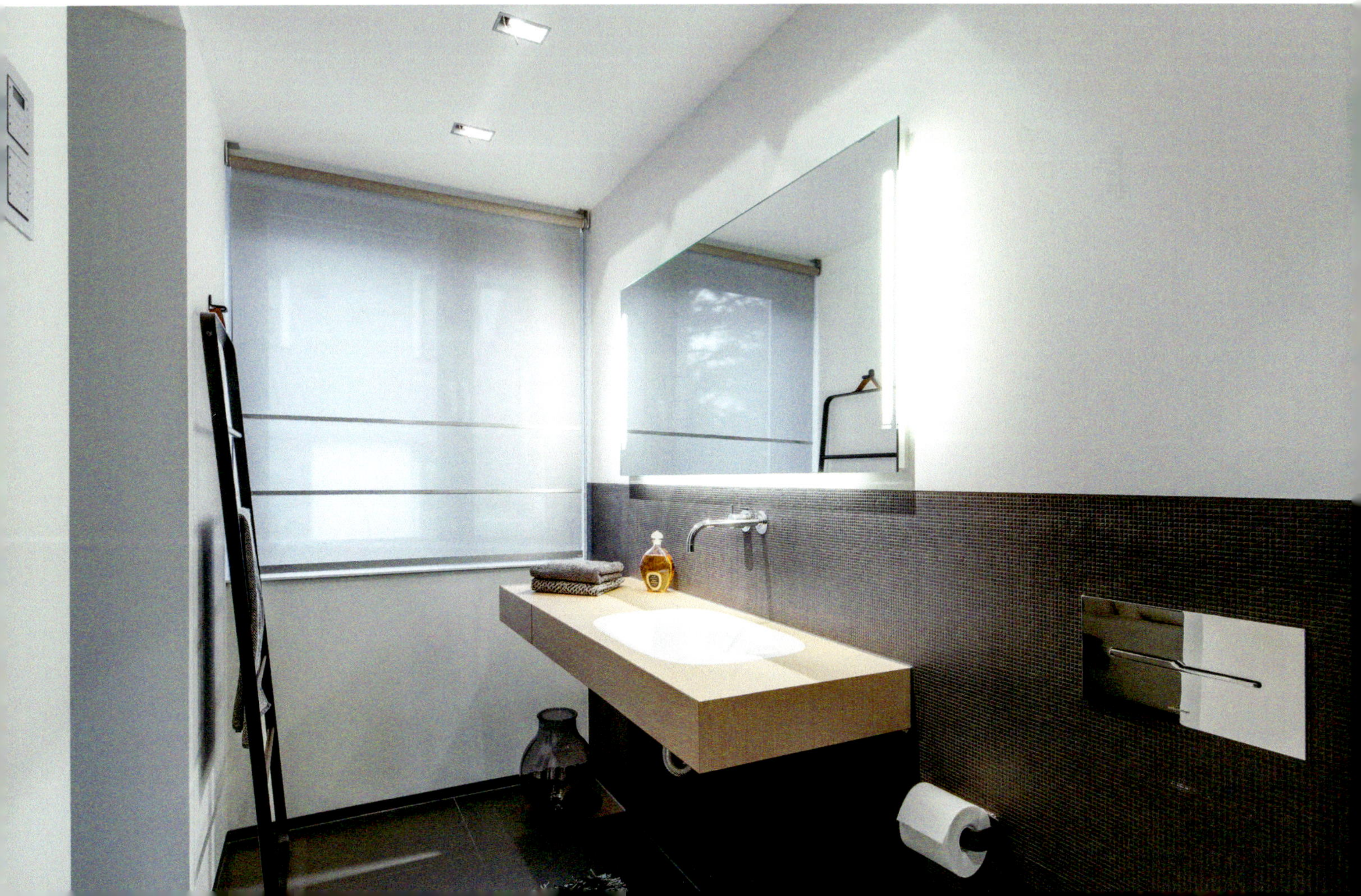

Perfekte Symbiose

Wohnraum und Badezimmer zu vereinen, sodass beide Räume eine perfekte Symbiose ergeben, ist eine Kunst, die diese Badplanerin offensichtlich beherrscht.

Schon immer nutzte das Ehepaar mittleren Alters die obere Etage seines Einfamilienhauses mit Seeblick als privaten Rückzugsort. Doch obwohl Schlaf- und Badezimmer nicht strikt getrennt waren, stellte sich irgendwie nie die gewünschte lockere Wohlfühlatmosphäre in seinem Refugium ein. Das Paar wandte sich an die Badplanerin mit dem Wunsch, aus dem Elternbereich einen kompletten Wohlfühlraum mit Bad- und Schlafbereich zu gestalten.

Der moderne Landhausstil des Schlafzimmers sollte stilbestimmend bleiben. So bestand die Aufgabe also darin, diesen Stil in den Badbereich zu übertragen und durch geschickte Auswahl der Einrichtungsgegenstände, Sanitärobjekte und Materialien eine harmonische Gesamtwirkung entstehen zu lassen.

▼ Viele wohnliche Elemente finden sich hier wieder.

Das Konzept der Badplanerin gefiel den Bauherren auf Anhieb: eine stilvolle Verbindung von klaren und modernen Formen mit natürlichen Materialien. Tonangebend für die gesamte Etage sollte dabei der freigelegte offene Dachstuhl mit seinen schönen Holzbalken sein. Ein Eichenparkettboden, der sich auf die gesamte Fläche erstreckt, bildet ein weiteres verbindendes Element. Überhaupt konnte auf Fliesen in diesem Bad ganz verzichtet werden. Stattdessen wurde Mineralputz für die Wände und Glas und große Natursteinplatten für die Dusche und den Waschplatz eingesetzt. Die reused Holzverkleidung des Waschtischs und die Holzleiter, die als Handtuchhalter dient, fügen sich stilvoll in die Optik des offenen Dachstuhls ein.

▶ Installationswand als Raumteiler.

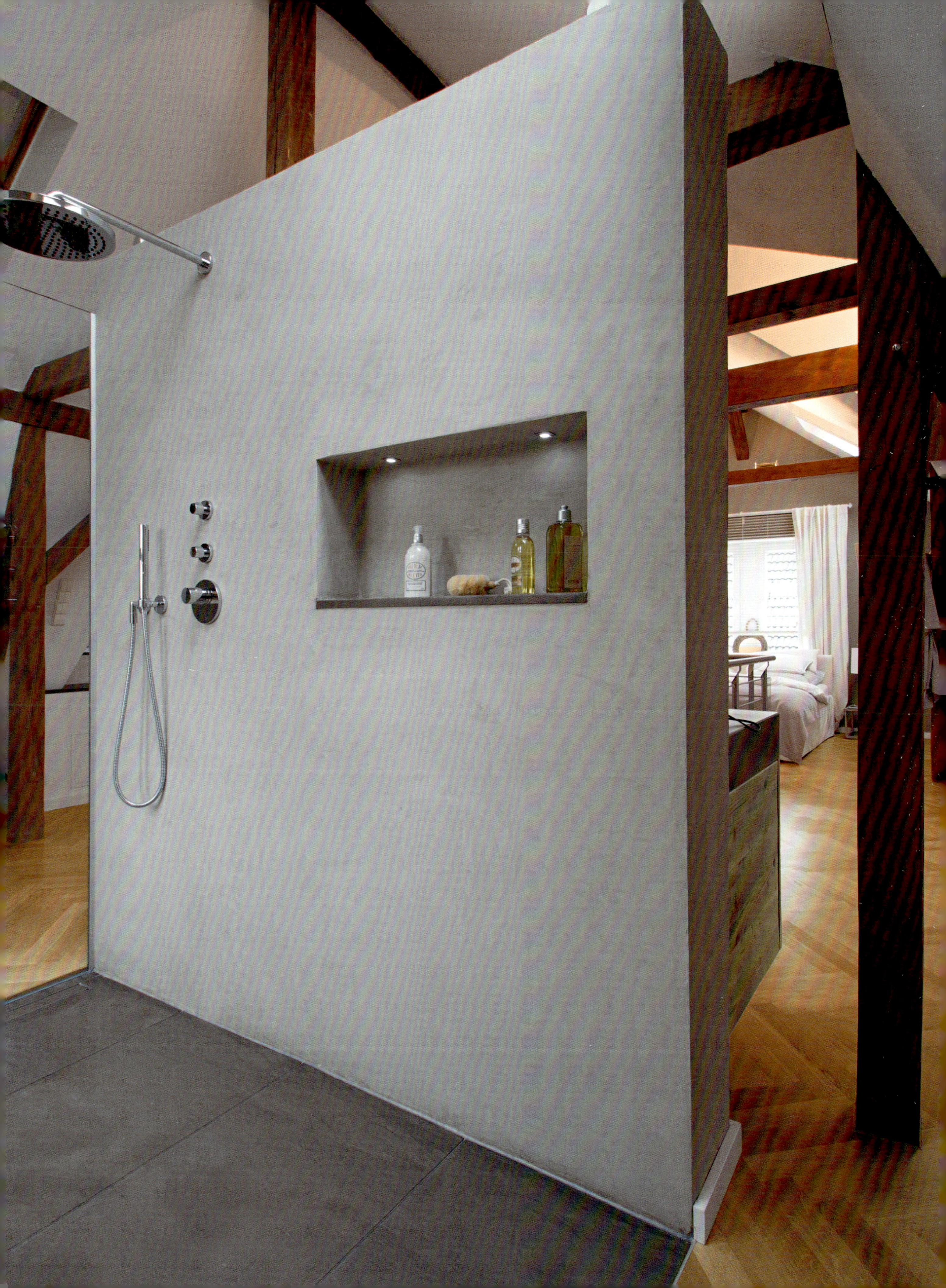

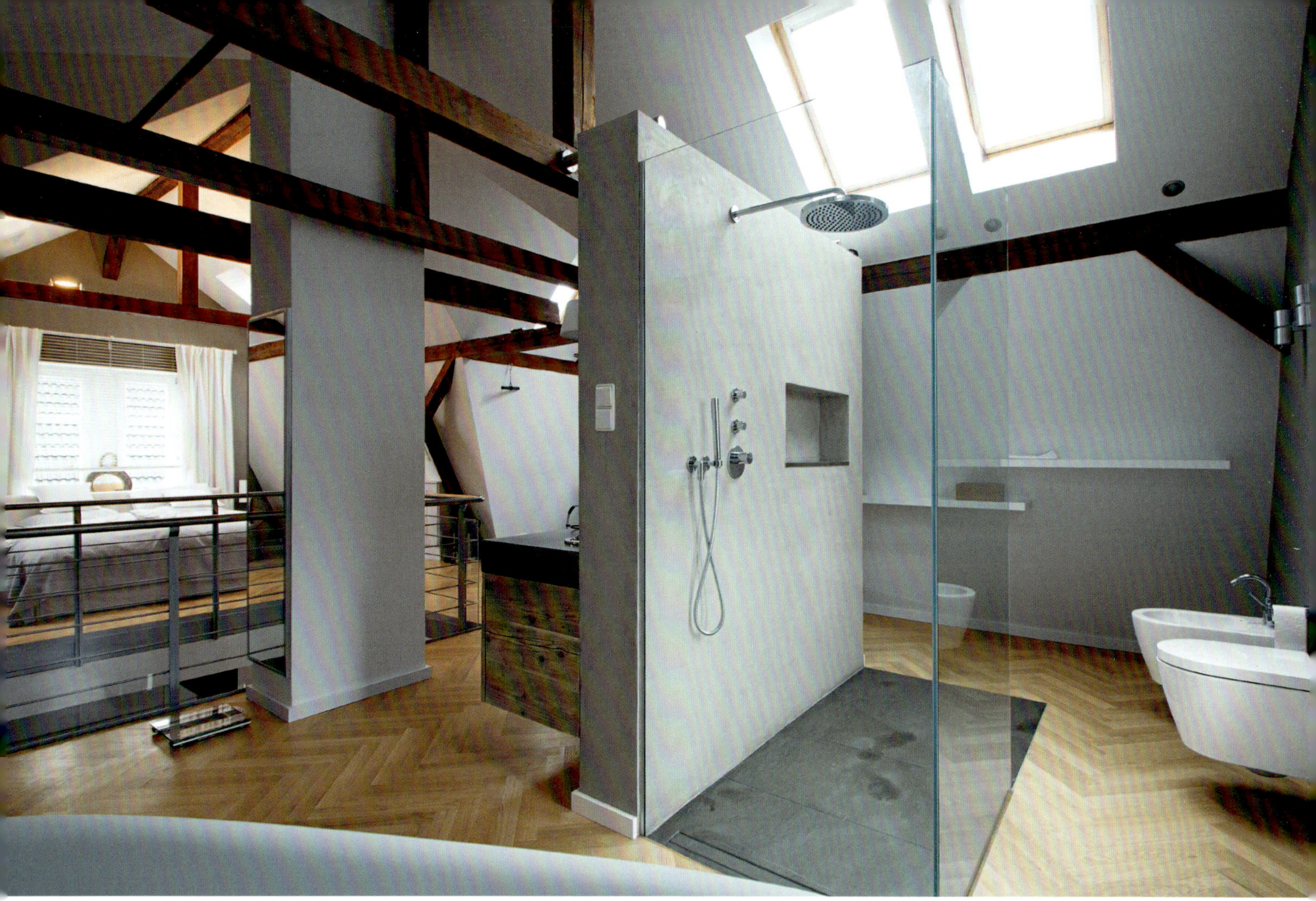

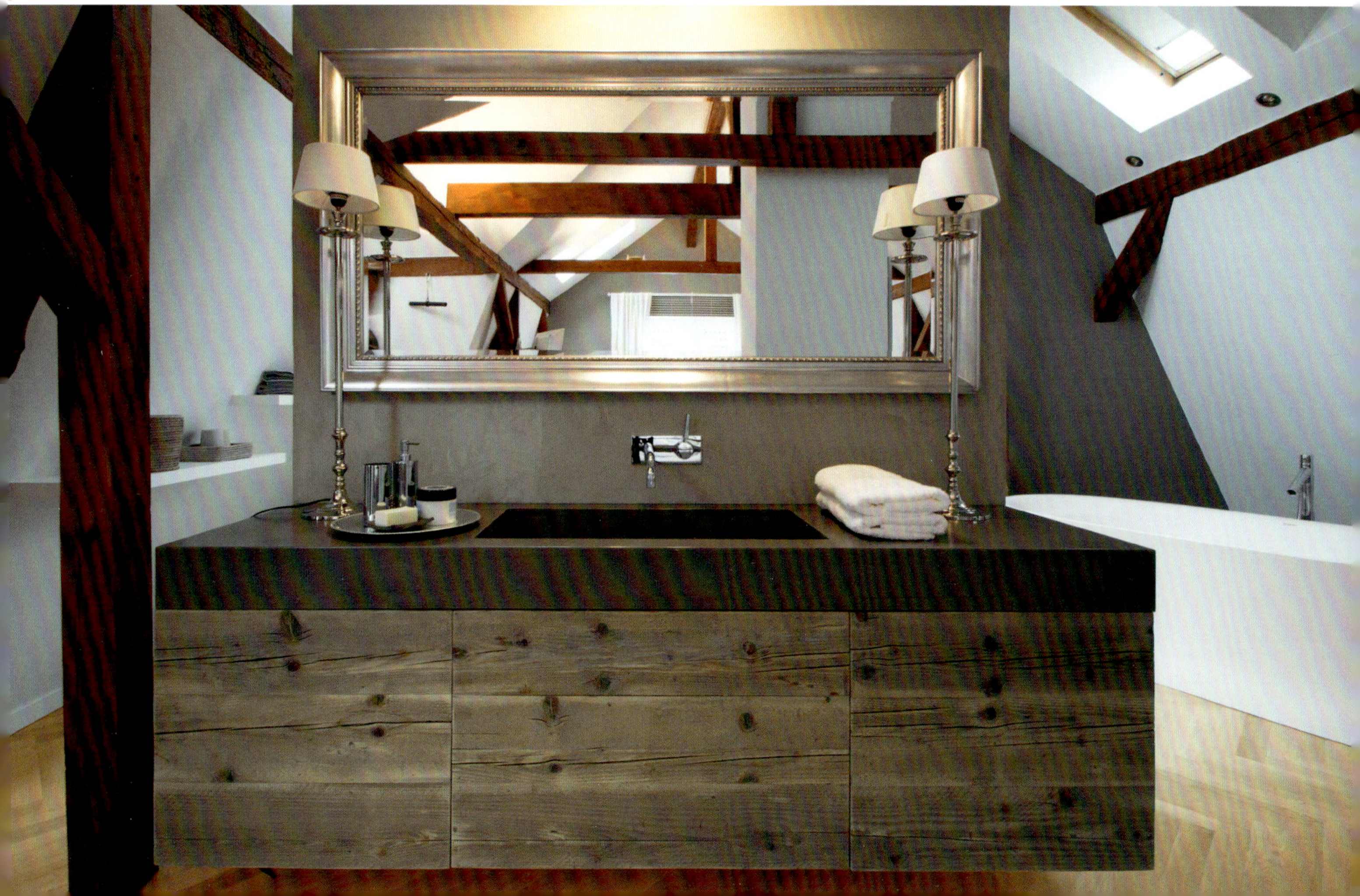

▲ Reduziert und klar im Design: die freistehende Wanne.

▲ Durch die Platzierung der neu eingezogenen Trennwand zwischen Waschplatz und Dusche verschwinden WC und Bidet aus dem direkten Blickfeld.

▼ Das durchgängig verlegte Eichenparkett schafft die optische Verbindung.

◄ Waschplatz mit Holz, Natursteinplatte und wohnlichen Accessoires.

Die freistehende Badewanne besticht durch ihr geschwungenes Design und die filigranen Wannenränder. Die weiße seidenmatte Oberfläche bildet einen wohltuend dezenten Kontrast zu der hauptsächlich von Holz dominierten Umgebung.

Ein besonderes Gestaltungselement ist die Trennwand zwischen Waschplatz und Duschbereich mitten im Raum. Sie verfügt über eine spezielle Wandbeschichtung, die speziell für den Nass- und Spritzwasserbereich geeignet ist. Durch sie entsteht, trotz offenem Bereich zum Schlafzimmer, eine gewisse Privatsphäre beim Duschen, während der Waschplatz durch seine wohnliche Gestaltung mit dem Schlafbereich verschmilzt.

RENOVIERUNG IM BESTAND
Badgröße: **16 m²**
Badnutzer: **Paar**

VERARBEITETE PRODUKTE
Badewanne, WC und Bidet:	Duravit
Armaturen Waschplatz und Dusche:	Dornbracht
Armatur Badewanne:	AXOR
Möbel:	MOAB 80
Waschtischplatte und Steinplatte Duschboden:	Pibamarmi Grigio Tunisi
Duschrinne:	TECE
WC-Element:	Geberit
Glaswand:	Maßanfertigung
Wandputz:	Volimea
Spiegel:	Kundeneigentum

VERARBEITETE MATERIALIEN
Möbel:	Re-used-Holz
Wände:	Percamo-Wandbeschichtung im Dusch- und WT-Bereich
Restliche Wände:	Mineralfarbe
Boden:	Eichenparkett

Grundriss, Maßstab 1:100

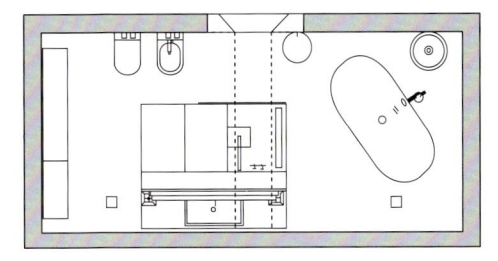

Nordisch by Nature

Der Spruch „Klein, aber oho" trifft bei diesem Badezimmer von 6 m² wirklich zu. Durch die gewählten hochwertigen Materialien wirkt dieses Bad hell, modern, freundlich und irgendwie nordisch.

Die Familie kam mit dem Wunsch nach einer Renovierung ihres kleinen Badezimmers zu dem Badplaner. Modern und schlicht sollte es sein, mit einem Hauch von nordischem Flair.

Die eingesetzte Badewanne besticht vor allem durch ihre dünnen Wannenränder und ihr filigranes Design. Durch die natürliche, geschwungene Form – die praktischerweise eine Kopfstütze für bequemes Liegen integriert – und die seidenmatt weiße Oberfläche entsteht eine lockere Leichtigkeit. Passend dazu wählte der Badplaner einen Waschtisch, der aussieht, als finde man in einer Hütte in nordischer Landschaft eine Schüssel auf einem Tisch zum Waschen vor. Tatsächlich handelt es sich um ein rundes, weißes Aufsatzwaschbecken mit integrierter Armatur, das auf einer vom Tischler gefertigten Waschtischplatte aus Holz angebracht ist. Diese dient wie die darunter befindliche zweite Holzplatte als Ablagefläche. Um den kleinen Raum nicht zu sehr zuzubauen, wurde auf eine Frontverkleidung verzichtet und stattdessen die leichter anmutende „Tischoptik" mit vier Tischbeinen gewählt. Die Mischung der Materialien ergänzt sich optimal und ergibt ein ästhetisches Gesamtbild. Über dem Waschtisch sorgt ein großer Spiegel mit seiner umlaufenden LED-Beleuchtung für die passende Lichtstimmung.

Was das nordische Flair ausmacht, ist vor allem der Holzboden im Vintage-Chic. Betrachtet man den Boden, könnte man den Eindruck bekommen, Meerwasser und Sonneneinstrahlung hätten das Holz mit der Zeit verblassen lassen. Ein schöner Effekt im Kontrast zu der glatten und klaren Oberfläche der Badewanne. Die so entstehende lebendige Stimmung des Badezimmers wird durch die fugenlose Wandbeschichtung aus Steinspachtel unterstrichen. Verschiedene Körnungen des Putzes lassen unterschiedliche Strukturen entstehen.

▲ Der Holzboden schafft Wohnlichkeit.

Grundriss, Maßstab 1:50

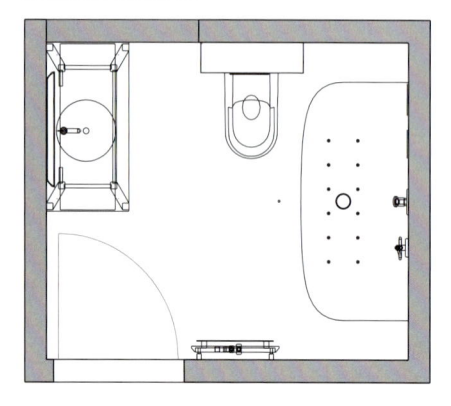

RENOVIERUNG IM BESTAND
Badgröße: **6 m²**
Badnutzer: **Familie**

VERARBEITETE PRODUKTE
Whirlpool,
Waschbecken und WC: Duravit
Armaturen: Hansgrohe
Fliesen: Sant Agostino

VERARBEITETE MATERIALIEN
Fliese mit Holzoptik, fugenlose Wand
Terrastone

Kosten 40.000 Euro

◄ Das Aufsatzwaschbecken zeichnet sich durch sein einfaches, aber funktionelles Design aus: klar und praktisch.

► Locker und leicht im Design fügt sich die Badewanne mit Whirlfunktion in die Gesamtoptik ein.

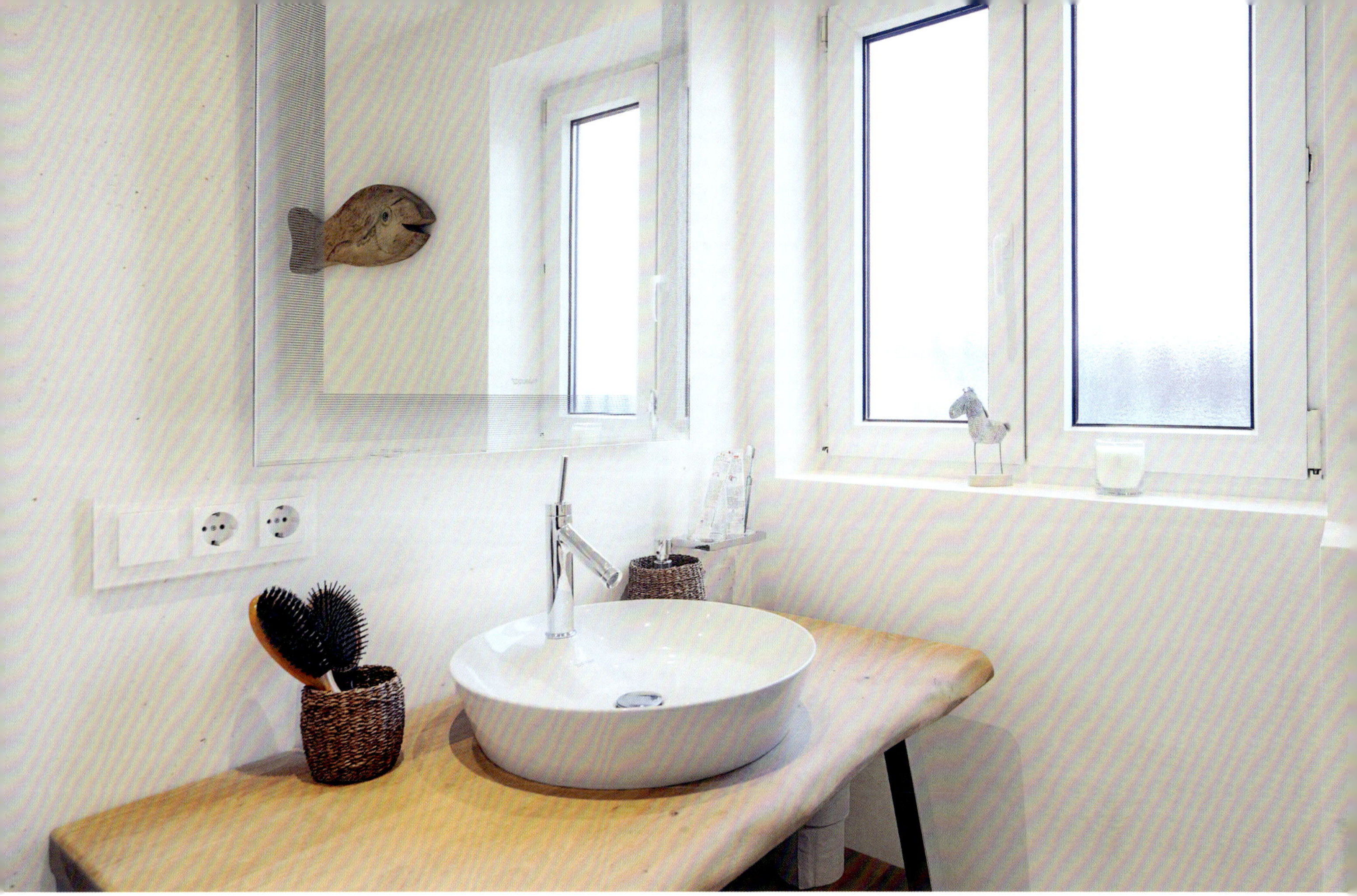

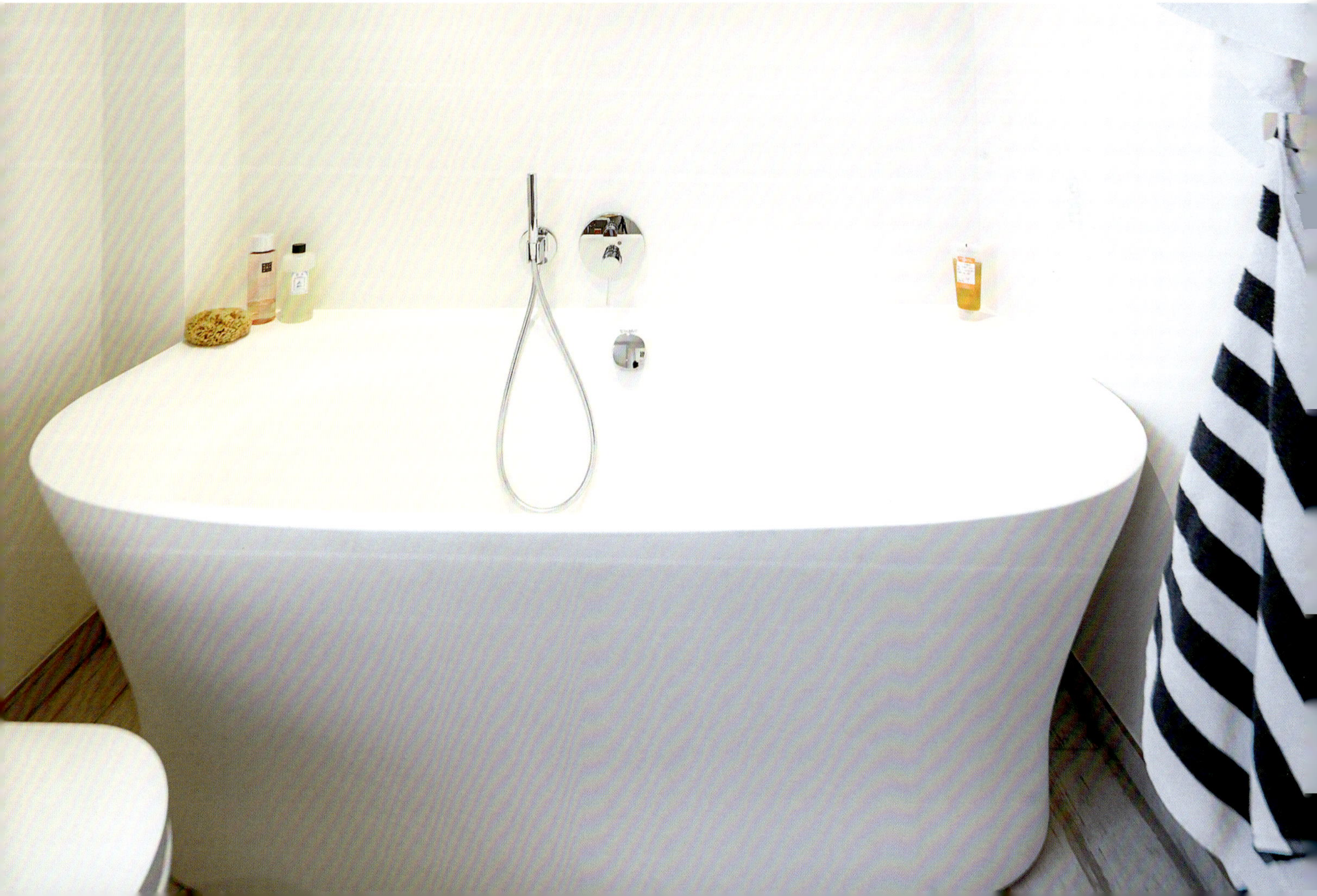

Aus drei wird eins

Bevor das neue Familienbad Gestalt annehmen konnte, wurden zunächst drei Räume im Dachgeschoss des charmanten alten Hauses zu einem einzigen Raum zusammengeführt. Ein guter Plan, denn so entstand ein 13 m² großes Refugium mit Dachschräge zum Wohlfühlen.

Die Familie mit zwei kleinen Kindern wünschte sich von den Badplanern ein ganz besonderes Bad, das den Charme des alten Hauses mit modernem Wohnen vereint. Eine freistehende Badewanne, eine großzügige Dusche und ein Waschplatz mit ausreichend Stauraum waren der ausdrückliche Wunsch für die Ausstattung.

Als Ausgangspunkt für die Planung und die gewählten Materialien setzten die Badplaner die freigelegten naturbelassenen Eichenbalken. Passend hierzu wurde der Waschtisch mit Schubladen und Platz für Behälter aus Korbgeflecht individuell durch einen Schreiner in Eiche-Echtholzfurnier angefertigt. Das aufgesetzte Keramikwaschbecken erinnert an frühere Waschschüsseln, erfüllt aber die Anforderungen an einen modernen Waschplatz. Der Beistelltisch an der Wanne wurde ebenfalls aus Eichenholz gewählt und ergänzt so das stimmige Gesamtbild.

Fliesen in Retro-Optik mit ihrem nostalgischen Charme sind eine Hommage an das Flair des schönen alten Hauses. Seine Modernität erhält das Bad durch die großformatigen Bodenfliesen in grauer Betonoptik, die sich geschickt mit den Retro-Fliesen abwechseln. Raffiniert im Raum verteilt, teilen die verschiedenen Fliesen den Raum in Zonen auf und sorgen durch das Wiederaufgreifen an einzelnen Stellen für ein ausgewogenes und harmonisches Gesamtbild. Klassisch schlichte weiße Sanitärkeramik und weiß gestrichene Wände stellen einen wohltuenden Kontrast zur übrigen Einrichtung dar.

Um die Badewanne frei im Raum platzieren zu können und keine Hebeanlage verwenden zu müssen, wurde eine freistehende Acrylbadewanne eingesetzt, an die von hinten ein Podest angeblendet wurde. Somit konnte der Badewannenablauf oberhalb des Fußbodens

▼ Charmantes Zusammenspiel von Holz, weißem Mineralwerkstoff und Fliesen in Retro-Optik.

▶ Wandablauf in der Sitzbank für komfortables Duschen.

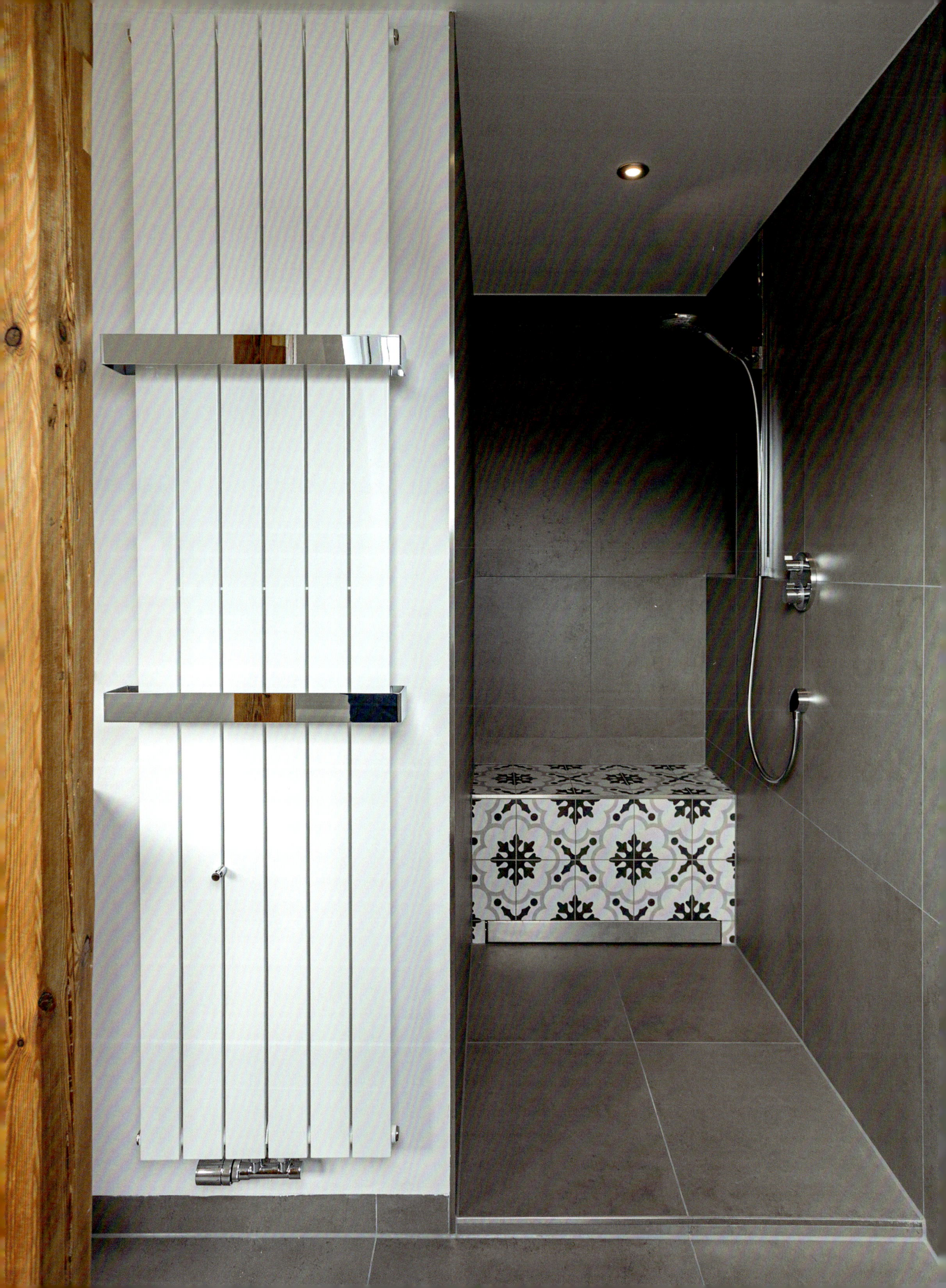

mit Gefälle zum Ablauf verlegt werden. Orientierungsleuchten hinter der Badewanne leuchten den Bereich indirekt aus. So erschufen die Badplaner einen gemütlichen Badebereich, der zum entspannten Feierabendbad einlädt.

Dem Wunsch der Familie nach einer großzügigen Dusche wurde mithilfe eines wenige Zentimeter hohen, nach hinten abfallenden Duschpodests mit Wandablauf entsprochen. Durch die im hinteren Bereich der Dusche angebrachte Duscharmatur und die ausreichend große Bodenfläche konnte auf eine Duschabtrennung verzichtet werden. Aus der Not, dass der Wandablauf ein paar Zentimeter Abstand zur Wandfläche benötigt, wurde eine Tugend gemacht: Die Dusche erhielt eine geflieste Sitzmöglichkeit für ein bequemes Duscherlebnis.

▼ Weiße Sanitärkeramik stellt einen wohltuenden Kontrast zur übrigen Einrichtung dar.

UMBAU UND RENOVIERUNG
Badgröße: **13 m²**
Badnutzer: **Familie mit zwei kleinen Kindern**

VERARBEITETE PRODUKTE
WC, Wanne und Waschbecken:	Ideal Standard
Waschtischanlage Armaturen:	CRISTINA rubinetterie
Armatur Dusche:	Hansgrohe mit Thermostat
Duschboden:	Wedi
Wandleuchten:	Barthelme
Spiegel:	Glaseranfertigung

VERARBEITETE MATERIALIEN
Glas, glattes Malervlies, Echtholzfurnier, Mineralwerkstoff

Kosten ca. 35.000 Euro

▼ Fliesen in Retro-Optik sind eine Hommage an das Flair des alten Hauses.

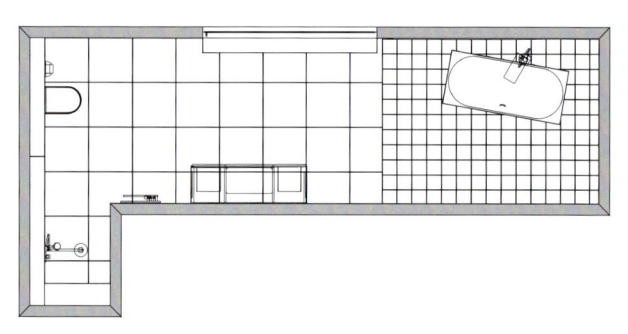

Grundriss, Maßstab 1:100

◄ Die freistehende Badewanne lädt zum gemütlichen Feierabendbad ein.

► Der Waschtisch aus Holz verfügt über ausreichend Stauraum.

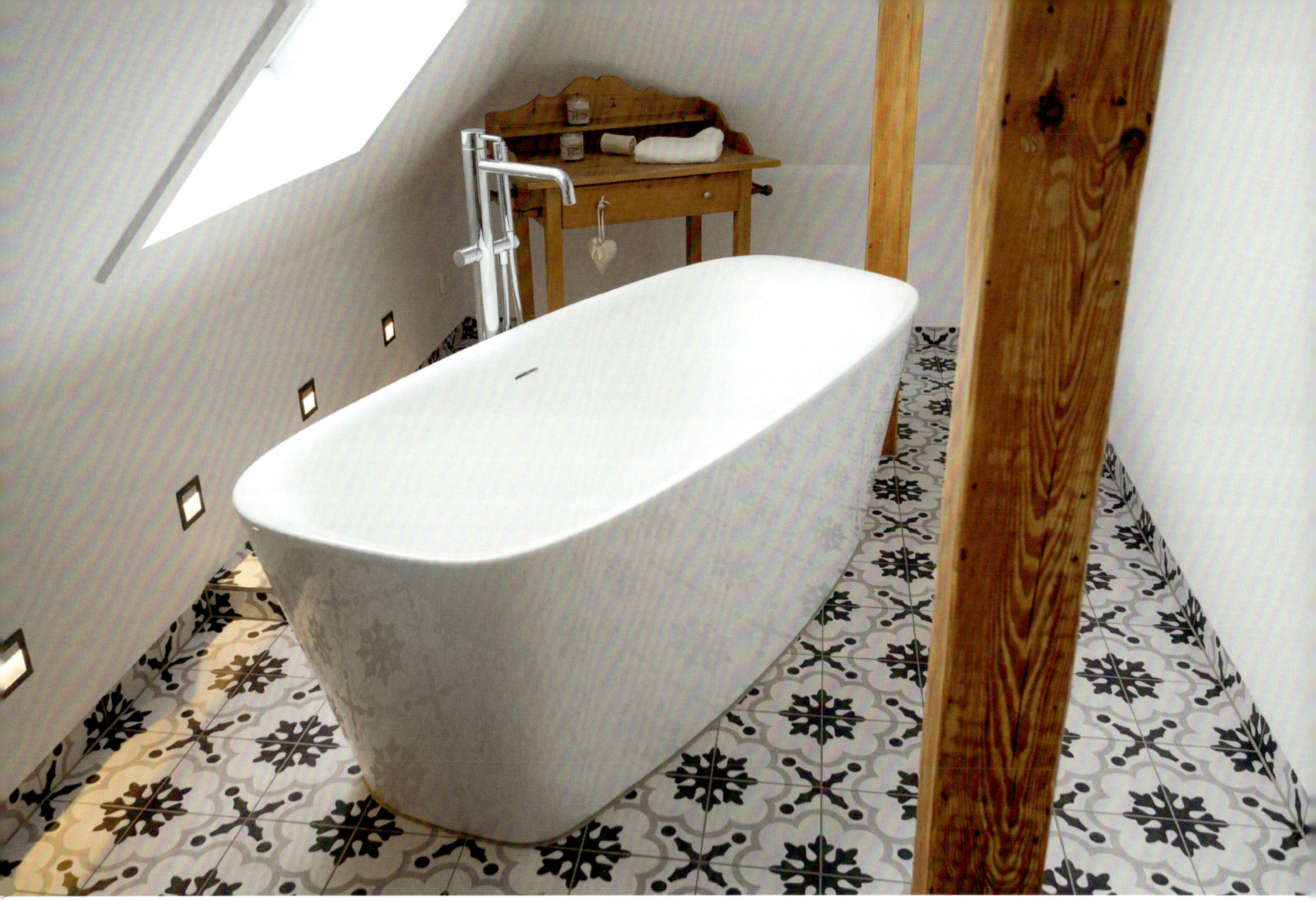
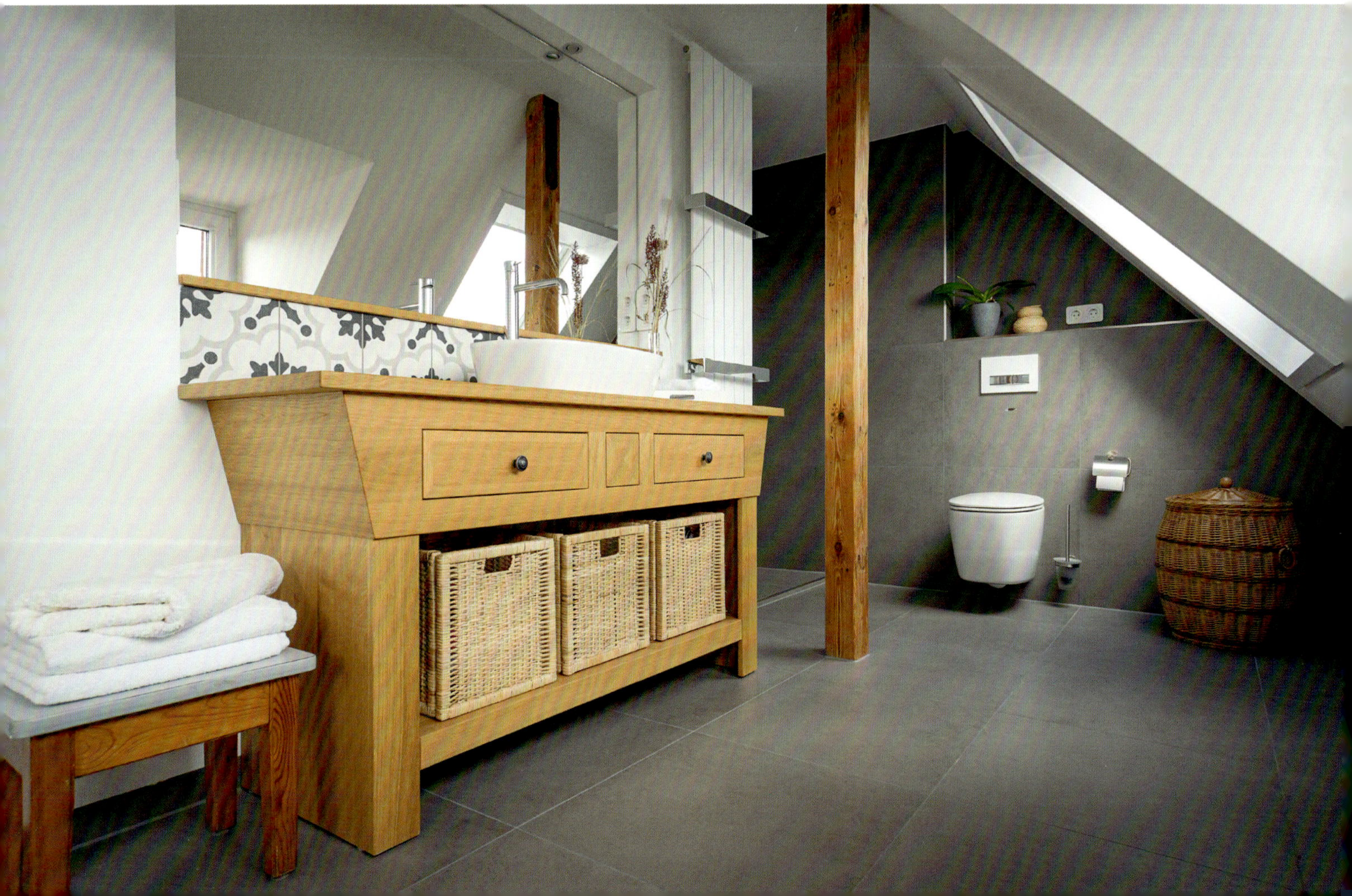

Wie weniger zu mehr wird

Manchmal ist weniger tatsächlich mehr. Reduziert auf die drei wesentlichen Einrichtungsgegenstände Waschtisch, Badewanne und Dusch-WC sanierte der Badplaner das Dachgeschossbad dieser Eigentumswohnung.

Die Eigentumswohnung des Bauherrn zeichnet sich durch einen klaren Stil aus: geradlinig, schnörkellos, minimalistisch und hell-freundlich. Da das bisherige Badezimmer diesen Charakter nicht unterstrich, wurde es Zeit für eine Veränderung. Mit der klaren Vorstellung, was das zukünftige Bad verkörpern sollte, wandte sich der Bauherr an den Badplaner, der gekonnt die Wünsche für das 16 m² große Badezimmer umzusetzen wusste.

Den klaren Vorgaben entsprechend, reduzierte der Badplaner die Einrichtung auf Waschtisch, Badewanne und Dusch-WC. Die Dusche lagerte er auf Wunsch in ein separates Badezimmer aus. So konnte die Großzügigkeit des Raums erhalten und auf das Wesentliche beschränkt werden. Ein zurückhaltendes Farb- und ein ausgeklügeltes Lichtkonzept mit pointiert eingesetzten Strahlern unterstreichen diesen Eindruck. Weiß gestrichene Wände, Sanitäreinrichtung in warm-weißem Mineralwerkstoff, Armaturen aus edel anmutendem Edelstahl und beigefarbene Kerlite-Fliesen lassen den Raum hell, freundlich und insgesamt ruhig wirken. Die Holzjalousie vor dem Fenster dient als Sichtschutz und bringt durch ihr helles Holz einen Hauch Gemütlichkeit und Wärme in den Raum.

Die gewünschten klaren Linien finden sich durchgehend in den auf Maß angefertigten Einrichtungsgegenständen wieder. Direkt unter dem Fenster wurde auf Wandbreite die edel wirkende, sehr geradlinige Badewanne mit zusätzlicher Sitzbank einpasst. Ein nicht ganz so leichtes Unterfangen, denn wegen der Größe und vor allem auch wegen des Gewichts der Badewanne musste sie durch das Fenster eingebracht werden.

Der großzügige, rechteckige Waschtisch mit integriertem Ablauf verzichtet auf eine Unterkonstruktion und bietet zwei Waschplätze. Er sieht fast aus wie ein frei schwebendes Bord, nur der notwendige Siphon und die sehr reduzierten Armaturen aus Edelstahl erinnern daran, dass es sich um einen Waschplatz handelt. Zwei metallene Handtuchhalter und kleine Ablageflächen an beiden Enden des Waschtischs bieten Platz für das nötige Zubehör. Verdeckten Stauraum hält zusätzlich ein beinahe wandbreiter, nach Maß angefertigter Spiegelschrank über dem Becken bereit. Die übrige freie Fläche der Wand ziert ein Designheizkörper als Handtuchhalter, der sich optisch den filigranen Armaturen anpasst.

Die verbleibende Wand unter der Dachschräge wird von einer hinterleuchteten Nische durchzogen. Ihre langgezogene rechteckige Form unterstreicht die klare Linienführung, ihre weiche, indirekte Beleuchtung ist Teil des Lichtkonzepts. Sie sorgt wie die Bodenstrahler für die nötige Wohnlichkeit, während Deckenstrahler und die Spiegelbeleuchtung die richtige Ausleuchtung für jeden Zweck bieten.

Es ist die Kunst moderner Badgestaltung, einen puristischen Stil mit Wohnlichkeit zu paaren. Dieses Bad ist ein leuchtendes Beispiel hierfür.

◀ Verdeckter Stauraum durch einen beinahe wandbreiten Spiegelschrank über dem Becken.

▶ Was nicht passt, wird passend gemacht: maßgefertigte Badewanne.

RENOVIERUNG IN EIGENTUMSWOHNUNG
Badgröße: **16 m²**
Badnutzer: **Mann (um die 50)**

VERARBEITETE PRODUKTE
Armaturen: Vola
Waschtisch: Agape
Spiegelschrank und
Wanne: Maßanfertigung
Dusch-WC: Duravit
Heizkörper: Tubes

VERARBEITETE MATERIALIEN
Edelstahl, Kerlite, Mineralwerkstoff

Kosten 65.000 Euro

Grundriss, Maßstab 1:100

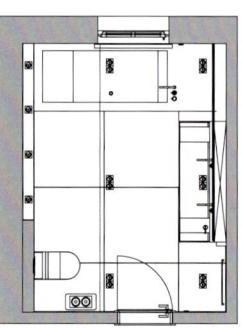

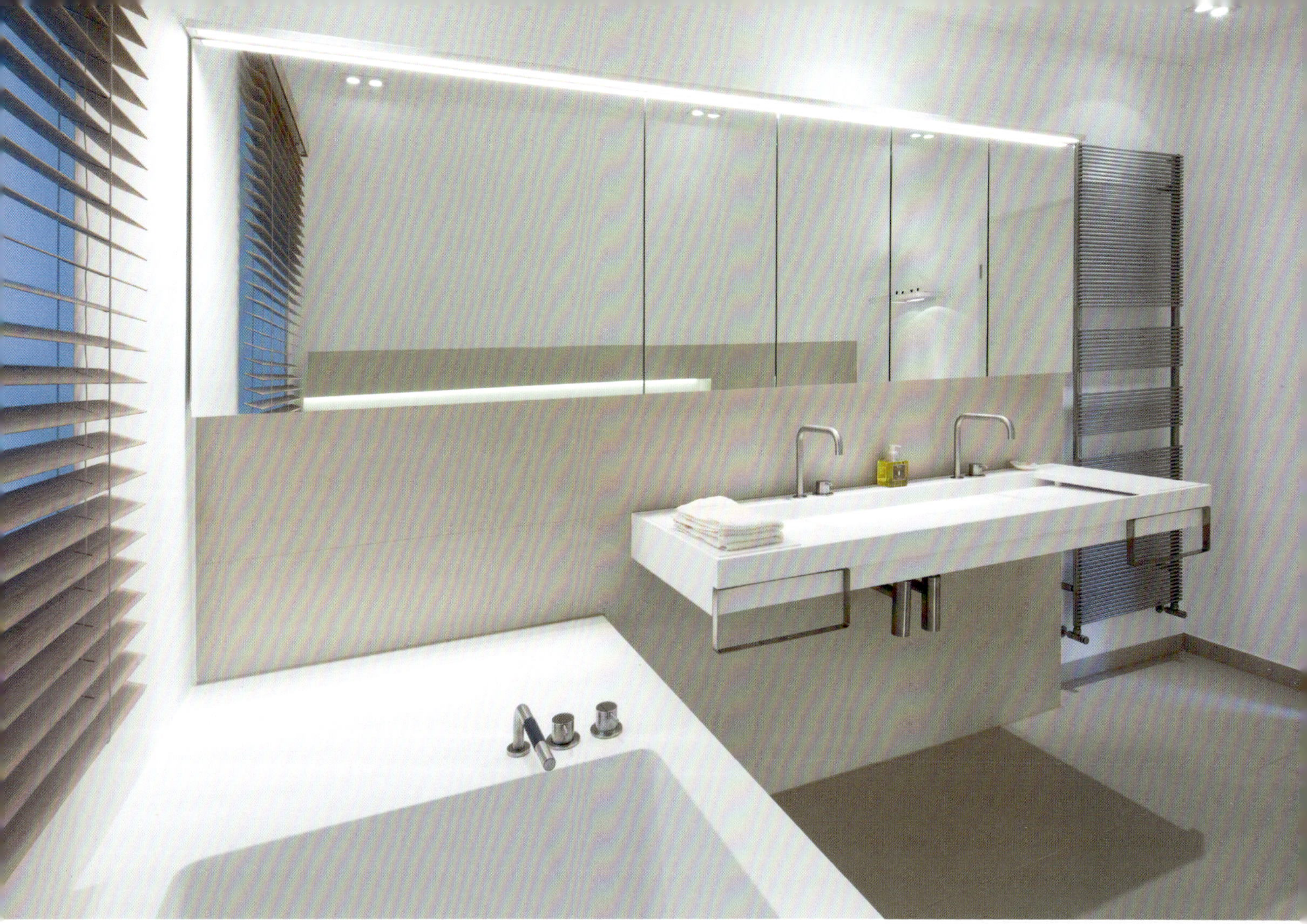
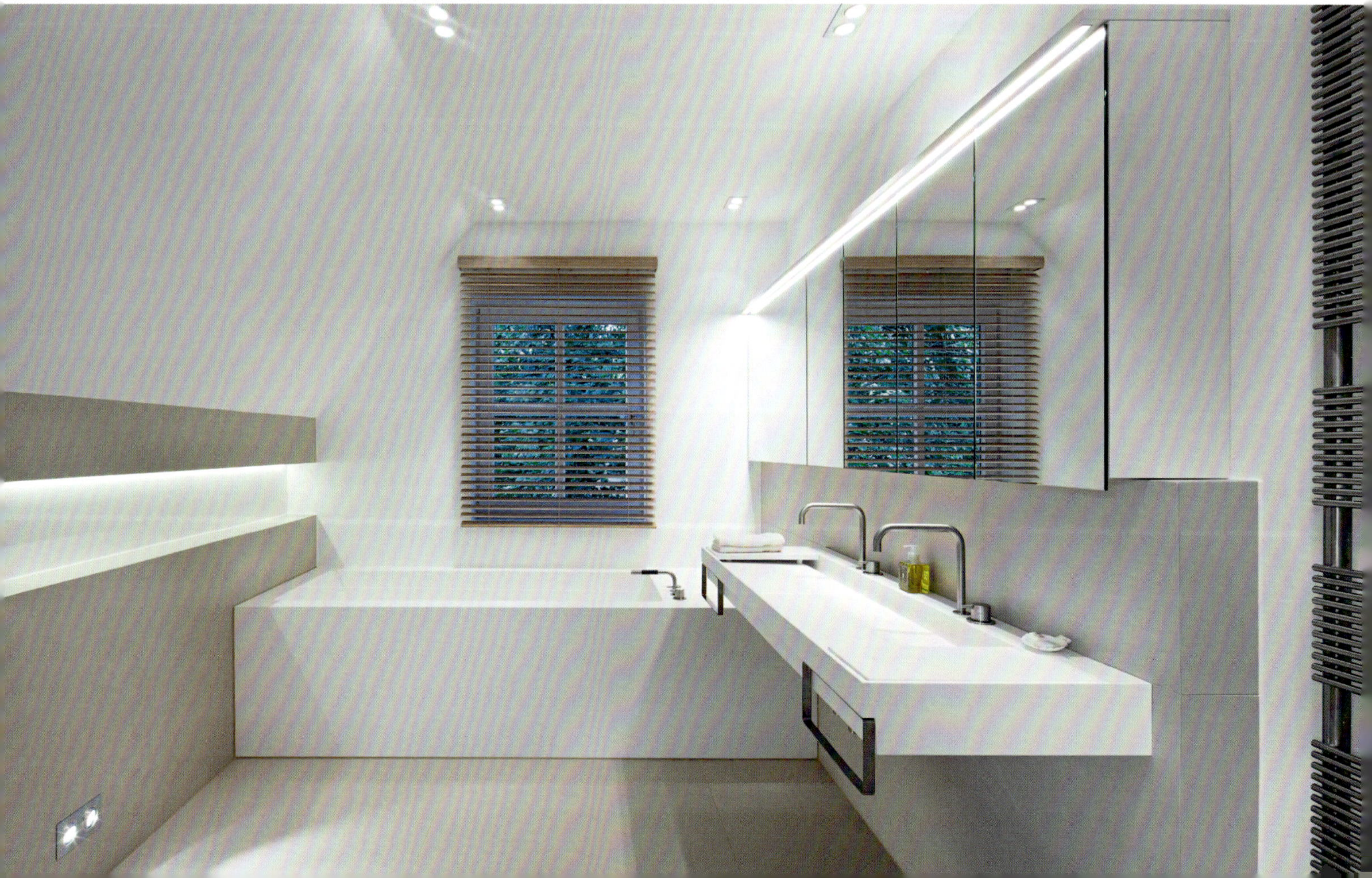

Meerblick

Für ihr neues Badezimmer wünschte sich die Familie maritimes Flair, eine moderne Ausstattung und einen individuellen Charakter. Bei dem entstandenen Familienbad braucht man nicht mehr auf den nächsten Urlaub zu warten.

Die Familie mit Kind hat eine große Leidenschaft für die Landschaft der Ostsee. Der Gedanke an kilometerlange Strände, blaues Meer, Steilküste und endlose Dünen fasziniert die ganze Familie. Als nun ein neues Heim – in städtischem Umfeld, weit weg vom Meer – für die Familie gebaut werden sollte, wandte sie sich an die Badplaner mit dem Wunsch, dieses Feeling in das neue Badezimmer zu transportieren.

Ausgangspunkt für die Planung war die Wahl der passenden Materialien. Der Materialmix aus Kiesel und Holzoptikfliese in Kombination mit sandfarbenen Feinsteinzeug-Fliesen und den Holzbalken der Decke vermittelt den gewünschten Charakter des Bads. Unterstrichen wird dieser Eindruck zusätzlich noch durch eine warme und gezielt eingesetzte Beleuchtung, sodass die Strukturen der Materialien durch die Ausleuchtung besonders gut zur Geltung kommen.

▼ In jeder Zone findet sich der maritime Stil wieder.

Mittelpunkt des Bads bildet der Bereich um die Badewanne. Die Kieseloptik am Boden vor der Badewanne wird durch die geschickte Unterbeleuchtung der Wanne besonders hervorgehoben. Ein Highlight ist das mit einer Strandlandschaft bedruckte Spanntuch, das die komplette Wandfläche hinter der Badewanne bedeckt. Hinterleuchtet mit einem LED-Band, kommt das Gefühl auf, in der realen Ostseelandschaft zu stehen oder zu baden. Die Ablagefläche um die Badewanne bietet ausreichend Platz für verschiedene mitgebrachte Schätze und Erinnerungsstücke aus den Ostseeurlauben der Familie. Entspannung bietet die bequeme Sitzbank mit einer Schaumstoffauflage in maritimer Streifenoptik.

Der gegenüber dem Fenster liegende Schminkplatz verfügt sowohl über einen großen Spiegel als auch über einen kleineren separaten Schminkspiegel. Die Holzoptik der schreinergefertigten Ablage

▶ Pures Ostsee-Feeling schafft das große bedruckte Spanntuch.

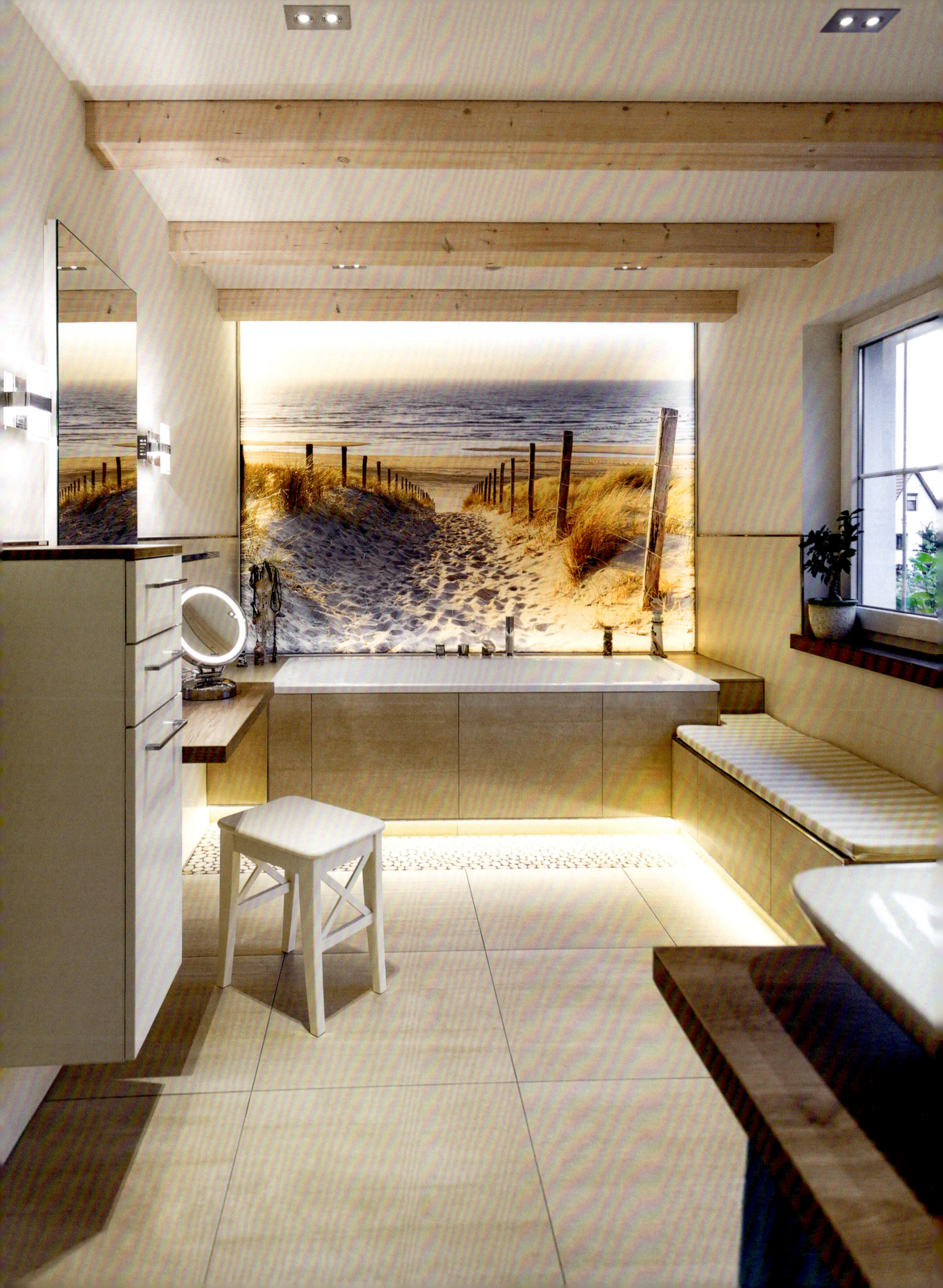

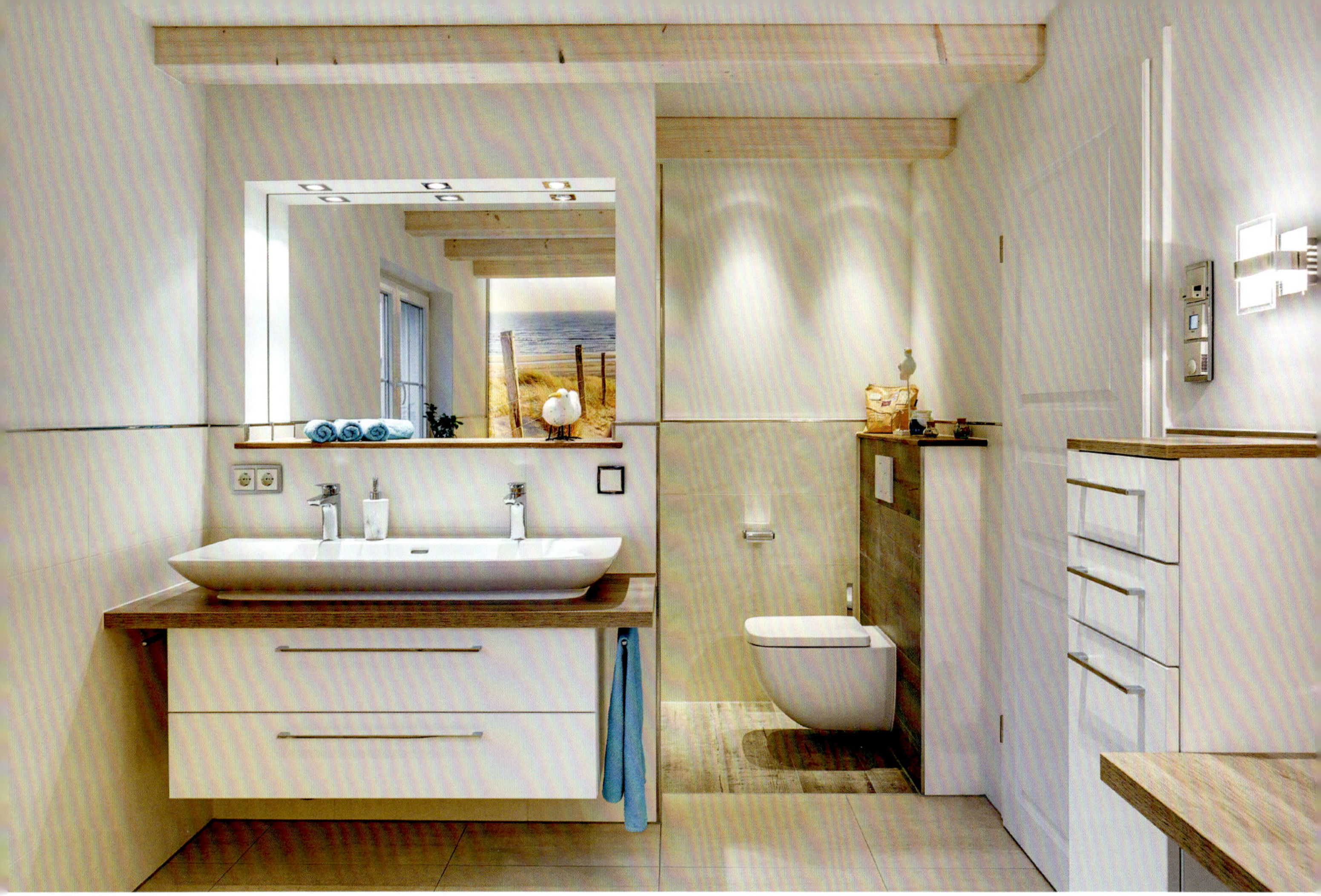

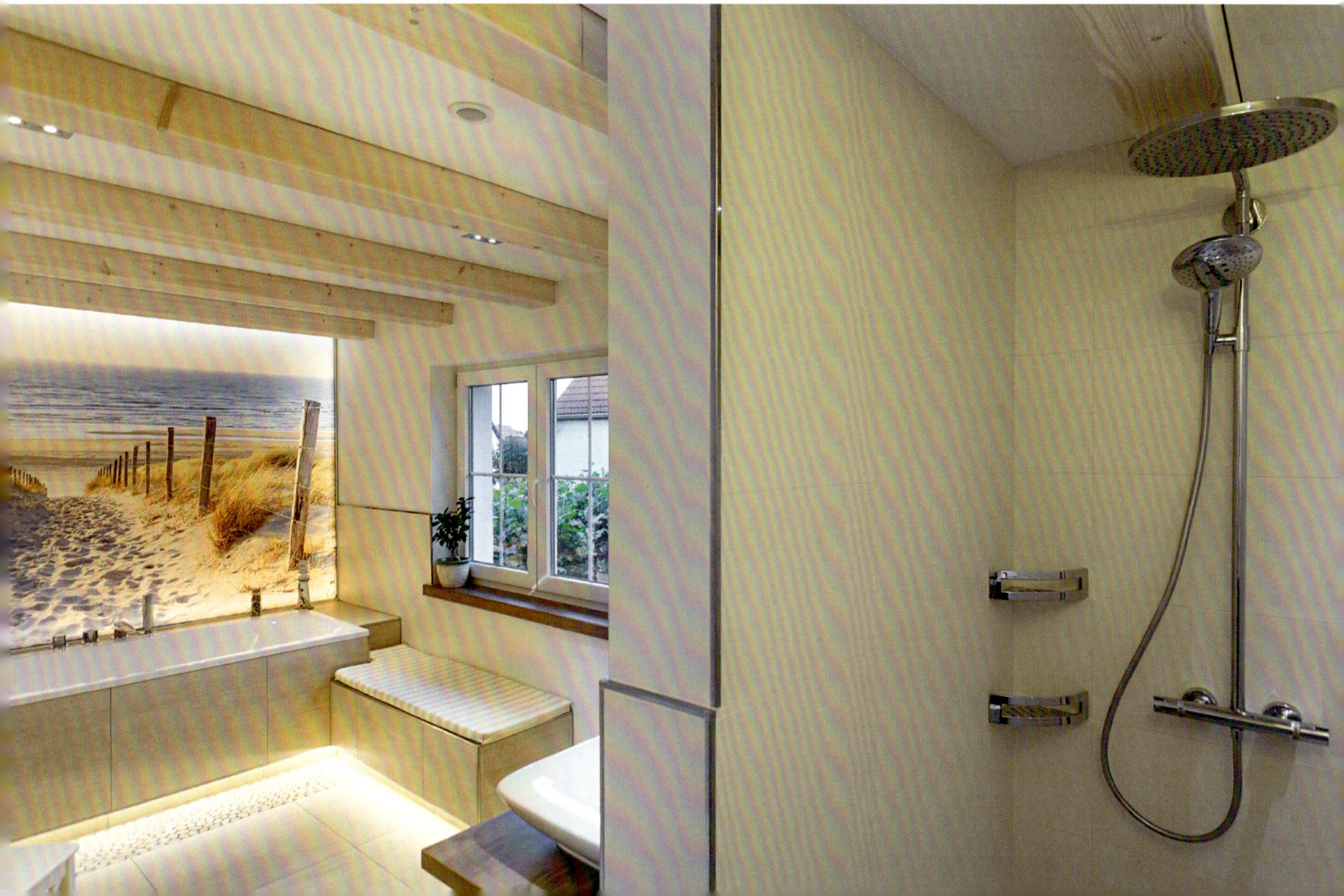

NEUBAU EINFAMILIENHAUS
Badgröße: **11 m²**
Badnutzer: **Familie mit einem Kind**

VERARBEITETE PRODUKTE
Badewanne, Waschtisch,
WC, Armaturen und
Badewanne:	Vigour
Duscharmatur:	Hansgrohe
Badmöbel:	Maßanfertigung vom Schreiner
Bild:	Tuchspannsystem Clipso
Beleuchtung:	Barthelme
Wandfliesen:	Keraben
Bodenfliesen:	Feinsteinzeug: Del Conca
	Holzoptik: Cinca
	Kiesel: Bärwolf

VERARBEITETE MATERIALIEN
Acryl, Patentvlies, Keramik, Feinsteinzeug, Naturstein

Kosten   ca. 33.000 Euro

fügt sich stilvoll in die Materialauswahl des Badezimmers ein. Ausreichend Stauraum bietet ein neben dem Schminkplatz angebrachter Hängeschrank. Auch hier sorgen geschickt positionierte Leuchten für das optimale Licht zum Schminken und Stylen. Der Doppelwaschtisch bietet ausreichend Platz für die „staufreie" Morgentoilette der Familie. Um das harmonische Gesamtbild beizubehalten und die einzelnen Bereiche optisch zu vereinen, handelt es sich bei der Waschtischplatte ebenfalls um eine Schreineranfertigung aus dem gleichen Holz wie bei der Schminktischablage. In dem Spiegel über dem Waschtisch spiegelt sich das über der Badewanne angebrachte Bild, sodass auch hier das Gefühl aufkommt, in den Dünen zu stehen und aufs Meer zu schauen. Hinter dem Waschtisch, etwas separiert von den anderen Zonen des Bads, befinden sich der Duschbereich und das WC.

Mit diesem Badezimmer kreierten die Badplaner nicht nur ein Bad mit Ostsee-Feeling, sondern einen echten Wohlfühlraum für die ganze Familie.

◀ Den Bereich hinter dem Waschplatz teilen sich Dusche und WC.

▶ Die komfortable Dusche kommt ohne Trennwand aus.

▲ Maritime Accessoires unterstützen den Charme dieses Bads.

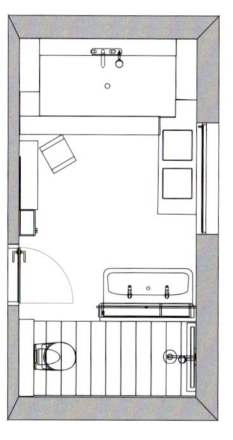

Grundriss, Maßstab 1:100

Ein Traum in Pastell

Der Wunsch des Ehepaars lässt sich so auf den Punkt bringen: Das neue Bad soll alles haben, was ein Bad so braucht, nur aussehen wie ein Bad soll es möglichst wenig.

Als frischgebackene Eltern machte sich das Ehepaar an den Umbau seines bisherigen Badezimmers. Das 20 m² große neue Bad sollte alles in allem praktisch sein, mit wohnlichem Charakter und klaren Linien. Helle und warme Farbtöne, dem Farbkonzept im angrenzenden Ankleide- und Schlafbereich angeglichen, sollten hier vorherrschend sein. Mit diesen Wünschen suchten sie die Badplanerin auf.

Diese empfahl, das Holzparkett des Schlafzimmers mit in das Badezimmer zu ziehen, um eine Einheitlichkeit des privaten Refugiums zu erzielen und die gewünschte Wohnlichkeit zu erzeugen. Die Raumaufteilung erfolgte mittels einer T-Wandkonstruktion. Die lange Wand beherbergt einen attraktiven Waschplatz mit zwei einzelnen weißen, ergonomisch geformten Waschschalen aus Mineralwerkstoff. Die stehen in angenehmem Kontrast zu dem grauen und gradlinigen, rechteckigen Waschtisch und den ebenfalls schnörkellosen Armaturen aus Chrom. Der über dem Waschtisch angebrachte Spiegel entspricht exakt der Breite des Waschtischs und führt damit die dominierenden klaren Linien dieses Bereichs konstant weiter. Durch den Waschplatz größtenteils verdeckt, befinden sich dahinter eine begehbare Dusche auf der einen und ein WC auf der anderen Seite. Die Trennwand dazwischen bildet die T-Linie, die allerdings leicht versetzt zur Mitte verläuft und somit einen größeren Raum für eine großzügige Dusche und einen kleineren für das WC schafft. Beides verzichtet auf eine zusätzliche Tür und ist offen gestaltet, bietet aber dennoch ausreichend Privatsphäre beim WC und Spritzschutz bei der Dusche.

Die Dusche ist mit einem Schwallauslauf, einer Kopfbrause und einer Handbrause bestens ausgestattet, sodass einem ganz individuellen Duschvergnügen nichts entgegensteht. Eine beleuchtete

▼ Ankleide- und Schlafzimmer grenzen offen aneinander an.

▶ Hochwertige Ausstattung in der Dusche.

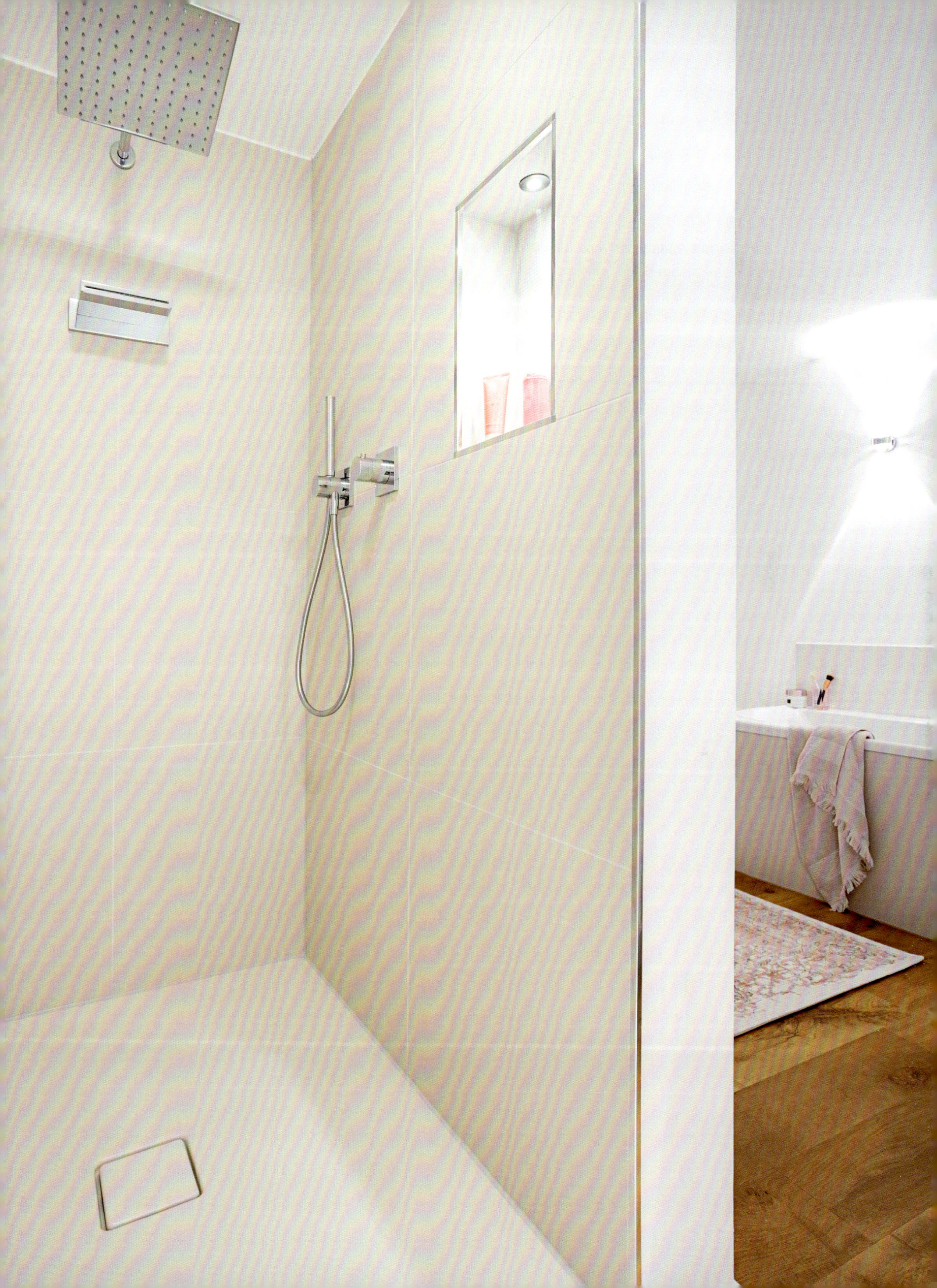

Nische sorgt für praktische Ablagefläche. Ein weiterer zentraler Bereich ist die gegenüber dem Waschtisch gelegene eckige Badewanne. Eine breite Ablagefläche neben der Badewanne dient als Wickelplatz oder als Dekorationsfläche. Optisch eingerahmt wird der Wannenbereich durch eine Mosaikstruktur aus Feinsteinzeug. Die verchromten Messingprofile an den Wannenkanten finden sich stilsicher in der neben der Wanne platzierten Chromleiter als Handtuchhalter wieder.

Da das Badezimmer sich in einem fensterlosen Raum im Keller befindet, musste sich die Badplanerin hier ein besonders ausgeklügeltes und stimmiges Lichtkonzept einfallen lassen. Sie verteilte pointiert helle Strahler an der Decke und an den Wänden, die mit schönen Lichtkegeln den Raum zum Erstrahlen bringen und gleichzeitig sehr dekorativ wirken. So erinnert nun wirklich gar nichts mehr an einen dunklen Kellerraum.

Die gewünschte stilvolle Wohnlichkeit erhält das Badezimmer vor allem auch durch seine geschickt gewählten Accessoires und Textilien. So verleihen ein zu dem Farbkonzept des Schlafraums passender Teppich in Pastelltönen zwischen Badewanne und Waschtisch, ein Wäschesack aus Stoff und ein Mülleimer aus Korbgeflecht dem Raum Gemütlichkeit und runden den harmonischen Gesamteindruck ab. Zu guter Letzt darf ein wenig Technik auch nicht fehlen: Es wurde ein Soundsystem integriert, das über das Handy steuerbar ist.

UMBAU UND RENOVIERUNG
Badgröße: **20 m²**
Badnutzer: **Paar mit Baby**

VERARBEITETE PRODUKTE
Dusche:	Kaldewei
Wannen und WT-Armatur:	Fantini
WT-Anlage:	Mastella
Betätigungsplatte:	Geberit
WC und Sitz:	Duravit
Wand- und Deckenleuchten:	Top light
Duscharmatur:	Keuco
Fliesen und Mosaik:	Brix
Spiegel:	Sign

VERARBEITETE MATERIALIEN
Stahl/Email, Feinsteinzeug, Mosaik, Acryl, Mineralguss, Porzellan

Kosten 50.000 Euro

▼ Ein echter Teppich als stilvoller Badvorleger.

▲ Elegant versteckt: der WC-Bereich.

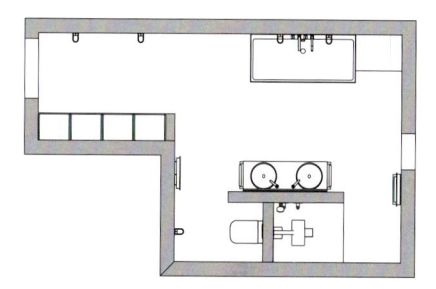

Grundriss, Maßstab 1:100

▼ Gezielte Lichtpunkte lassen den Kellerraum erstrahlen.

Blick auf die Weinberge

Nach dem Kauf einer Eigentumswohnung ließ sich das Ehepaar sein Badezimmer ganz nach seinen Vorstellungen modernisieren. Das vorgegebene Ziel für den Badplaner: Modern sollte es werden, elegant und puristisch.

Das Ehepaar hatte beim ersten Termin mit dem Badplaner schon recht genaue Vorstellungen zur Ausstattung seines neuen Bads. Der Raum, in dem das Badezimmer Platz finden sollte, wies mit seinen 22 m² auch eine ordentliche Größe auf, um den gewünschten großzügigen Waschbereich, die ebenerdige Dusche, WC und eine freistehende Badewanne zu integrieren. Beim Vor-Ort-Termin stellte der Badplaner fest, dass der Raum einen Erker mit bodentiefen Fenstern hat und dadurch einen beeindruckenden Blick in die Weinberge bietet.

Für ihn stand sofort fest: Das ist der Platz, an dem eine formschöne freistehende Wanne mit Standarmatur, die ein wenig in den Erker hineinreicht, ideal platziert ist. So kann das Paar aus der Wanne heraus den Ausblick in die schöne Landschaft genießen. Der Badplaner überraschte das Ehepaar mit einer weiteren Raffinesse: Eingelassenes Naturgras in einer Glastrennwand des großzügigen Duschbereichs holt die Natur, die man bei Tag durch das Fenster betrachten kann, zusätzlich in den Raum hinein. Sie bringt einen gewissen Sichtschutz für das dahinter platzierte WC, hat aber noch so viel Transparenz, dass der Raum trotzdem durch sie nicht optisch verkleinert wird. Beim Duschen wird das Paar nicht nur durch sie sicherlich schon mal das Gefühl haben, in der freien Natur zu duschen. Die hochwertige große Regendusche, die an der Decke angebracht ist, verspricht ein Duscherlebnis mit Tropfen, die durch besondere Strahlarten und Anordnung der Auslässe das Wasser ganz sanft oder massierend, fast so wie leichter oder starker Regen, aus der Armatur auf den Körper treffen lässt. In Kombination mit der Handbrause, die genutzt werden kann, wenn das Wasser mal nicht von oben kommen soll – beispielsweise, wenn die Dame des Hauses zwar duschen, aber ihre Frisur nicht neu richten will –, ein Duschvergnügen par excellence.

Um das Badezimmer nicht mit Schränken zu überladen und die offene Wirkung des Raums beizubehalten, arbeitete der Badplaner zum einen mit verschiedenen hinterleuchteten Nischen im Dusch- und WC-Bereich, um Ablageflächen zu gewährleisten. Ausreichend Stauraum bietet zum anderen der wandbreite Waschplatz mit seinem Unterschrank und dem eingebauten Spiegelschrank. Ein im Waschplatz integrierter Schminkplatz komplettiert die Besonderheiten des Badezimmers.

Ein stimmiges Lichtkonzept unterstreicht harmonisch die einzelnen Zonen. Gekonnt eingesetzte Deckenstrahler sorgen für die optimale Ausleuchtung von Duschbereich, WC und Waschplatz. Im Spiegel integriertes Licht bietet die richtige Ausleuchtung für alle Fälle.

Voller Freude genießt das Paar jetzt täglich sein neues Traumbad: egal, ob bei der täglichen Reinigung oder beim genussvollen Wannenbad mit Blick in die Weinberge. Vielleicht mit einem köstlichen Glas Wein dazu?

◀ Freistehende Badewanne mit Standarmatur vor beeindruckender Naturkulisse.

▶ Dusche mit hochwertiger Ausstattung und eingelassenem Naturgras in der Glaswand.

Grundriss, Maßstab 1:100

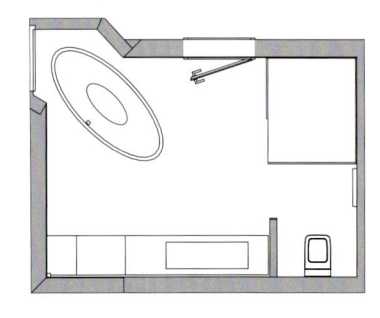

RENOVIERUNG IN EIGENTUMSWOHNUNG
Badgröße: **ca. 22 m²**
Badnutzer: **Paar**

VERARBEITETE PRODUKTE
Handtuchwärmer: Tubes
Wanne: Domovari
Waschplatz: Hasenkopf
Armaturen: Dornbracht

VERARBEITETE MATERIALIEN
Mineralwerkstoff, Glas mit Naturgräsern, Naturstein

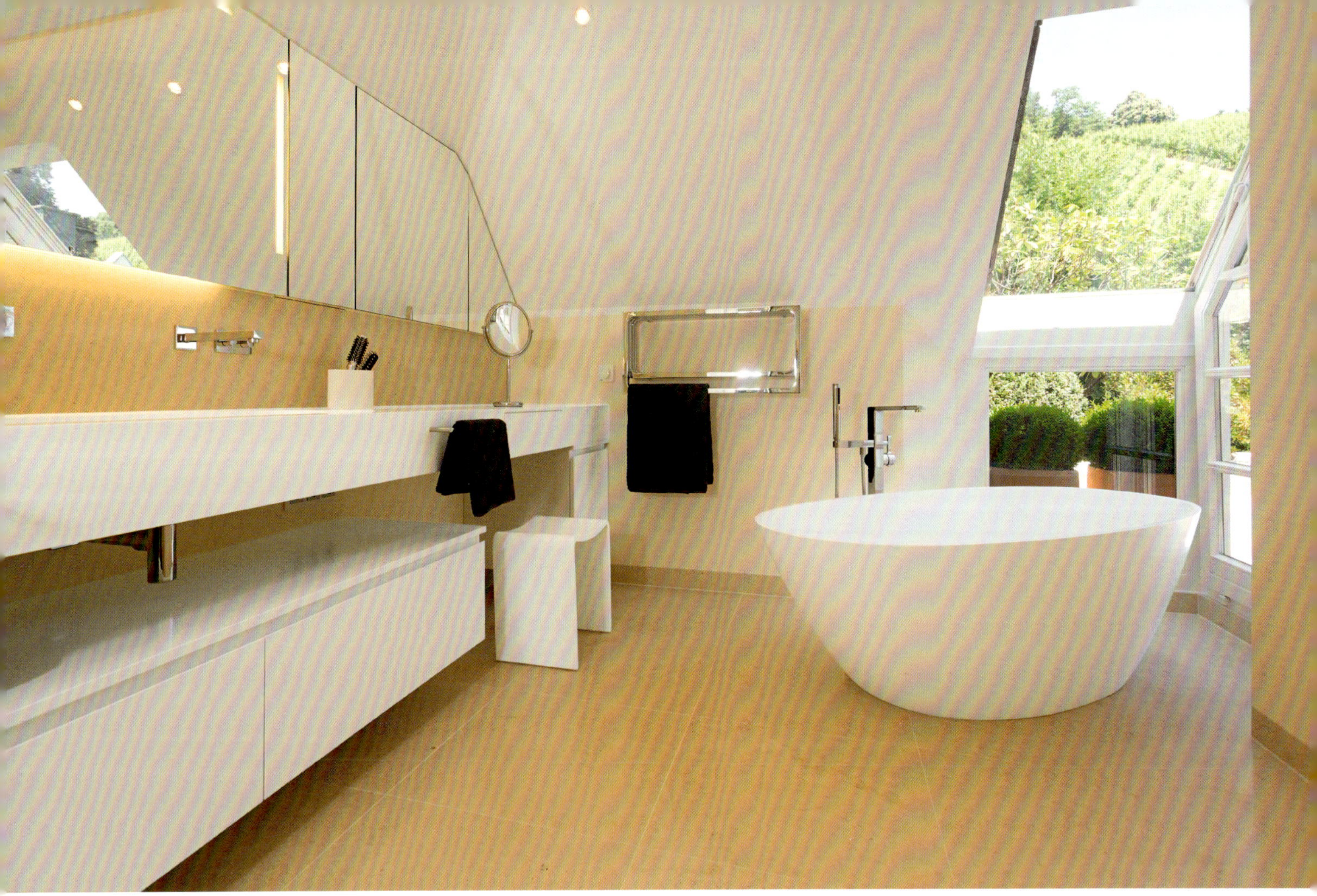

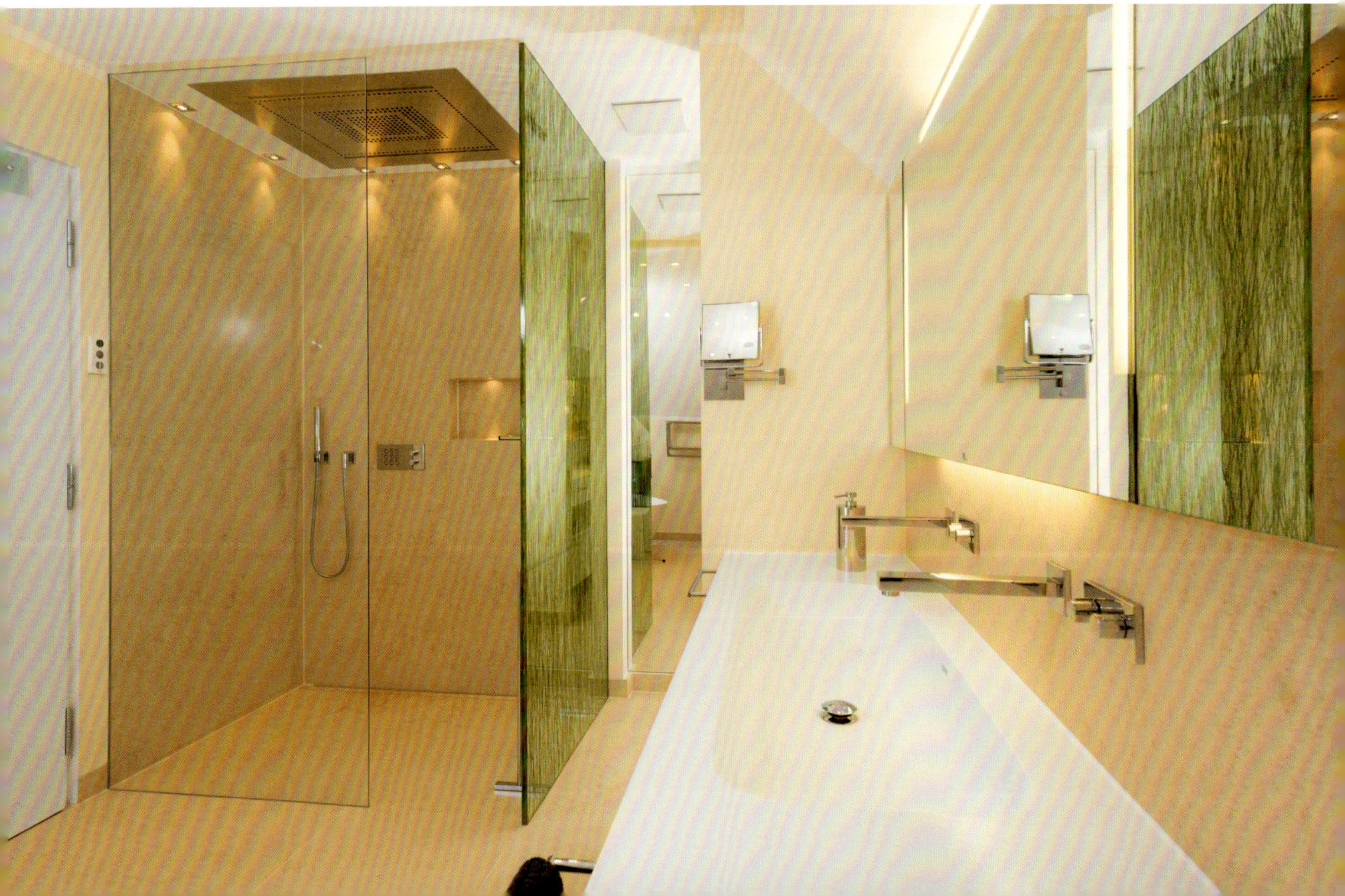

DIGITALISIERUNG | NATUR | PURISMUS | WOHNLICHKEIT

Prachtvolle Schlaf- und Wellnessoase

Eigentlich sollte das kleine, in die Jahre gekommene Bad am Rande der Großstadt nur eine moderne Auffrischung erfahren. Durch den Ideenreichtum des Badeinrichters ist daraus dieses private Refugium der Extraklasse auf mehr als 40 m² geworden, das keine Wünsche offen lässt.

Mit dem Wunsch nach Modernisierung seines bisherigen Badezimmers kam der allein lebende Bauherr zu dem Badgestalter und bat um eine individuell auf ihn zugeschnittene Planung für den Raum. Das bestehende Badezimmer war relativ klein, es entsprach in seiner Größe ungefähr dem jetzigen Duschbereich. Zur Verblüffung des Bauherrn schlug der Badgestalter bei dem ersten Planungstermin vor, die ungenutzte angrenzende Einliegerwohnung in die Planung für das Badezimmer einzubeziehen und das ohnehin schon optimal liegende Schlafzimmer offen an den neuen Wellnessbereich anzugliedern. Der Bauherr war angetan von der Idee und gespannt auf die Umsetzung.

Gerade wegen des großzügigen Platzes bestand die Herausforderung bei der Gestaltung dieses Badezimmers darin, eine stilvolle Wohlfühlatmosphäre im gesamten Raum herzustellen. Mit dem richtigen Gespür für Raumaufteilung wie für Farben und Materialien ist es dem Badplaner gelungen, klar erkennbare Bereiche und Zonen zu schaffen und dennoch eine Verbindung zwischen ihnen herzustellen.

Der Schlafbereich, etwas abseits gelegen, bildet quasi die Ruhezone des neu entstandenen Wellnessraums. Die thematische Verbindung zwischen Wohnen und Baden bildet ein im Zugangsbereich zum Bett, neben der Badewanne platziertes, antikes Frisiertisch-Ensemble, das sich bereits im Besitz des Hausherrn befand. Insgesamt sorgen die im Raum an verschiedenen Stellen untergebrachten eleganten, für ein Bad eher ungewöhnlichen Holzmöbel in einem Mix aus antik und modern zusammen mit gekonnt ausgesuchten Kunstwerken für ein sehr wohnliches Ambiente.

▼ Großzügige Raumaufteilung mit viel Bewegungsfreiheit.

▶ Der Clou im Spiegelschrank: ein integrierter TV-Bildschirm.

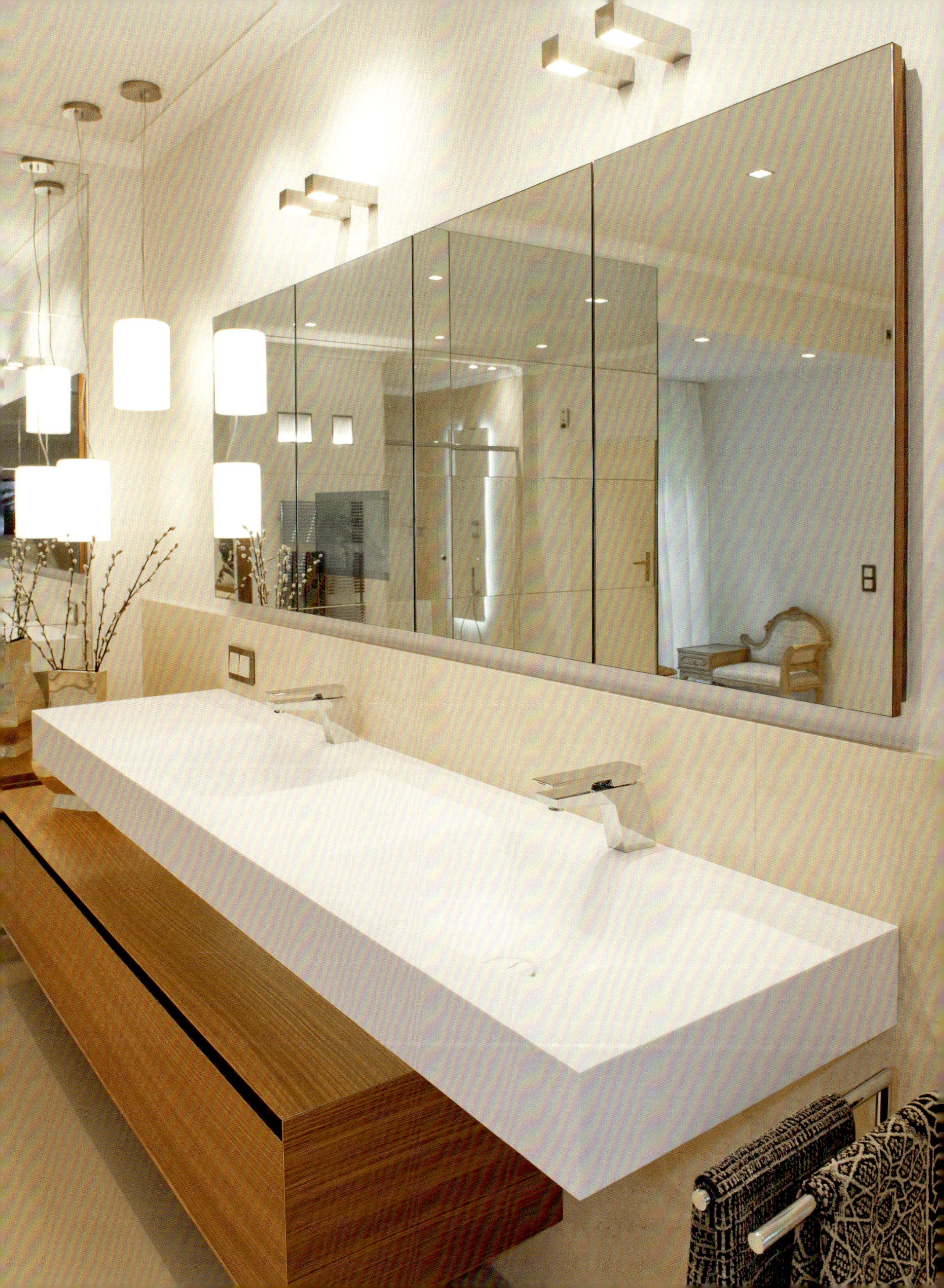

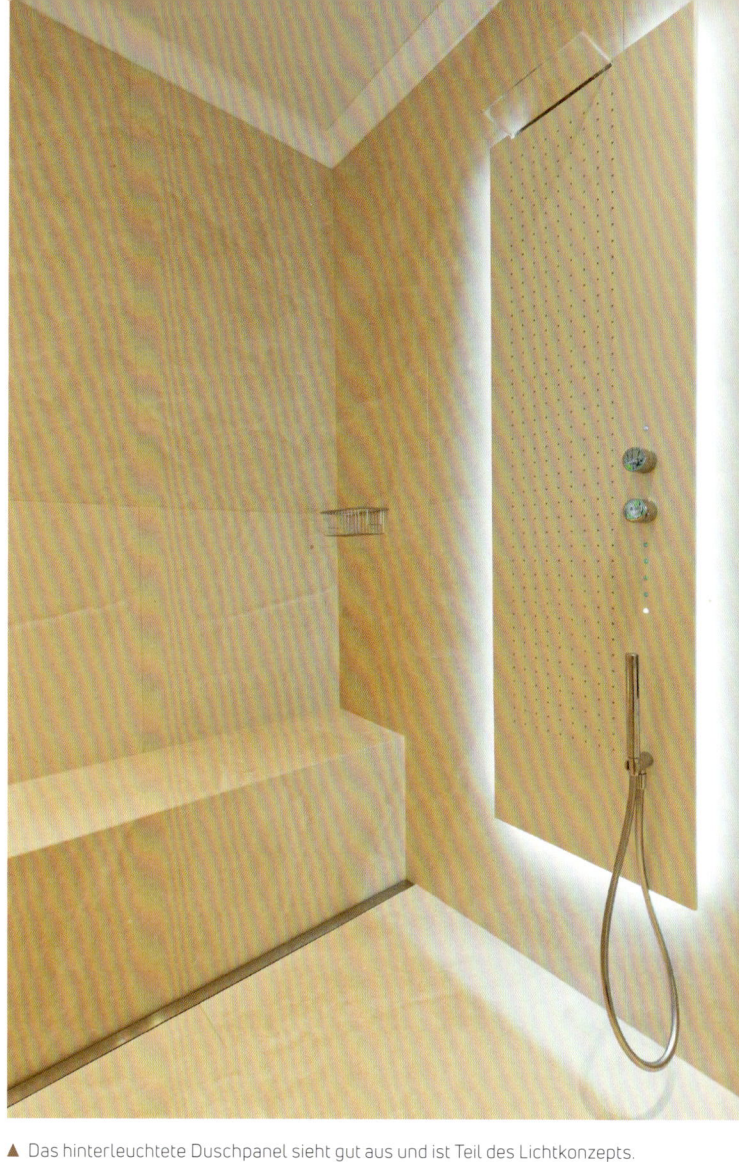

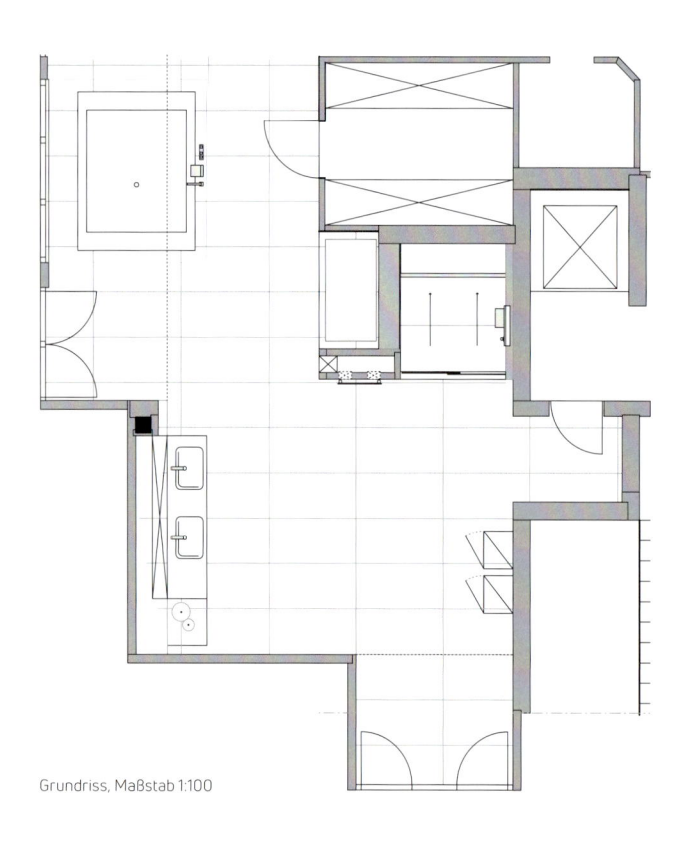

▲ Echte Birkenzweige in Verbundglas bringen Natur in das Bad.

▲ Das hinterleuchtete Duschpanel sieht gut aus und ist Teil des Lichtkonzepts.

Grundriss, Maßstab 1:100

UMBAU UND RENOVIERUNG
Badgröße: **40 m²**
Badnutzer: **Mann**

VERARBEITETE PRODUKTE
Wanne, Spiegelschrank,
TV, Duschabtrennung,
Verbundglas Birke: Maßanfertigung
Waschbecken,
WT-Unterschrank,
WT-Beleuchtung,
Pendelleuchten: antoniolupi
Armaturen und
Schwalleinlauf Wanne: Dornbracht
Körper- und
Schwallbrause: Fantini
Heizkörper: Tubes
Beleuchtung: Kreon
Bodenfliesen: Brix

VERARBEITETE MATERIALIEN
Boden: Feinsteinzeug-Fliesen
Sitzbank und
Wanneneinfassung: Naturstein

Die Möbel können gleichsam als Sinnbild dafür herangezogen werden, dass in diesem Raum ein ausgewogenes Farb- und Formkonzept seine Umsetzung fand. Sie bedienen sich verschiedener Farbnuancen zwischen mattweiß und beige – so wie alle Einrichtungsgegenstände, Wand- und Bodenbeläge. Auch das Formkonzept ist stringent durchgezogen. Waschtisch, Wanne, Dusche, Badmöbel und Armaturen weisen eine klare, eckige Form auf. Sie bilden einen starken Kontrast zu den verspielten Formen der antiken Möbel und der Kunstgegenstände, ergänzt durch die Trennscheibe der Dusche aus Verbundglas mit eingelegten echten Birkenzweigen. Man hat den Eindruck, dass sich die modernen eckigen und die verspielten organischen Elemente gegenseitig eine Bühne für die adäquate eigene Entfaltung bieten.

Gleichmäßig an der Decke verteilte Strahler sorgen für eine helle und moderne Ausleuchtung, die bei Bedarf gedimmt und getrennt voneinander geschaltet werden kann. Das wohnliche Ambiente wird durch Pendelleuchten neben dem Waschtisch unterstrichen, und hinterleuchtete Flächen wie das Duschpanel bringen eine zusätzliche Akzentuierung. Deckenhohe und wandbreite Spiegelfronten hinter dem Bett und neben dem Waschplatz geben dem Raum eine zusätzliche Tiefe und verstärken die optische Verbindung von Schlaf- und Badezimmerbereich.

Aber nicht nur die Wohnlichkeit erfüllt allerhöchste Ansprüche, sondern auch die sanitäre Einrichtung. Die Badewanne aus glasfaserverstärktem Kunststoff ist, quasi frei im Raum stehend, in eine Natursteinablage eingefasst und lädt, am großen Fenster gelegen, mit Schwallauslauf und Whirlfunktion zu entspannenden Vollbädern ein. Der Blick in die Natur bei Tag wie die farblich anpassbare Innenbeleuchtung des Wassers bei Dunkelheit lassen die Wanne für den Hausherrn zu einem kontemplativen Ort werden. Die geräumige Dusche mit integrierter Sitzbank aus Naturstein hält für den Nutzer ebenfalls ein besonders hohes Maß an Komfort bereit. Ausgestattet mit einem Regenhimmel mit vier Auslaufzonen und insgesamt 380 Düsen, einer hochwertigen hinterleuchteten Schwallbrause und einer nicht minder edlen Handbrause, bietet sie täglich ein einzigartiges Duscherlebnis. Der Waschplatz verfügt über einen großzügigen Doppelwaschtisch aus Mineralwerkstoff mit Unterschrank und eingebautem Spiegelschrank. Über diesen kann der Hausherr jederzeit die aktuellen Nachrichten im integrierten TV-Bildschirm verfolgen.

Die Kombination von Schlafraum und Badezimmer brachte aber noch eine zusätzliche Aufgabe mit sich: Der Bauherr liebt es, kühl zu schlafen, hat es im Bad aber gerne schön warm, so wie übrigens die meisten Menschen. Die Lösung wurde mittels einer terminierten Regulierung der Fußbodenheizung im Schlaf- und Badezimmerbereich geschaffen. Zusammen mit dem Designheizkörper, der an der Wand zwischen Dusche und Waschplatz angebracht ist und nicht nur schön aussieht, sondern bei Bedarf auch ordentlich Wärme spendet, herrscht so stets und überall die gewünschte Wohlfühltemperatur – angewärmte Handtücher inklusive.

▼ Gekonnte Symbiose aus antik und modern.

Puristisch oder wohnlich? Beides bitte!

Die Kombination aus Holz und Beton liegt im Trend, ist aber für das Badezimmer immer noch recht ungewöhnlich. In diesem kleinen Bad auf 6 m² entstand durch sie ein puristisches Wohlfühlbad.

Nach dem Hauskauf sollte das vorhandene Bad nach den Bedürfnissen der Familie mit Kind umgestaltet werden. Die Familie beauftragte den Badplaner, für sie ein Bad zu kreieren, das puristisch in der Gestaltung, komfortabel in der Anwendung und wohnlich von der Anmutung her ist. Dabei sollten gerne ausgefallene Materialien zur Anwendung kommen.

Im Beratungsgespräch wurde schnell klar, dass die ganze Familie viel lieber ausgiebig duscht als zu baden, dass Körperhygiene überhaupt eine wichtige Rolle spielt und man gerne viel Platz hat. Deshalb nutzte der Badplaner den fast quadratischen Grundriss, um mit einer großzügig gestalteten Dusche, einer breiten Waschtischanlage und einem Dusch-WC allen Wünschen der Familie zu entsprechen. Auch mit der Auswahl der ausgefallenen Materialien traf er bei der Familie ins Schwarze. Die vorgeschlagene Kombination aus Holz und Beton gefiel auf Anhieb, so konnte mit der Umsetzung begonnen werden.

Der breite glatte Betonwaschtisch steht in stilvollem Kontrast zu den Fliesen in Holzoptik mit fühlbarer Holzstruktur auf dem Boden des Bads. Als Spritzschutz wurde statt mit Fliesen mit lackiertem Glas gearbeitet. Auf die gesamte Wandbreite über dem Waschtisch erstreckt sich eine schmale Ablagefläche in Holzoptik. Der Breite des Waschbeckens entsprechend wurde ein Spiegel angebracht, der durch seine integrierte Beleuchtung den wohnlichen Charakter des Bads hervorhebt. Praktisch und nützlich enthält der Spiegel zugleich auch einen kleinen Kosmetikspiegel für die Dame des Hauses, den auch der Herr inzwischen für die tägliche Rasur zu schätzen weiß.

Die Betonoptik findet sich in dem großzügigen Duschbereich bei den Wandfliesen wieder. Kopf- und Wandbrause mit Thermostatventil sind die komfortable Ausstattung für ein ausgiebiges und individuelles Duscherlebnis. Ein schmaler, halbhoher, der Tiefe der Dusche entsprechender Wandvorsprung dient als optische Trennung und Ablagefläche für diverse Duschutensilien.

Integrierte Deckenstrahler leuchten den Raum perfekt aus. Das Dusch-WC sorgt für den gewünschten besonderen Hygienefaktor. So kann sich die ganze Familie täglich über ihr modernes, ausgefallenes und komfortables Bad freuen. Da stört es auch nicht, dass der Betonwaschtisch aufgrund seiner Fleckenempfindlichkeit nach der Benutzung immer trockengewischt werden muss. Schließlich hat der Planer vorher darauf hingewiesen, und man wusste, worauf man sich einlässt.

◄ Auf das Wesentliche reduziert: Betonwaschtisch mit großzügiger Ablagefläche und beleuchtetem Spiegel.

► Die Glasfläche über dem Wandvorsprung sorgt für Spritzschutz mit nötiger Transparenz.

Grundriss, Maßstab 1:50

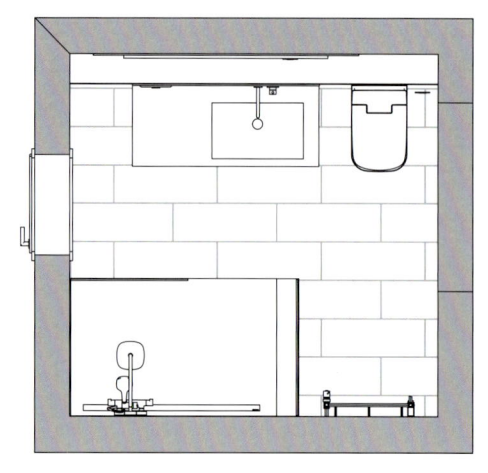

UMBAU UND RENOVIERUNG
Badgröße: **ca. 6 m²**
Badnutzer: **Familie mit einem Kind**

VERARBEITETE PRODUKTE
Leuchtspiegel: antoniolupi
Dusch-WC: Duravit
Armaturen: Gessi und Hansgrohe
Betonwaschtisch: Maßanfertigung

VERARBEITETE MATERIALIEN
Betonwaschtisch, Fliesen mit Betonoptik, Fliesen mit Holzoptik mit fühlbarer Struktur

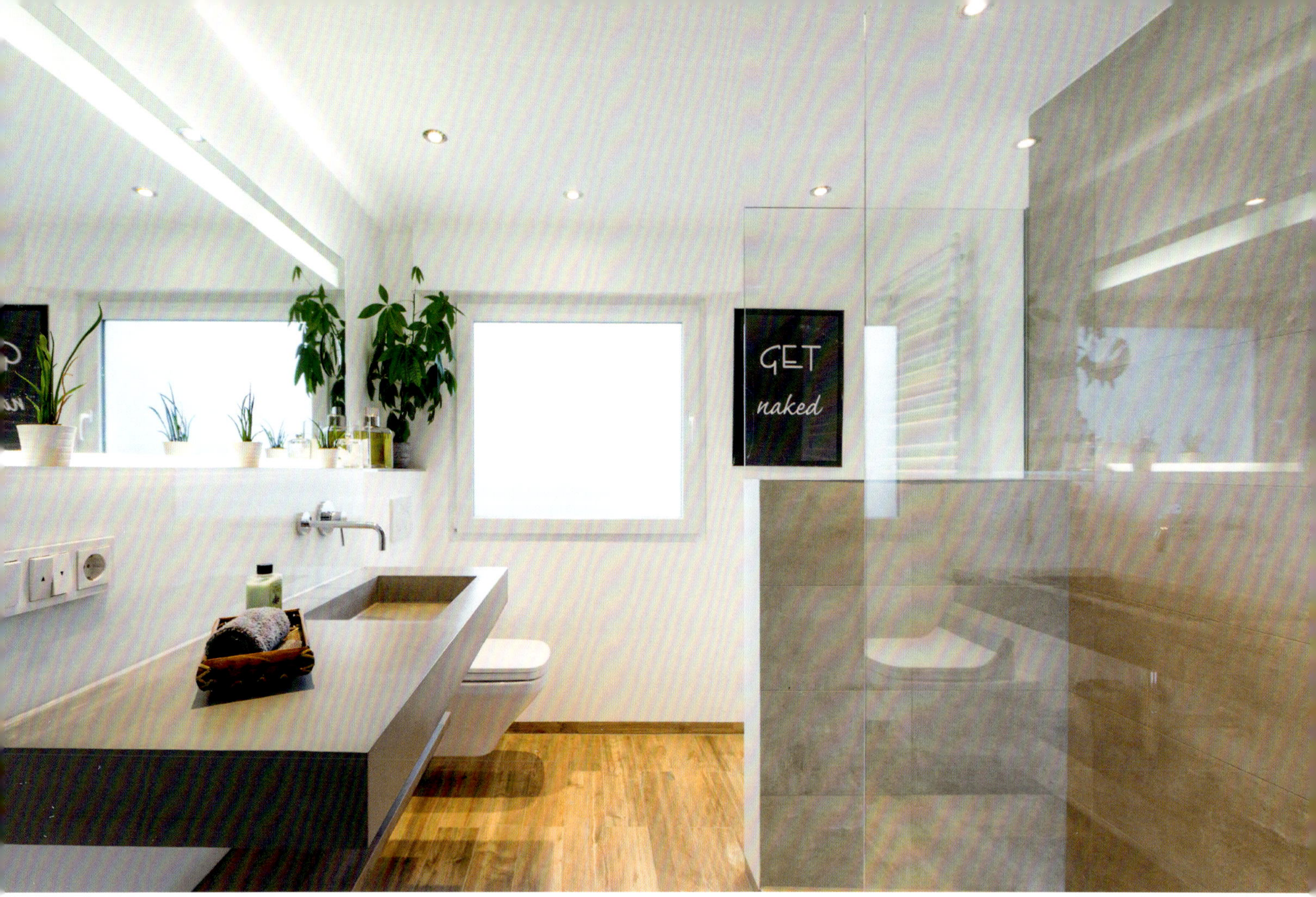
GET
naked

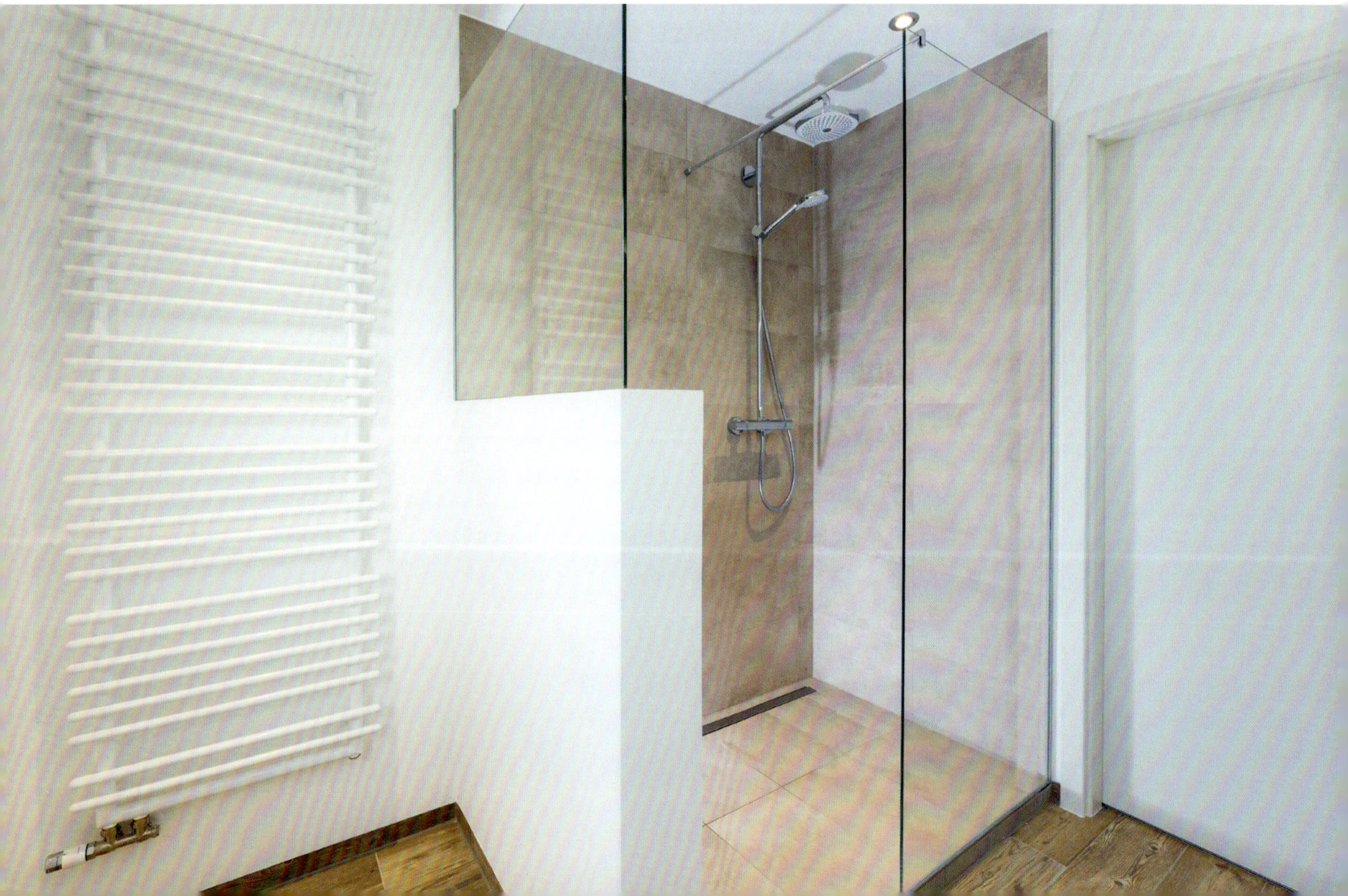

Good Feeling

Das Bauherrenehepaar ließ sich von dem Badplaner ein eigenes Home SPA auf 16 m² planen. Das ehemals kalte und sterile Dachbad wurde so zu einem gemütlichen Badrefugium.

Kurz vor dem Rentenalter wollte sich das Ehepaar noch einmal verändern und kaufte eine Eigentumswohnung. Erster Schritt im neuen Heim: die Renovierung des Badezimmers. Das alte Badezimmer wirkte eher kühl, fast schon ein wenig steril und altmodisch. Und das passte so gar nicht zu dem Ehepaar und der sonstigen Einrichtung der Maisonettewohnung. Mit dem Wunsch nach einem wohnlich wirkenden, gemütlichen SPA im eigenen Zuhause wandte sich das Ehepaar deshalb an den Badplaner.

Eine nicht triviale Aufgabe, denn auf nur 16 m² schlauchartiger Grundfläche mit Dachgiebel und Dachschrägen sollte ein gut ausgestattetes Bad für die tägliche Nutzung mit Dusche, Waschplatz, WC und Wanne entstehen, das aber zusätzlich Private-SPA-Elemente wie Sauna und Dampfbad, Musik und TV für kleine Auszeiten bietet und dabei sehr wohnlich rüberkommt. Die Technik sollte in das vorhandene Smart Home System eingebunden werden. Kein Problem für den erfahrenen und versierten Badplaner.

Er platzierte die einzelnen Zonen so, dass die schrägen und wenigen geraden Flächen optimal ausgenutzt werden. Links neben dem Eingang befinden sich die Dampfdusche und anschließend die finnische Sauna. Transparenz, die den Raum beim Eintreten weitet, entsteht durch die Glasfront an den beiden dem Raum zugewandten Seiten der Dusche und durch den großzügigen Spiegel des Waschplatzes, auf den man beim Betreten zugeht. Auch die Sauna hat eine Glasfront, sodass nicht der Eindruck vom Raum im Raum entsteht.

▼ Optimale Raumausnutzung mit Dachschräge und Dachgiebel.

▶ Die Dampfdusche dient auch als komfortable Dusche mit Regenhimmel.

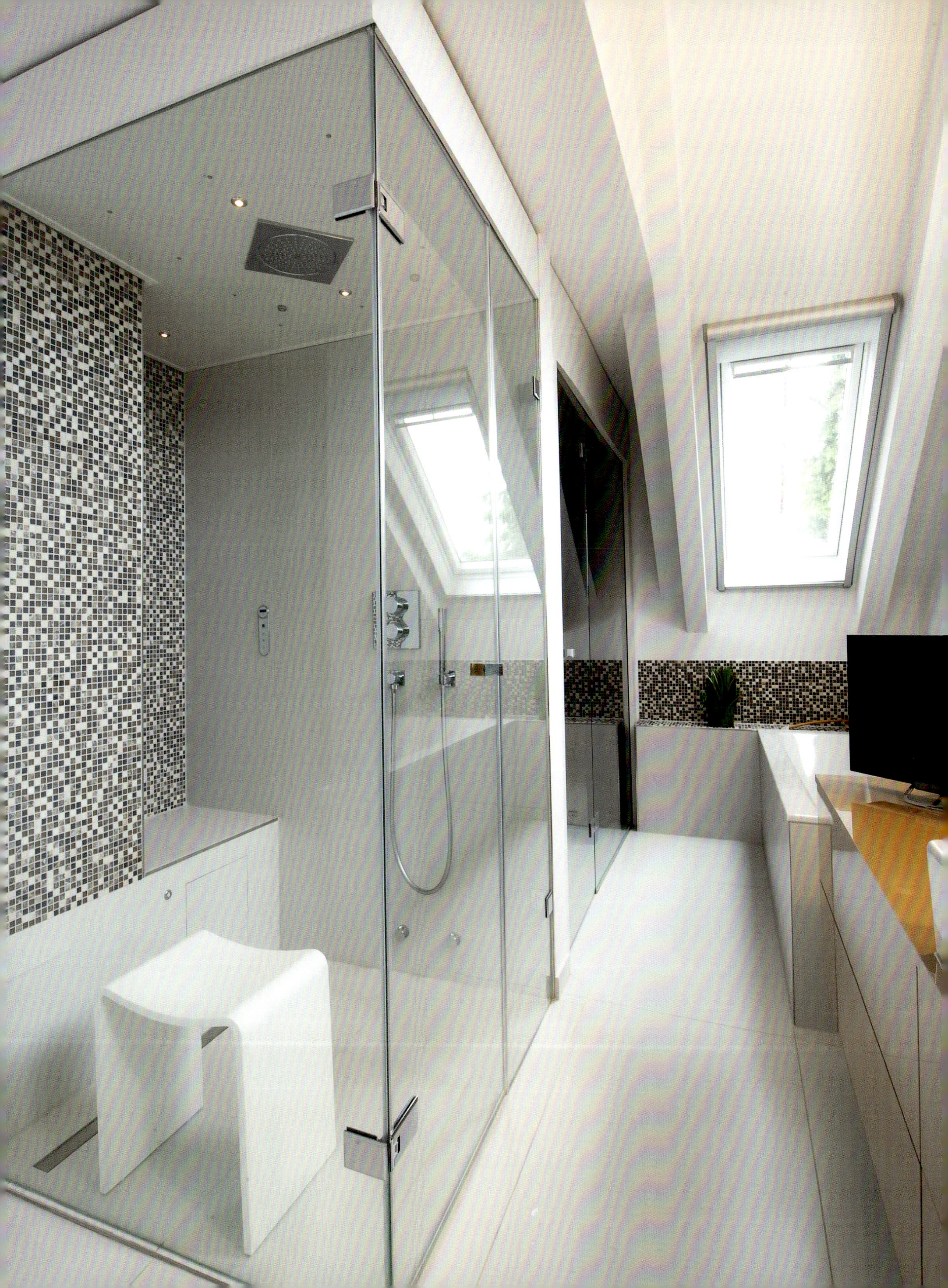

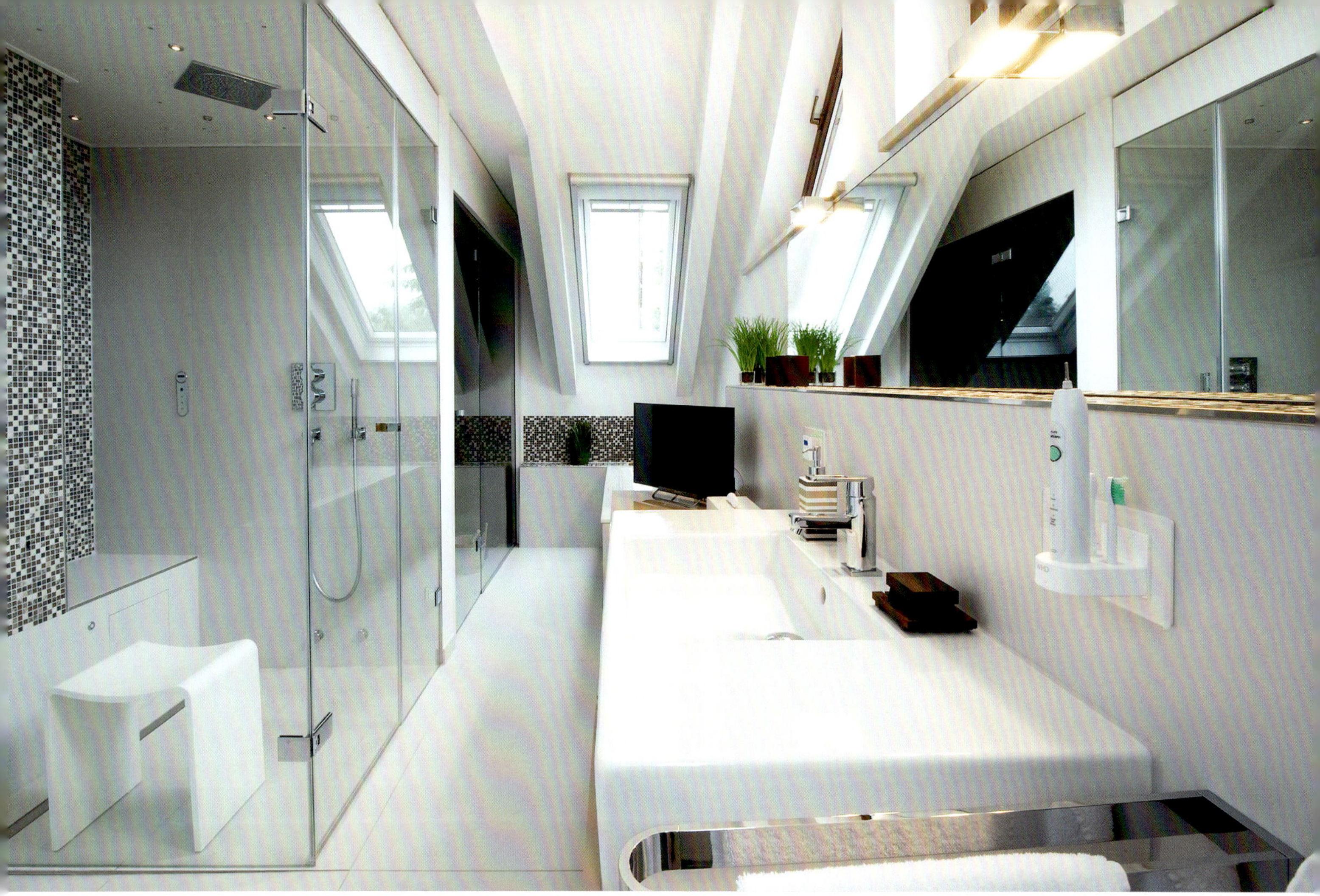

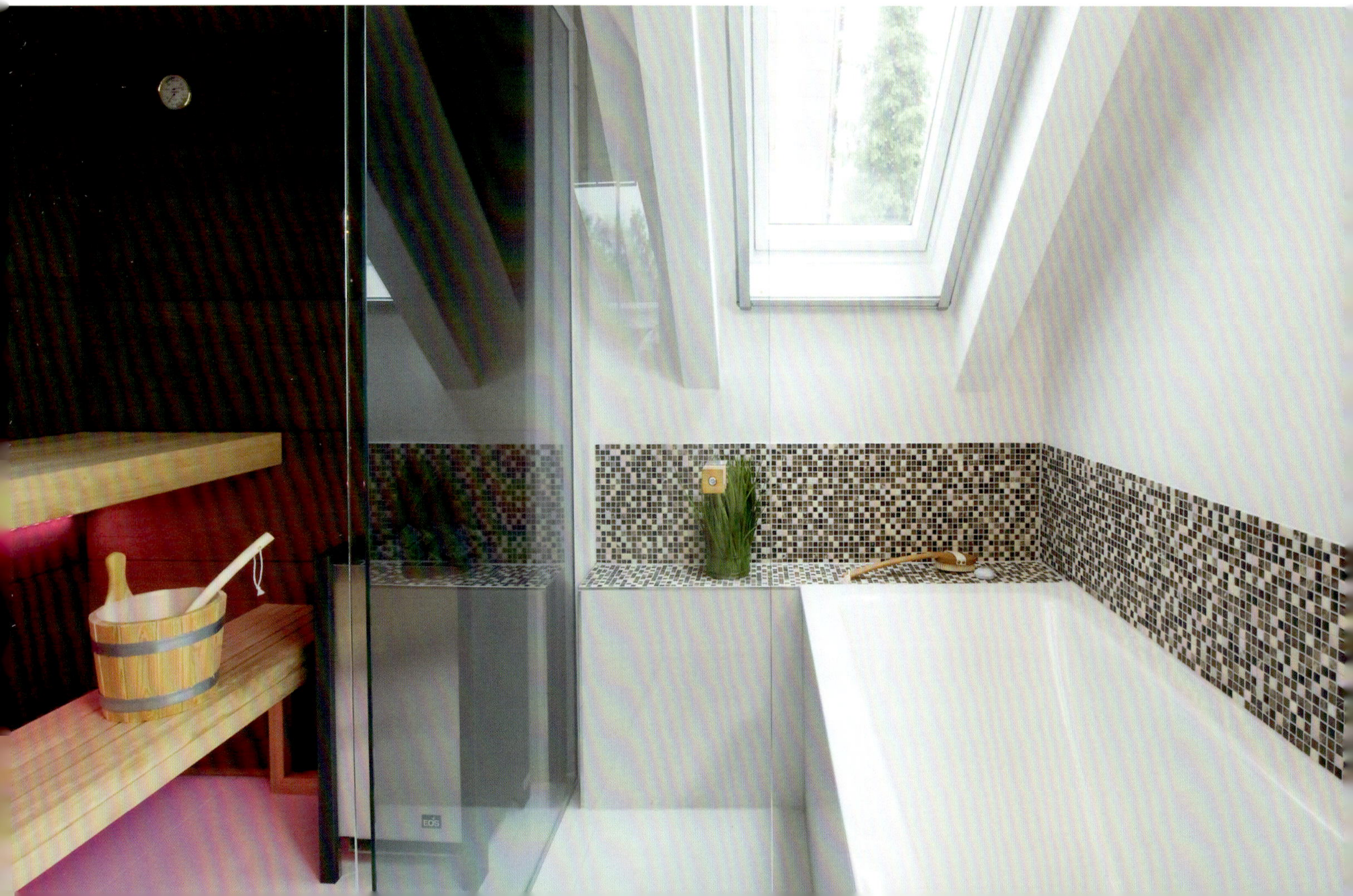

Und der Clou bei der Dampfdusche: Sie kann sowohl als komfortable Dusche mit Regenhimmel für die tägliche Reinigung als auch als Dampfbad genutzt werden. Eine Sitzbank und ein zusätzlicher Hocker in der Dampfdusche helfen, den Erholungsgrad für das Ehepaar zu maximieren.

Die Badewanne unter der Dachschräge bietet durch das darüber platzierte Dachfenster freie Sicht in den Himmel. Ein weiterer Pluspunkt für das Private-SPA-Vergnügen. Ein neu errichteter Wandvorsprung sorgt für Ablagefläche der Badeutensilien. Der vom Schreiner gefertigte Waschtischunterschrank mit Schubfächern reicht vom Waschplatz mit Aufsatzwaschbecken bis zur Wanne und bietet so neben Ablagefläche für Utensilien auch eine Stellfläche für den Fernseher. Praktisch, denn so kann das Ehepaar seine Lieblingsprogramme von jeder Stelle im Bad aus weiterverfolgen. Auch die Dockingstation für die Musik ist am Waschplatz untergebracht.

In der Nische am anderen Ende des Badezimmers, platziert unter einem weiteren Dachfenster, bietet der WC-Bereich trotz offener Badgestaltung angenehme Privatsphäre.

Der Raum wirkt hell und frisch durch die vorwiegend in Weiß gehaltene Einrichtung. Wohnlichkeit entsteht durch die hellen Brauntöne des Holzes und der kleinen Mosaikfliesen, die sich als wiederkehrendes Element an verschiedenen Stellen im Bad wiederfinden. Stimmungsvolle Lichtszenarien runden den unbeschwerten und entspannenden Badgenuss für das Ehepaar ab, das nach eigenen Angaben nun sehr viel mehr Zeit im eigenen Bad verbringt. Kein Wunder!

▲ Versteckt hinter dem Waschplatz: der WC-Bereich.

RENOVIERUNG IN EIGENTUMSWOHNUNG
Badgröße: **16 m²**
Badnutzer: **Paar (60)**

VERARBEITETE PRODUKTE
Wanne:	Bette
Dampfbad:	baYou
Armaturen:	Grohe
Keramik:	Duravit
Accessoires:	Keuco
Sauna und Möbel:	Maßanfertigung vom Schreiner
Heizkörper:	Caleido
Hi-Fi:	WHD
Schalter:	Gira mit KNX-Technik
Leuchten:	Decor Walther und Kiteo

VERARBEITETE MATERIALIEN
Stahl/Email, Keramik, Feinsteinzeug

▼ In dem schlauchartigen Raum hat alles seinen Platz, ohne die Badnutzer einzuengen.

◄ Dank Glasfront ist auch die Sauna Teil des Raums.

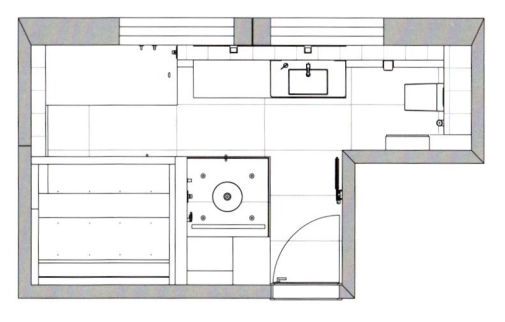

Grundriss, Maßstab 1:100

Vintage-Chic

Wie kommt man dem Wunsch des Kunden „Das Badezimmer soll ein Hingucker sein" am besten entgegen? Indem man das Bad so in Szene setzt, dass das eingesetzte Stilmittel sofort die Blicke auf sich zieht und man erst auf den zweiten Blick wahrnimmt, dass es sich bei dem Raum um ein Bad handelt.

Ein schlauchartiges Badezimmer zu planen ist schon an sich eine Herausforderung. Dieses Badezimmer war zudem mit seinen 1,56 m x 4,70 m nicht nur besonders geschnitten, sondern wies auch noch eine spektakuläre Raumhöhe von 3 m auf. Wie soll man daraus einen „Hingucker" zaubern?

Die Badplanerin nutzte eine Tapete als altbekanntes, aber für das Badezimmer eher modernes, innovatives und ungewöhnliches Gestaltungselement. Die hier eingesetzte Motivtapete besitzt eine technische Beschichtung, welche sie für den Nass- und Spritzwasserbereich geeignet macht. Auf die komplette Raumhöhe genutzt, ist die Motivtapete mit dem antik wirkenden floralen Muster raumbestimmend, ohne jedoch den Raum zu erdrücken oder überladen zu wirken.

Einrichtungsgegenstände, die man sonst nur aus dem Wohnzimmer kennt, runden den wohnlichen Einrichtungsstil ab. Leuchten, Spiegel und Kommode sind Antiquitäten, die dem Raum eine wohnliche Gediegenheit verleihen. Modernität erhält der Raum durch Sanitärobjekte, die durch ein eher unaufdringliches, kühles und dennoch klassisches Design einen gekonnten Kontrast setzen. Der flächenbündige Bodenbelag, der durch die ganze Wohnung gezogen wurde, wirkt als Gegenpol zum antikisierenden Stil und erhält dadurch einen modernen Eindruck.

▶ Die speziell beschichte Tapete ist auch für den Nass- und Spritzwasserbereich geeignet.

▲ Antike trifft Moderne.

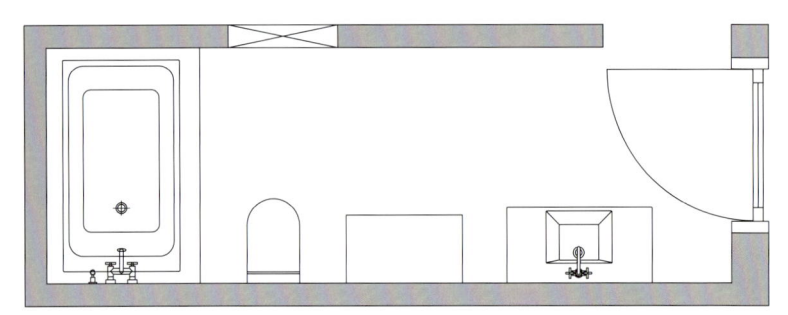

Grundriss, Maßstab 1:50

NEUBAU
Badgröße: **7 m²**
Badnutzer: **Paar**

VERARBEITETE PRODUKTE
Wanne: Duravit
Waschbecken: Catalano
WC: Flaminia
Armaturen: Dornbracht

VERARBEITETE MATERIALIEN
Tapete
Antiquitäten

Kosten 12.000 Euro
(Einrichtung mit Fertigmontage, da veredelter Rohbau bereits vorhanden)

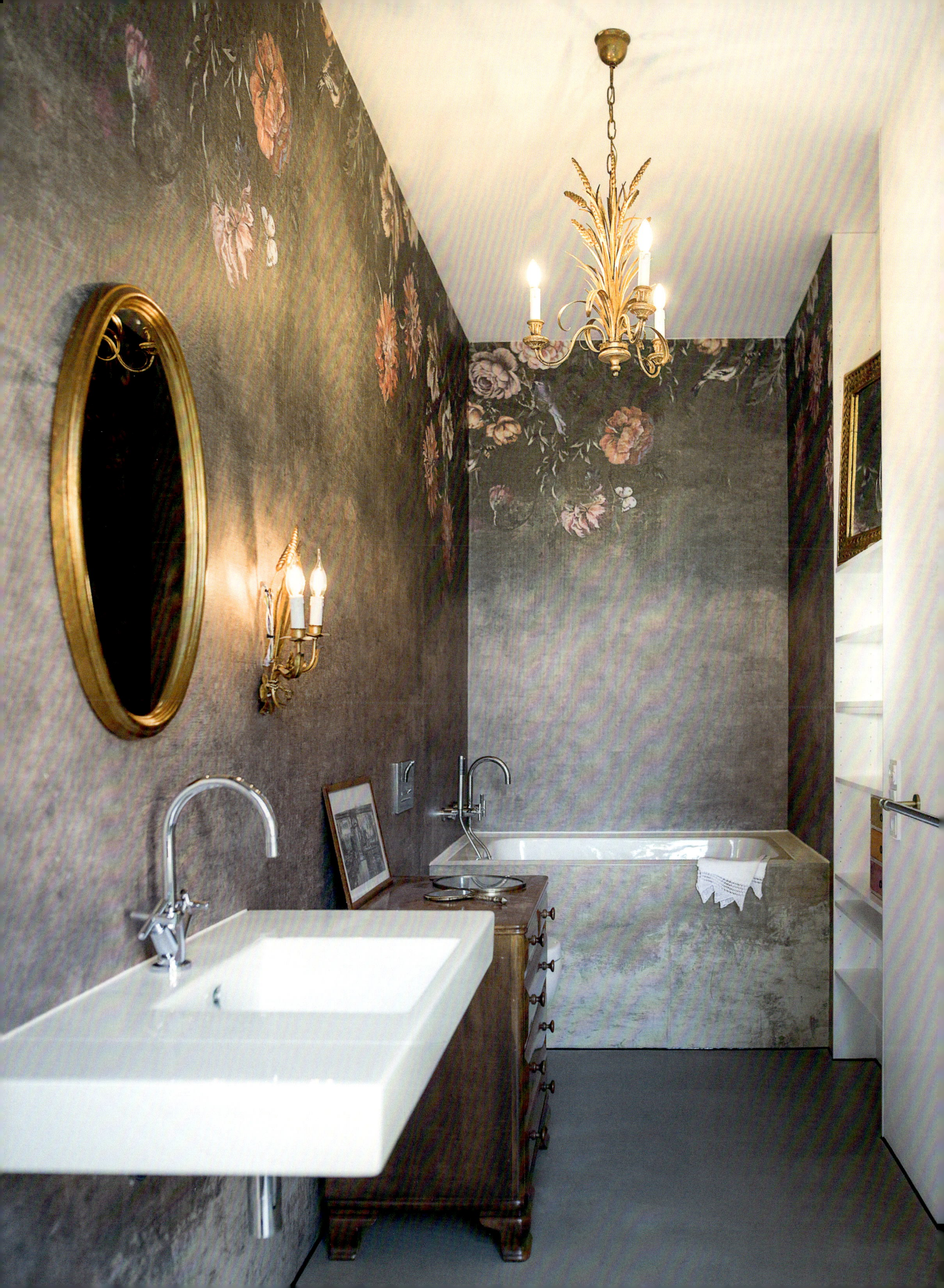

Harmonie in Türkis-Gold

Ist eine ungewöhnliche Raumgeometrie Fluch oder Segen? Ein Segen – sagen die Badplaner und setzen genau diese besondere Struktur des Raums gekonnt in Szene.

Das Ehepaar wünschte sich ein wohnliches Bad mit einem durchdachten Lichtkonzept, viel Stauraum und einem großen Duschbereich. Und das in einem Badezimmer mit einer eher ungewöhnlichen Raumgeometrie: ein Raum unter dem Dach mit einem kompletten Schrägenverlauf bis zu einer Deckenhöhe von 4,20 m.

Durch die außergewöhnliche Raumgeometrie bot sich den Badplanern wortwörtlich viel Raum für spannende Gestaltungsmöglichkeiten. In der ehemaligen Dusche konnte ein großer Stauraum errichtet werden, den eine Schiebetür geschickt und unauffällig von dem restlichen Badezimmer trennt. Als optisches Highlight wurde die Schiebetür in der gleichen türkis-goldenen Tapete verkleidet wie auch ein Teil der Wand.

Eine weitere Besonderheit des gewählten Raumkonzepts ist der große, hinterleuchtete, runde Spiegel vor dem eleganten Doppelwaschbecken. Die Wohnlichkeit des Bads wird von dem Waschtisch und der Ablagefläche in Holzoptik unterstrichen. Der über der Ablagefläche integrierte Kosmetikspiegel schafft eine perfekte Möglichkeit für die Dame des Hauses, das Make-up optimal aufzufrischen. Ein weiterer ausdrücklicher Wunsch des Ehepaars ging so in Erfüllung.

Die Wände und der Boden des großzügigen Duschbereichs, inklusive Sitzmöglichkeit, sind mit Feinsteinzeug ausgelegt. Dieses Material unterstreicht dabei den einzigartigen Charme des Bads.

Alles in allem wirkt das Bad rundum stimmig. Die Harmonie entsteht in erster Linie durch das für den Raum optimal passende Lichtkonzept. In die Decke integrierte Strahler, Hängeleuchten über dem Schmink- und Waschplatz sowie indirekt eingesetzte LEDs unterstreichen geschickt die Wirkung der eingesetzten Materialien und bringen das jeweils richtige Licht an die richtige Stelle.

▼ Versteckter Platz – für niemanden auf den ersten Blick ersichtlich.

◀ Harmonische Raumwirkung dank durchgehender, gleich großer Fliesen.

▶ Der Waschtisch aus Holz bringt Wärme und Wohnlichkeit in das Gästebad.

Grundriss, Maßstab 1:100

RENOVIERUNG IM BESTAND
Badgröße: **10 m²**
Badnutzer: **Paar**

VERARBEITETE PRODUKTE
Waschtisch:	Sign
Dusch-WC und WC-Betätigungsplatte:	Geberit
Armaturen:	Keuco
Accessoires:	Emco
Wandspiegel:	Maßanfertigung
Hängeleuchten:	Top Light

VERARBEITETE MATERIALIEN
Boden:	Porcelanosa
Wand:	Porcelanosa, Feinputz
Tapete:	Casamanche

Kosten   30.000 Euro

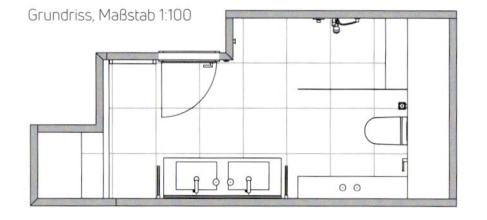

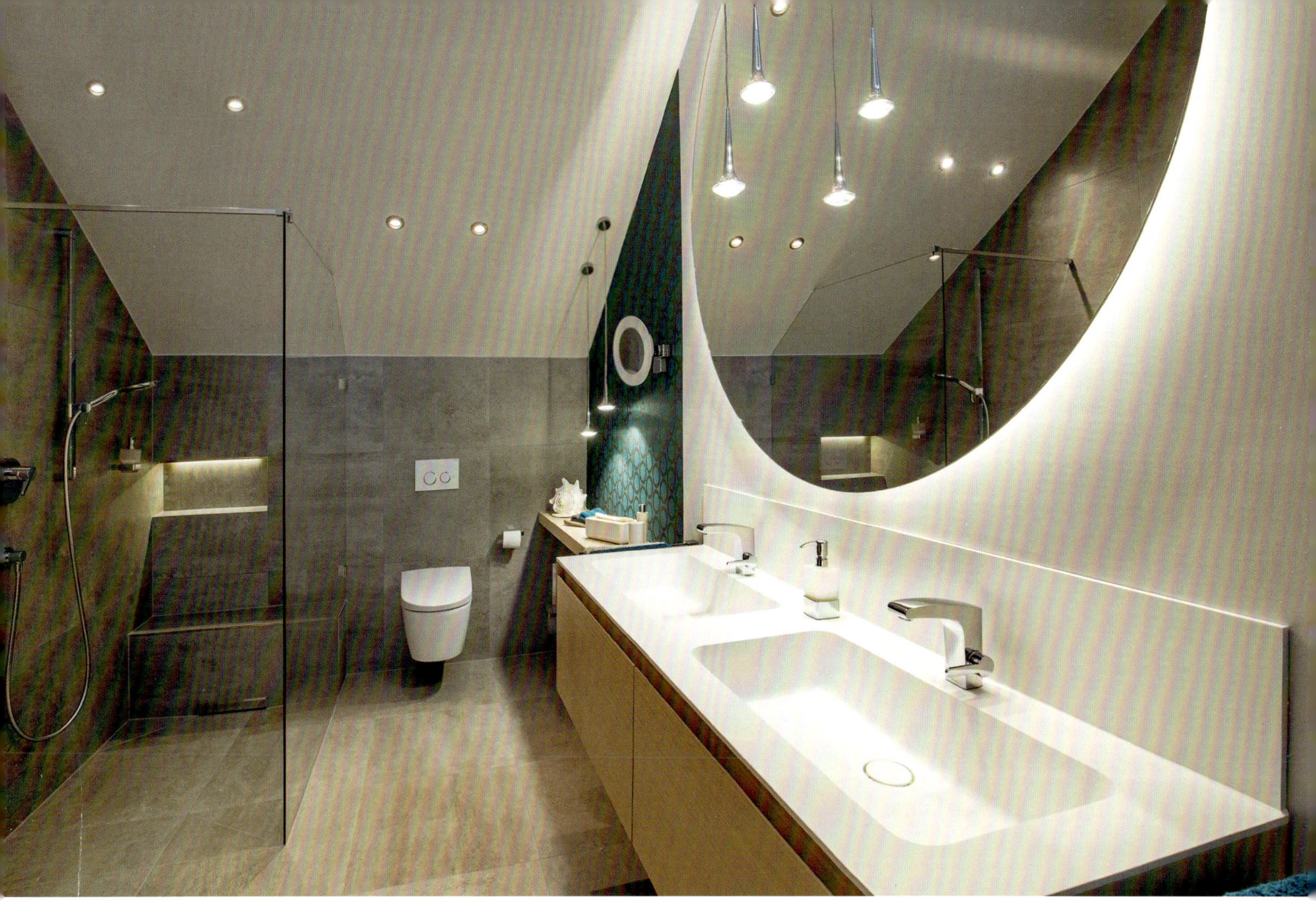

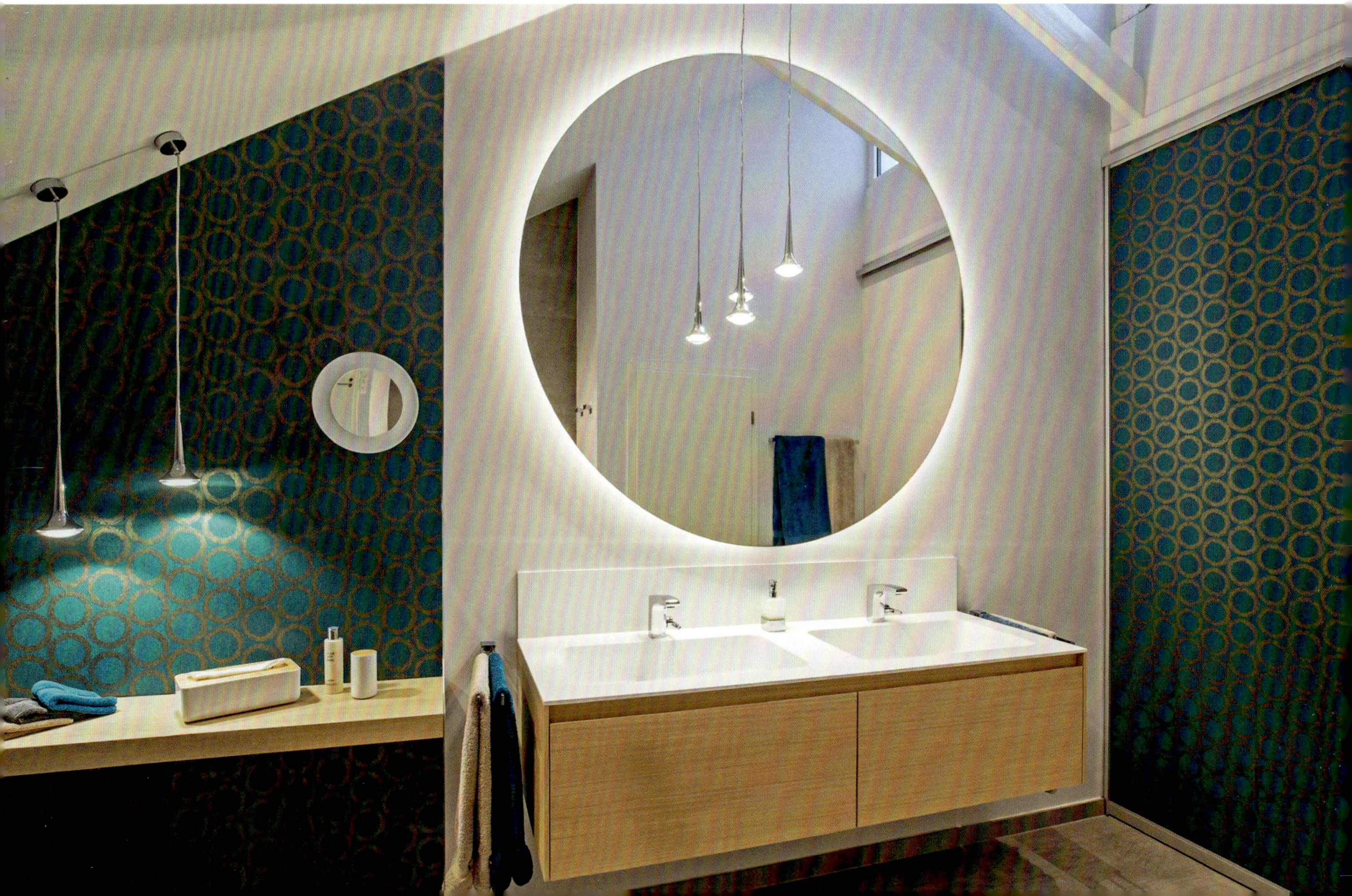

Wohnlicher Purismus

Das technikaffine Ehepaar wünschte sich ein neues Bad, das puristisch und modern, aber gleichzeitig auch gemütlich sein sollte. Durch Geradlinigkeit in Kombination mit gemütlichem Purismus schuf der Badplaner das optimale Bad für für das Paar.

Für die Realisierung der Wünsche des Ehepaars in dem 14 m² großen Badezimmer hatte der Badplaner eine klare Vision. Bei den eingesetzten Produkten und deren Anordnung setzte er auf durchgängige Geradlinigkeit und eine klare Formgebung mit rechteckigen und runden Formen. Gleichzeitig bringt das eingesetzte Farbkonzept aus abgestuften Cremetönen an Wand und Boden in Kombination mit einer dunklen Wand im hinteren Duschbereich Gemütlichkeit in den Raum. Eine gezielt positionierte Beleuchtung unterstützt diese Wirkung.

Der Doppelwaschtisch mit seinen weißen und filigran wirkenden Aufsatzbecken ist in Verbindung zu dem cremefarbenen Waschtisch und den dekorativen, in die Wand integrierten, chromfarbenen Armaturen mit ihren separaten Bedienknöpfen so stilvoll klar, dass er sofort den Blick auf sich zieht. Ganz im Sinne eines puristischen Bads, bei dem nicht viel herumstehen und ablenken sollte, bietet der eingebaute Spiegelschrank jede Menge versteckten Stauraum.

▼ Großzügiger Doppelwaschtisch mit Spiegel- und Unterschrank.

Nicht minder stilvoll wirkt die Anordnung gegenüber dem Waschtisch. Der Wandfarbton, der hier eine Nuance dunkler gewählt wurde, hebt die weiße Farbe der Keramik und des Einbauschranks ästhetisch hervor. Eine eingezogene Wand separiert nicht nur den WC-Bereich, sondern integriert auch vier chromfarbene Stangen eines Wärmekörpers als Handtuchhalter, die besonders durch ihre streng parallele Anordnung auffallen. Der eingesetzte dunklere Farbton setzt sich auch an der Frontseite des Raums konsequent fort. Die cremefarbene, beheizte Liegefläche, die durch die Hinterleuchtung am Boden zu schweben scheint, und die weiße Whirlwanne im Anschluss sorgen nicht nur für einen optisch schönen Kontrast, sondern bieten auch die gewünschte Erholung und Entspannung für das Paar.

Der Wellnessfaktor in dem neuen Bad wird durch den Einbau einer Dampfdusche noch weiter erhöht. Hier bieten die großformatigen dunklen Feinsteinzeug-Fliesen einen angenehmen Gegenpol zu

▶ Sitzfläche und TV erhöhen den Gemütlichkeitsfaktor.

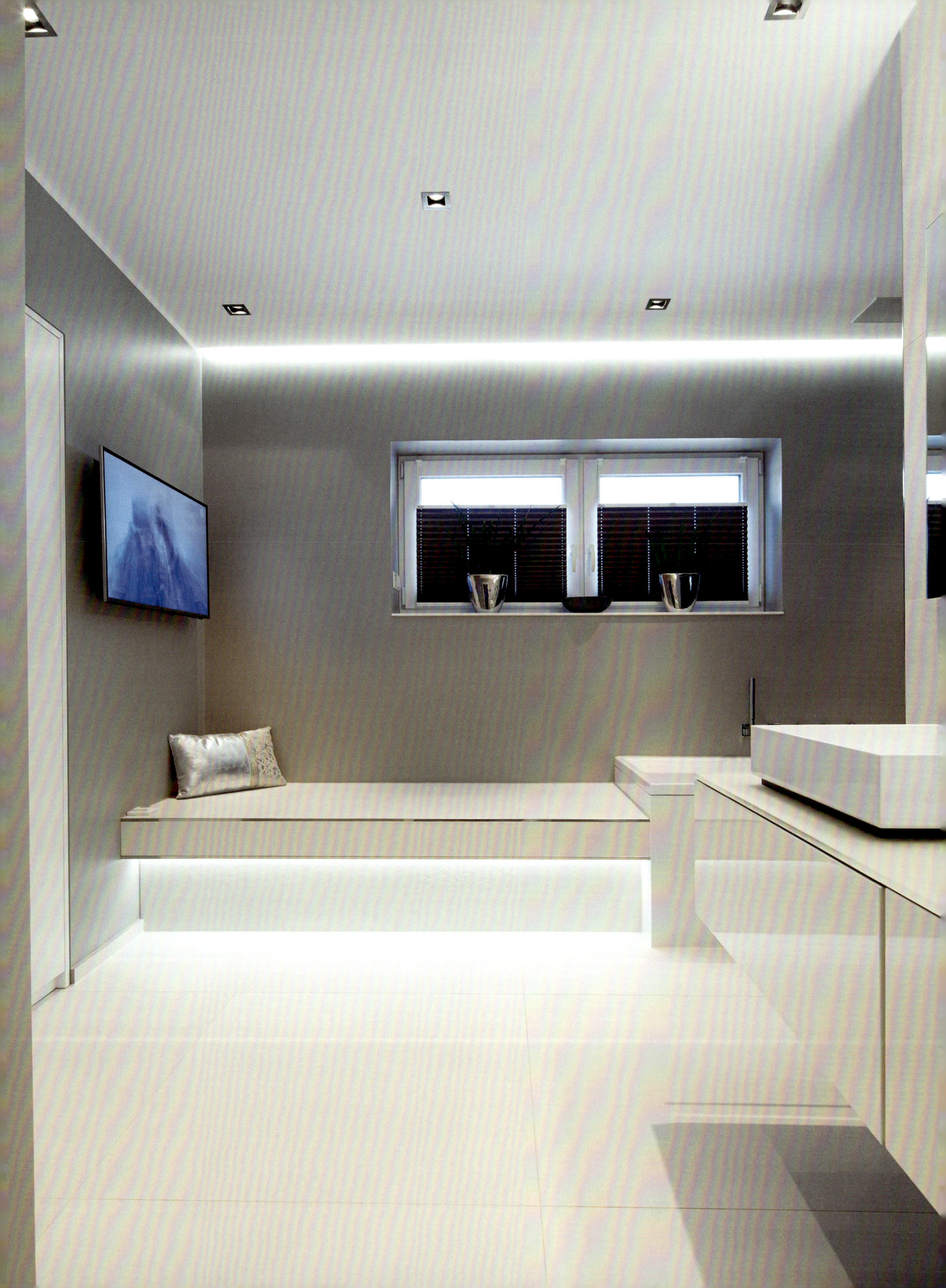

den sonst dominierenden hellen Farben des Badezimmers. Eine integrierte Sitzbank ermöglicht die nötige Entspannung beim Dampfsaunieren und erfüllt auch beim alltäglichen, morgendlichen Duschen unter dem großzügigen Regenhimmel höchste Komfortansprüche. Das Design der reduzierten dekorativen Bedienknöpfe der Waschtisch- und Badewannenarmatur wird hier nur in anderer Anordnung wieder aufgegriffen.

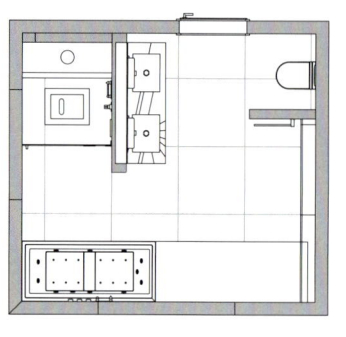

Grundriss, Maßstab 1:100

▲ Digitale Raumsteuerung.

▼ Der Einbauschrank, der sich harmonisch in das Gesamtbild einfügt, birgt jede Menge Stauraum.

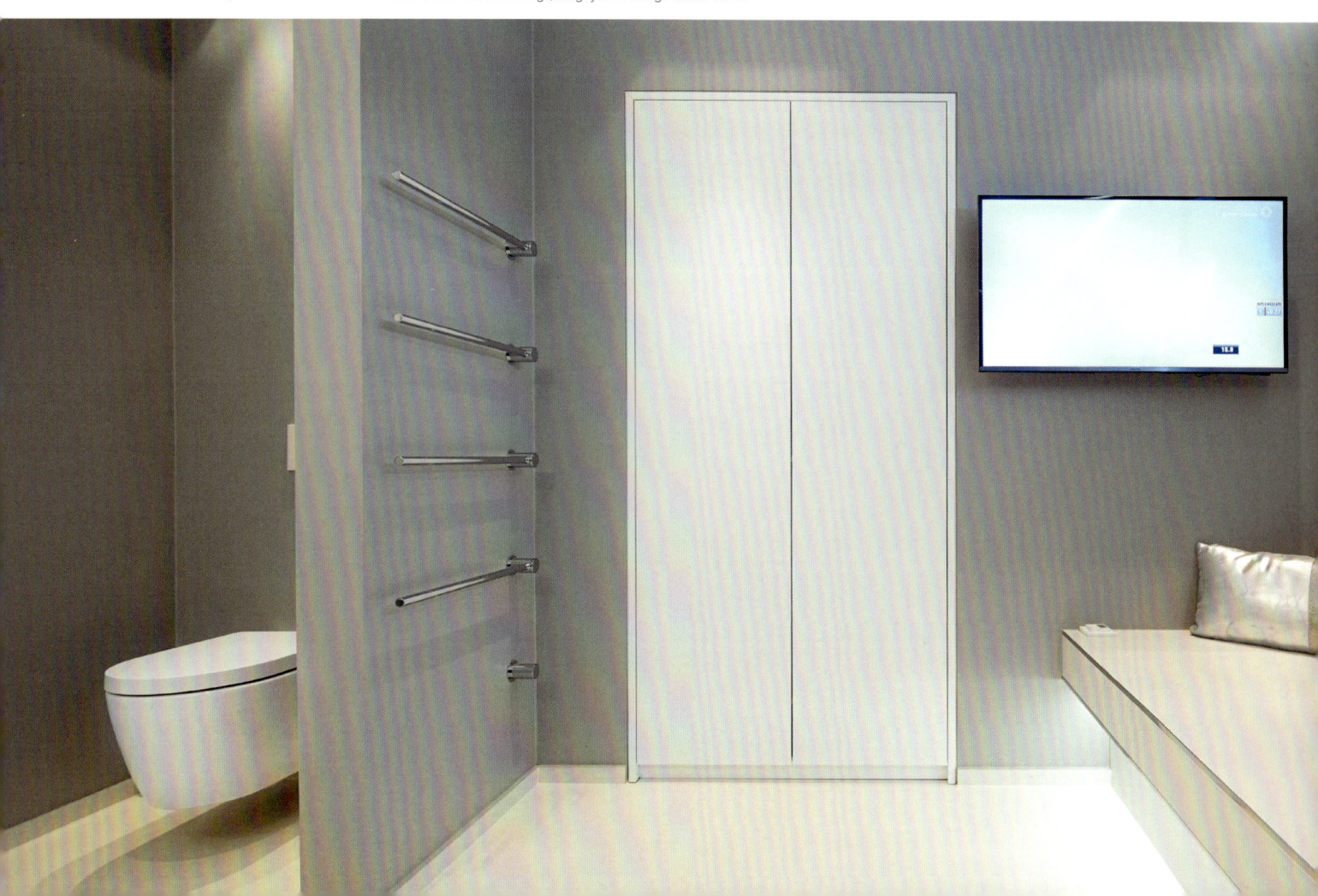

Technischen Neuerungen steht das Ehepaar grundsätzlich offen gegenüber. Deshalb integrierte der Badplaner einige technische Kniffe, installierte ein TV an der Wandseite und schuf verschiedenste intelligente Vernetzungen. Mittels Touchscreen neben dem Waschtisch und auch über eine spezielle App lassen sich Licht, Heizung, Musik und TV smart steuern. Doch nicht nur das: Auch eine Steuerung von Dampfdusche und Whirlpool ist mit diesem System möglich. Eine Technik, die das Ehepaar jetzt nicht mehr missen möchte.

RENOVIERUNG IM BESTAND
Badgröße: **14 m²**
Badnutzer: **Ehepaar**

VERARBEITETE PRODUKTE
Armaturen:	Dornbracht
Waschtisch:	Alape
Whirlpool:	Duravit
Dampfgenerator und Steuerungsmodul:	effegibi
Dampfdusche:	Eigenplanung
App-Steuerung:	Control4

VERARBEITETE MATERIALIEN
Feinsteinzeug, Mineralwerkstoff, atmungsaktive Naturfarbe, Glas

▲ Designarmatur und digitale Steuerung für die Whirlwanne.

▼ Die Dampfdusche mit Regenhimmel und Sitzbank findet Platz im hinteren Bereich des Bads.

Neue Materialien in der Badgestaltung

In den wenigsten Räumen erlebt der Nutzer so unmittelbar die verbauten Materialien wie im Bad. Weder Schuhwerk noch schützende Kleider trennen die Sinnesorgane von den Oberflächen und trüben den entsprechenden Sinneseindruck. Ganz nackt werden die verschiedensten Materialien unmittelbar gespürt, gehört, gerochen und sprichwörtlich begriffen. Unabhängig von der optischen Erscheinung ergeben sich hierbei elementare, fühlbare Unterschiede. Daher sollte der Auswahl des geeigneten oder bevorzugten Materials eine entsprechende Gewichtung beigemessen werden. Rein visuell geprägte Entscheidungen laufen dabei schnell Gefahr, dass später im realisierten Zustand unangenehme Überraschungen das vermeintlich gelungene Erscheinungsbild trüben. Was nützt es, wenn der wunderschöne Naturstein als zu kalt empfunden wird oder die fugenlose Fläche zu rutschig ist. Eine Materialauswahl mit allen Sinnen anhand von echten Musterstücken ist durch kein auch noch so gutes Bild oder eine 3-D-Visualisierung zu ersetzen.

Optik versus Funktion

Eine Vielzahl an neuen Werkstoffen ist in jüngster Zeit auf den Markt gekommen, die auf verblüffend gute oder gar perfekte Weise andere Materialien imitieren. Speziell in der Badgestaltung ist das ein großer Zugewinn an Gestaltungsfreiheit. Die neue Generation der Imitationen oder Verbundwerkstoffe zitiert inzwischen nicht nur das reine Bild, sondern stellt wie bei den Schichtstoffen auch die Haptik nach. Daher ist es selbst für Fachleute schwer geworden, im fertig verbauten Zustand zu erkennen, ob es sich um echtes Holz, echten Marmor oder Stein handelt. Die Vorteile dieser Imitationen sind dabei Wasserfestigkeit, Haltbarkeit in Verbindung mit Reinigungsfähigkeit bis hin zur Ressourceneffizienz. Allerdings gilt auch hier, sich nicht nur von der perfekten Optik in Bann ziehen zu lassen, sondern kritisch zu hinterfragen, was denn im Falle eines Kratzers den Unterschied zwischen einem Schichtstoff und einer massiven Materialität ausmacht.

Materialklassiker

Naturstein, keramische Fliesen, Glas, Email und Metall sind bewährte Klassiker, die nach wie vor häufig im Bad eingesetzt werden. Es gibt aber auch eine ganze Reihe von „Newcomern", die sich in den letzten Jahren ihren Platz erobert haben, dazu zählen unter anderem Mineralwerkstoff oder Beton. Holz, Kalk- oder Lehmputz sind dagegen uralte Baustoffe. Diese werden aktuell in vielen Bereichen wieder neu entdeckt und teils mit innovativen Optimierungen wie der Hydrophobierung zu praktikablen Oberflächen, deren Ursprünglichkeit und Natürlichkeit geschätzt wird. In Kombination mit modernen, oft digitalen Verfahrenstechnologien lassen sich aus vielen dieser altbekannten und bewährten Baustoffe ganz neue Optiken und Oberflächen herausarbeiten. Glas, das per Laser im Inneren strukturiert wird, Naturstein mit komplexen Reliefs oder Fliesen mit funktionalen Beschichtungen zeigen deutlich, dass die altbekannten Klassiker noch viel zu bieten haben.

Materialtrends

Der erfolgte Funktionswandel im Bad von der Nasszelle hin zum Wohlfühlraum ist auch an den eingesetzten Materialien und Oberflächen nachvollziehbar. Wurde früher die Nasszelle in den meisten Fällen noch bis unter die Decke gefliest, ist heute ein deutlich differenzierter Einsatz verschiedenster Baumaterialien gefragt. Der Materialwandel geht dabei so weit, dass in nicht wenigen modernen Bädern inzwischen gar keine klassischen Fliesen mehr zum Einsatz kommen. Neue Beschichtungen und leistungsfähige Kunststoffe gewähren die notwendige Wasserfestigkeit. Aktuellste Trends werden sich ebenfalls an den eingesetzten Materialien ablesen lassen oder werden durch neue Entwicklungen in dem Bereich überhaupt erst möglich. Das offene, in den Wohn- oder Schlafraum nahtlos übergehende Bad zeigt das bereits mit wasserfesten Textilien oder Glasscheiben, deren Transparenz sich auf Knopfdruck steuern lässt.

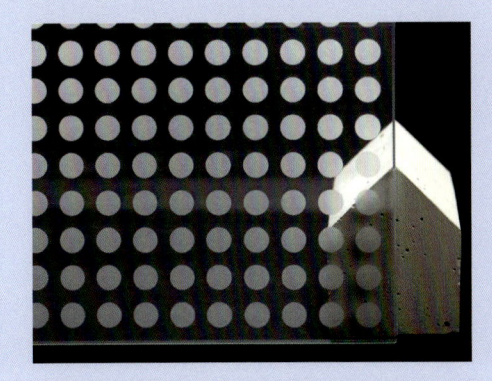

Glas, Duschabtrennung
Optik mit Funktion kombiniert

Glasscheiben lassen sich mit keramischen Farben inzwischen auch digital bedrucken. Zusätzlich zu der bewährten, hohen Kratzfestigkeit können diese Einfärbungen auch mit funktionalen Aspekten wie einer rutschhemmenden Oberfläche eingesetzt werden.

Material: ESG Floatglas 4 mm – mit rutschhemmendem Siebdruck
Firma: www.glas-bach.de

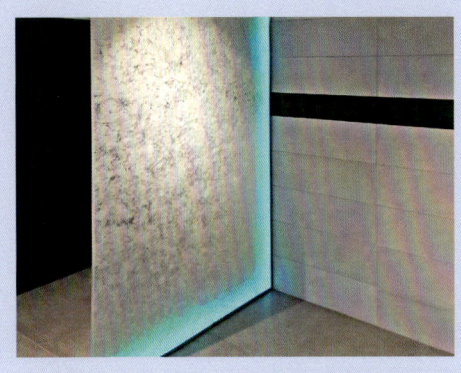

Designglas

Hergestellt werden die transluzenten Gläser aus Glas-Industrieabfällen. Der optische Reiz wird erzielt, indem die Strukturen der verschiedenen Schichten an Glasscherben sichtbar bleiben. Besonders gut kommt der Effekt doppelseitig poliert und in der hinterleuchteten Anwendung als Duschtrennwand, Raumtrenner oder freistehendes Gestaltungselement innen wie außen zur Geltung.

Material: Glaskeramik – Ice Nugget
Firma: www.magna-glaskeramik.com

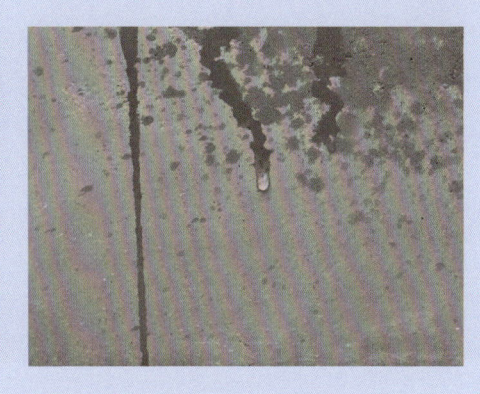

Wand, Farbe
Fugenlose Wände

Spezielle Rezepturen und Verarbeitungstechniken machen Kalkputz oder Kalkmarmorputz immun gegen Feuchtigkeit. Mit der „Senza"-Technik sind fugenlose Wandbeschichtungen selbst im Nassbereich realisierbar.

Material: wand06 senza
Firma: www.farbrat.de

Designglas

Das geätzte Design wird beidseitig auf Weißglas aufgebracht und sorgt für eine interessante Optik mit überraschender Tiefenwirkung.

Material: Strip maté double face – auf Weißglas, 8 mm
Firma: www.glas-bach.de

Lack-Acryl-Glas

Das Lack-Acryl-Glas weist eine hochwertige Oberfläche in Glasoptik aus. Das nur 2 mm dünne Plattenmaterial ist äußerst stoß-, bruch- und kratzfest und in fünf Farben erhältlich – mit besonderer Tiefenwirkung und maximalem Glanzgrad. Anders als Echtglas lassen sich die Oberflächen bohren, sie besitzen ein geringes Gewicht und sind leicht zu reinigen und zu pflegen.

Material: senosan TopX Acryl Glass
Firma: www.senoplast.com

Farbharmonie

Diese hochwertige, samtmatte und farbintensive Innenfarbe auf mineralischer Basis wird nach den Tönen der Farbklaviaturen des Meisters Le Corbusier gefertigt. Zusätzlich zu den Farben gibt es auch entsprechende Fliesen, Schalterserien bis hin zum Teppichboden.

Material: poLyChro-intérieur
Firma: www.jung.de, www.keim.com, www.anker.eu etc.

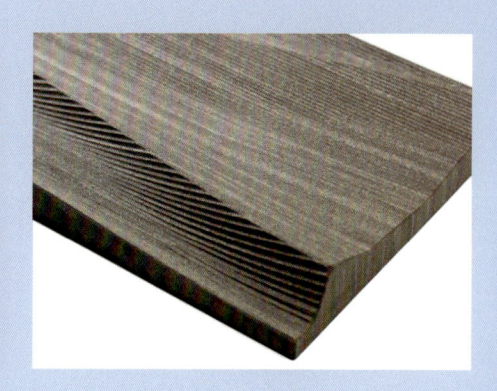

Fliesen, Bodenbelag

Lässt unangenehme Gerüche verschwinden

Fliesen mit einer HYDROTECT-Oberfläche, eine aus Japan kommende Technologie, erzielen eine antibakterielle Wirkung, indem Bakterien zersetzt werden, sobald sie mit den Platten in Kontakt geraten. Sauerstoffoxide (NOx) werden anhand der Reinigungswirkung neutralisiert, und unangenehme Gerüche verschwinden.

Material: LAMINAM
Firma: www.klöpfer.de

XXXL-Format

Nicht nur bei der Sanierung ist die ungewöhnliche Materialstärke von nur 3 oder 5 mm ein echter Vorteil. Die Keramiktafeln sind leicht und kratzfest und können für Boden, Wand und Decke eingesetzt werden. Aufgrund der extrem großen Abmessungen im Standardformat 1 x 3 m ergeben sich bei der Verlegung entsprechend wenig Fugen.

Material: LAMINAM
Firma: www.klöpfer.de

Naturstein mit 3-D-Oberfläche

Der besondere Charakter der Natursteine wird durch dreidimensionale Oberflächenbearbeitung hervorgehoben. Mit feinen Rillen, Bergen und Tälern, Rauten, Wellen und Rundungen entstehen Reliefs, welche sich durch entsprechende Licht- und Schattenspiele verstärken lassen. Nicht nur visuell, sondern auch haptisch können die 3-D-Steine punkten. Durch ein weiteres Verfahren, das Bürsten, erhält die Oberfläche eine samtweiche Haptik.

Material: Naturstein Wenge mit 3-D-Oberfläche
Firma: www.winzer-natursteine.de

Manufakturfliesen

Eine Vielzahl exklusiver Designs, die nach historischem Vorbild gefertigt werden, steht bei dem Fliesenprogramm zur Wahl. Es werden aber auch Sonderanfertigungen produziert, die in Farbe, Form und Struktur je nach Anforderung individuell angepasst und kombiniert werden können.

Material: Zahna-Fliesen GmbH
Firma: www.zahna-fliesen.eu

Anti-Rutsch-Oberfläche

Das gewebte Vinylprodukt mit textiler Anmutung ist 100 % wasserfest, äußerst resistent, robust, verschleißfest und einfach in der Handhabung sowie der Verlegung. Die Elastizität und die akustische Isolierung werden kombiniert mit einem hohen Unterfußkomfort.

Material: FLOOVER WOVEN
Firma: www.floover.com

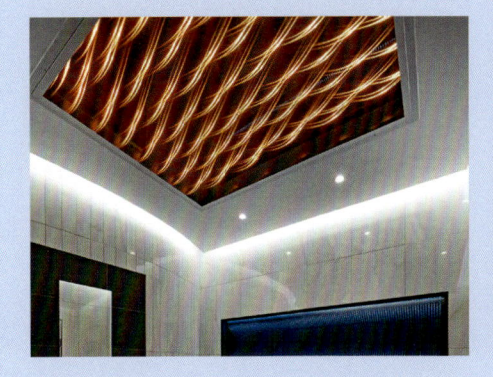

Innenausbau
Dreidimensionale Lichtstrukturen

Mit diesem Spezialgewebe aus PET lassen sich bemerkenswerte Effekte in Kombination mit LED-Beleuchtung erzielen. Bei einer Bautiefe von nur 5 cm scheinen die linearen Lichtstrukturen im deutlich tiefer wahrgenommenen Raum zu schweben.

Material: ETTLIN lux Decolux
Firma: www.ettlin-smartmaterials.de

Echtsteinfurniere für Sauna und Dampfbad

So entspannend und wohltuend Sauna, Dampfbäder und Nebelsaunen für Körper und Seele auch sind, für das Auge bieten sie selten eine Abwechslung. Denn an die Oberflächen werden hohe Anforderungen gestellt, die nur wenige Materialien erfüllen können – die Dünnschiefer-Echtstein-Saunaplatte meistert diese jedoch mit Bravur.

Material: Saunaboard / Wetboards mit Dünnschiefer
Firma: www.jgrabner.at   www.deroppitz.at

Vollautomatisches Grün

Das modulare Baukastensystem setzt sich aus einem einzigen Standardrahmen, der fünf Einzelbehälter aufnimmt, zusammen und kann beliebig erweitert werden. Die echten Grünpflanzen verbessern die Akustik, regulieren das Raumklima und absorbieren Schall und Kohlenstoffdioxid. Mit der vollautomatisch gesteuerten Bewässerung ist die Pflege kein Problem mehr.

Material: Bin Fen Green Wall System
Firma: www.beiermeister.de

materialWELT

Als Inhaber und Gründer der Materialagentur raumPROBE ist Dipl.-Ing. (FH) Hannes Bäuerle kontinuierlich mit der „Materialbrille" unterwegs. Mit der materialAUSSTELLUNG in Stuttgart, die umfangreichste ihrer Art, und der digitalen materialDATENBANK werden Architekten und Planern umfangreiche Informationen und jede Menge Inspiration geboten.
www.raumprobe.de

Blick in die Materialagentur raumPROBE

Materialexperte Dipl.-Ing. (FH) Hannes Bäuerle

Raum für kleine Fluchten

Ein Badezimmer ist längst nicht mehr nur zum Reinigen da. Heutzutage wünscht man sich ein Wohnbad zum Zurückziehen und für entspannende Momente. Kleine Fluchten aus dem Alltag, nach denen sich auch das Ehepaar sehnte und in der Badplanerin die perfekte Unterstützerin für seine Vision eines gemütlichen Wohnbads fand.

Um den 17 m² großen Raum ganz im Sinne des Paars gemütlich zu gestalten, galt es, den Raum in kleinere Bereiche zu gliedern und somit behagliche Rückzugszonen zu kreieren. Dazu arbeitete die Badplanerin mit gekonnt platzierten Trennwänden. So teilte sie einen kleineren hinteren Bereich für das Privatsphäre fordernde WC ab und separierte durch eine zweite Wand Badewanne und Dusche voneinander. Durchgehende großformatige Fliesen aus hellem Feinsteinzeug und in gleichem Farbton gestrichene Wände schaffen eine Verbindung zwischen den einzelnen Teilbereichen. Kleine Farbtupfer sorgen – gekonnt platziert – für Highlights im Raum. So heben sich zum einen die mit hochwertigen dunklen Naturstein- platten gefliese Dusche und zum anderen die mit buntem floralen Muster herausstechende Tapete an einer Wand im WC wohltuend kontrastierend voneinander ab.

Ein kluges Lichtkonzept unterstreicht die Komposition im Raum. Sowohl über dem Waschtisch als auch über der Badewanne sorgen abgehängte Deckenteile mit indirekten LEDs und integrierten Strahlern für eine perfekte Ausleuchtung. Deckenstrahler in der Dusche heben die marmorierte Maserung des Steins hervor, und eine hinterleuchtete Nische zwischen Dusche und Badewanne spendet zusätzlichen gemütlichen Lichtschein für die entspannten Badestunden.

▼ Deckenstrahler in Kombination mit indirekter Beleuchtung an der Decke und in der Wand.

▶ Textilien im Bad: Gardine und Ledertasche für Schmutzwäsche sorgen für Wohnlichkeit.

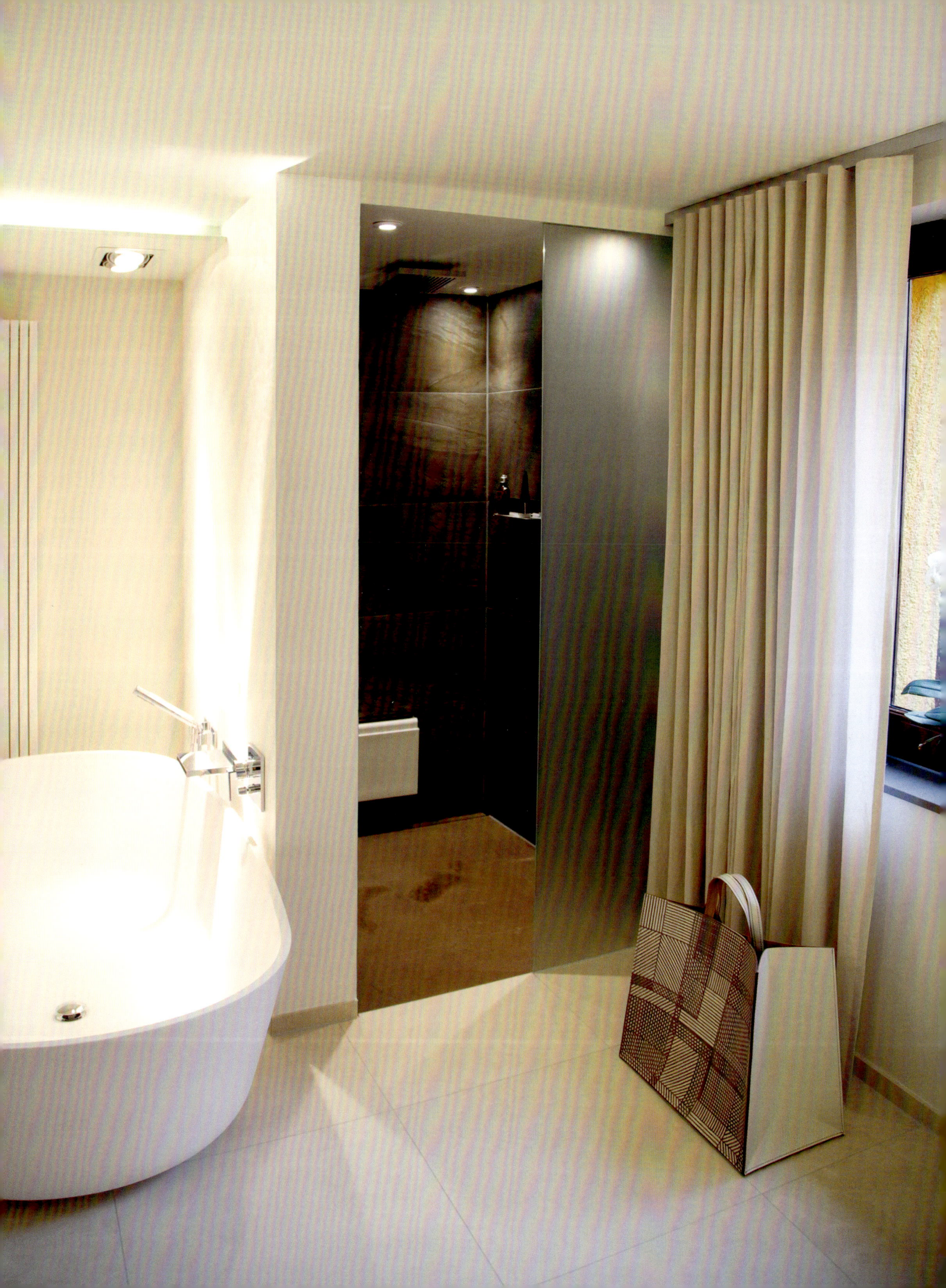

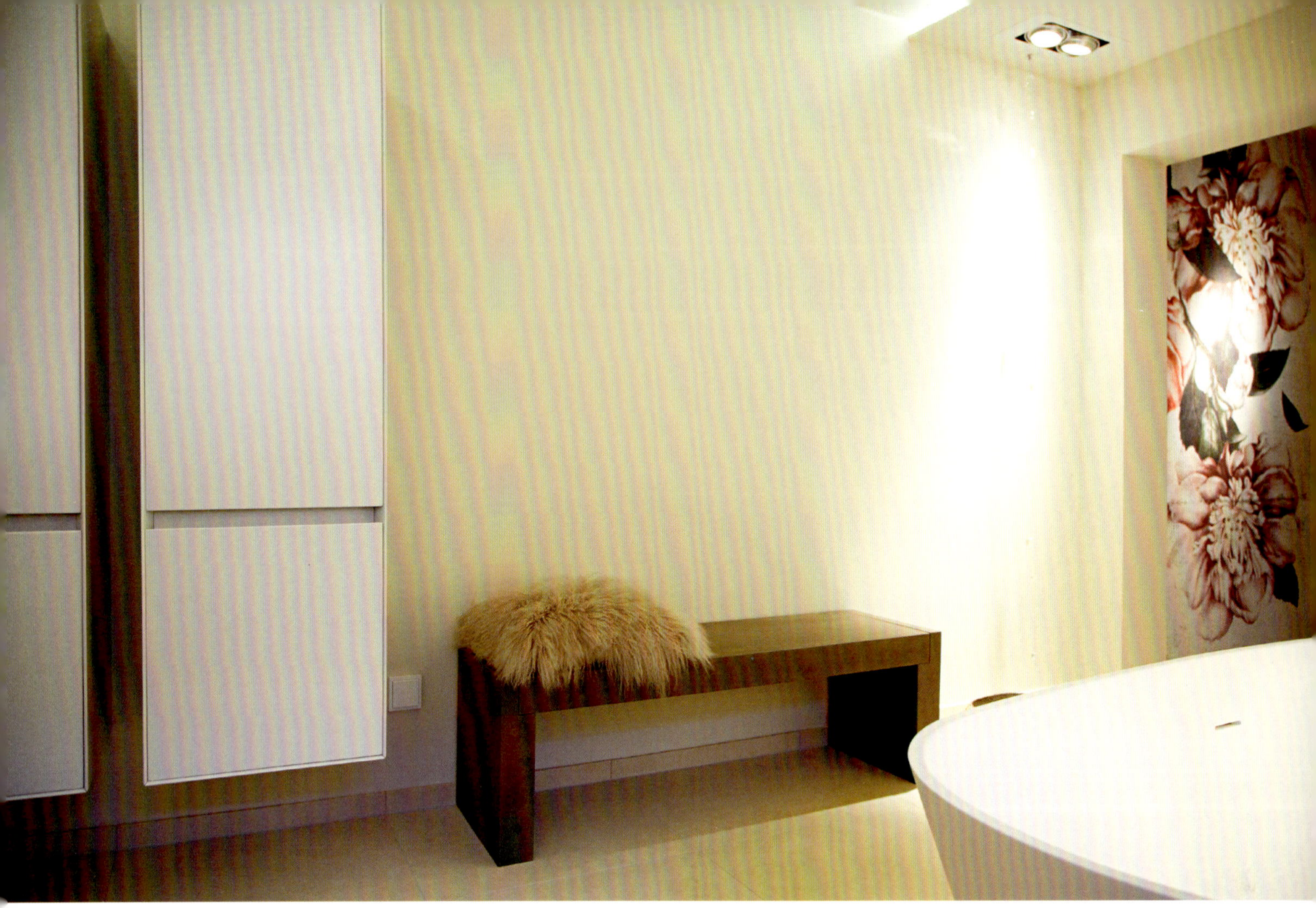
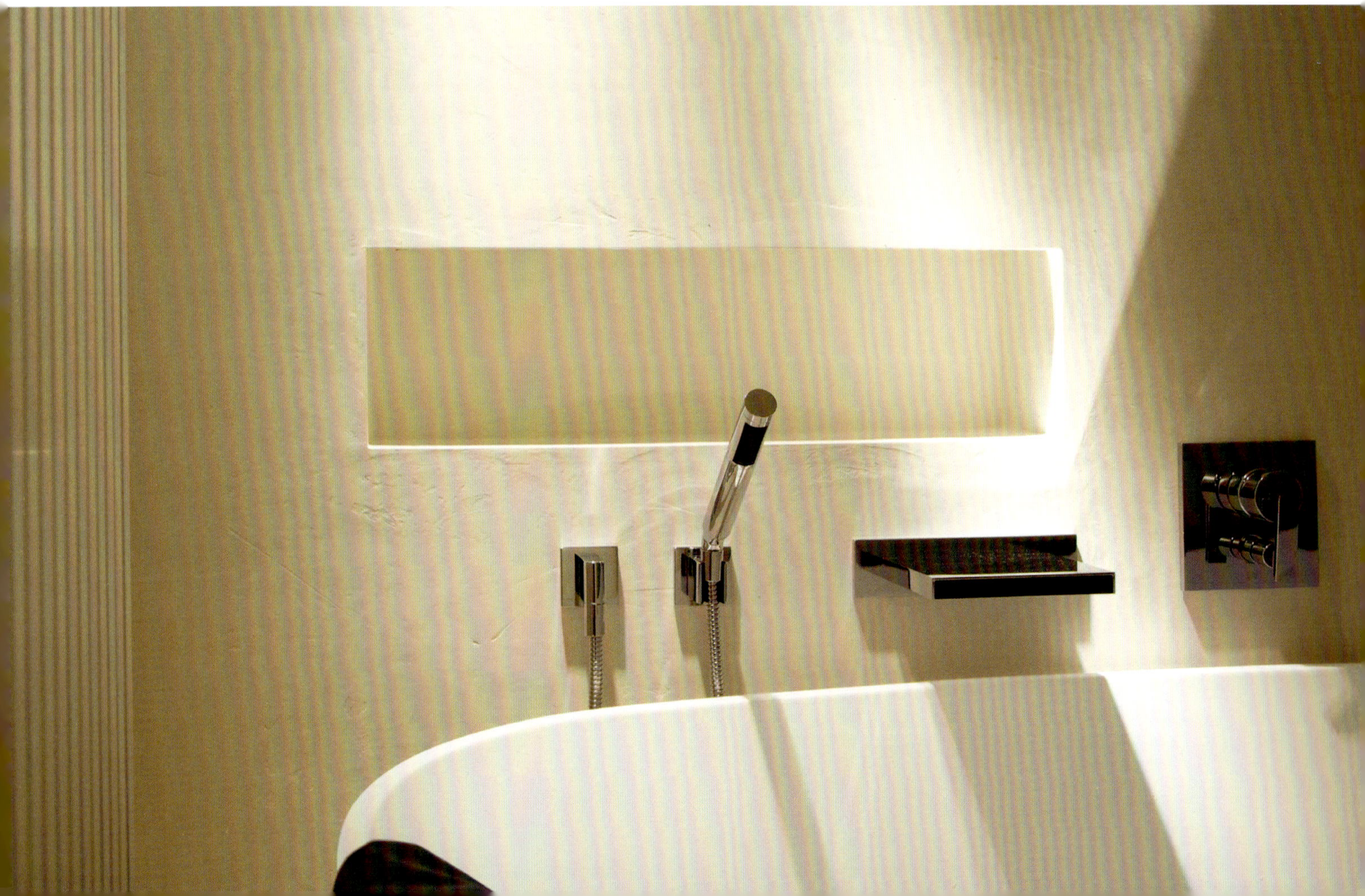

RENOVIERUNG IM BESTAND
Badgröße: **17 m²**
Badnutzer: **Paar**

VERARBEITETE PRODUKTE

Armaturen:	Dornbracht
Dusch-WC:	Geberit
Steinplatte Dusche und Bank:	Pibamarmi
Waschtisch/Möbel:	antoniolupi
Accessoires:	Dornbracht
Tapete:	Wall & decò

VERARBEITETE MATERIALIEN
Feinsteinzeug, Naturstein, Tapete

Kosten	ca. 75.000 Euro

▲ Das Regal, an der Frontseite mit einem Spiegel besetzt, ist nur vom Rauminneren als solches zu erkennen.

▼ Pure Wohnlichkeit.
◄ Die klaren und schnörkellosen Designarmaturen verstehen sich ideal mit dem warm-weich wirkenden Mineralwerkstoff der Wanne und des Waschtischs.

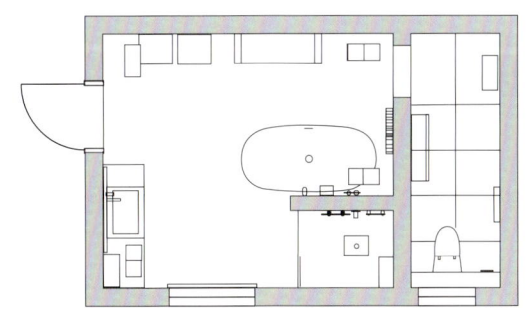

Grundriss, Maßstab 1:100

Die erfahrene Badplanerin begeisterte das Paar auch mit der Auswahl an hochwertiger Ausstattung. Die ovale Badewanne aus mattem weißen Mineralwerkstoff wirkt edel und einladend. Sie ist so geschickt platziert, dass sie frei im Raum steht und dennoch von der Wand aus per Schwallauslauf und zusätzlicher Handbrause mit Wasser befüllt werden kann. Die Dusche verfügt über eine klappbare Sitzgelegenheit, eine Überkopfarmatur als Regenbrause sowie eine separate Handbrause und ermöglicht so ein herrlich entspanntes Duschvergnügen. Die Ausstattung am Waschplatz steht dem in nichts nach. Das Paar entschied sich für ein Einzelwaschbecken, welches hier ebenfalls aus Mineralguss für eine stilvolle Optik sorgt und durch die Oberflächenbeschaffenheit eine angenehme Haptik hat. Im hochwertigen Spiegel über dem Waschtisch sind das Gesicht optimal ausleuchtendes Licht und ein Vergrößerungsspiegel integriert.

Wichtig für ein Wohlfühlbad ist ausreichender Stauraum, weil herumliegende Sachen, Tuben und Tiegel das Bad schnell unruhig wirken lassen und das angenehme Raumgefühl zerstören können. Dezent sorgte die Badplanerin mit dem Waschtischunterschrank und weiteren Schränken neben Eingang und Waschtisch für entsprechende Lösungen. Eine kleine Attraktion in puncto verstecktem Stauraum schaffte die Badplanerin im hinteren Teil des Bads. Der mannshohe Spiegel, auf den man beim Eintritt ins WC blickt, verfügt auf seiner Rückseite über integrierte Regalbretter. An den Seiten offen, kann der Inhalt des Regals nur gesehen und entnommen werden, wenn man direkt danebensteht.

Ein Wohlfühlbad benötigt auch eine Sitzmöglichkeit, fand das Ehepaar. Diese realisierte die Badplanerin mit einer geschmackvollen dunklen Steinbank, die mit Schafsfellauflage zu einem kuscheligen Ort für eine Unterhaltung wird, während der andere badet oder sich stylt. Zu guter Letzt sorgt ein Heizkörper in Lammellenoptik an der Wand neben der Badewanne für wohlige Wärme, Geborgenheit und – zum Entzücken des Ehepaars – für angewärmte Handtücher.

Schlichte Eleganz

Klare Linien, gedeckte Farben, zeitlose Modernität und hochwertige Materialien kennzeichnen dieses Bad einer Villa aus den 50er-Jahren. Auf 21 m² hatte die Badplanerin hier die Möglichkeit, den Kundenwünschen gerecht zu werden. Entstanden ist ein wirklich außergewöhnliches Bad mit klaren Linien und puristischem Design.

Im Rahmen der Totalsanierung seiner Villa holte sich das Ehepaar mittleren Alters eine umfassende Beratung und Planung aller Räumlichkeiten ein. Die Aufgabenstellung an die Badplanerin war, ein modernes und hochwertiges Bad mit einer eindeutigen Raumaufteilung und unter Verwendung von Materialien, die gerne „unüblich" sein dürfen, zu schaffen.

Der Bauherr, als Manager beruflich sehr eingespannt, nutzt das Bad vor allem für die tägliche Körperpflege. Das muss relativ schnell gehen, da muss alles an seinem Platz sein, schnell und leicht nutzbar, da braucht es nicht viel Schnickschnack. Nur ab und zu nutzt er das Bad zum Relaxen. Während die Bauherrin, im besten Sinne für das Haus zuständig, viel Wert auf eine angenehme Atmosphäre im Bad legt. Es muss auch schon mal die schnelle Morgentoilette sein, aber lieber lässt sie sich Zeit im Bad und nutzt ein ausgiebiges Duschbad oder ein pflegendes Wannenbad, um runterzufahren oder sich wieder fit für neue Herausforderungen zu machen. Beide bevorzugen einen eher puristischen Einrichtungsstil.

Durch den Komplettumbau des Hauses konnte ein ehemaliger Wohnraum direkt gegenüber dem Schlafzimmer zum neuen Badezimmer werden.

Der Waschplatz bietet großzügigen Platz für zwei Personen und besticht durch ein natürliches und ausgefallenes Design. Als Material für das Waschbecken kommt Naturstein zum Einsatz. In Kombination mit dem vom Schreiner angefertigten Waschtischunterschrank und den Edelstahlarmaturen wirkt der Waschplatz harmonisch und elegant. Die glatte Naturholzfront des Waschtischs wird für den Stauraum neben der Dusche wieder aufgegriffen. Erst auf den zweiten Blick erkennt man, dass es sich hier um einen Schrank handelt.

Viel Platz für ungestörten Duschgenuss bietet die großzügige Dusche mit Überkopf- und Handbrause. Eine Echtglasduschabtrennung, die ebenfalls ohne Griffe auskommt, sorgt für maximale Transparenz und der neben der Dusche angebrachte Heizkörper mit angewärmten Handtüchern für die gewünschte Behaglichkeit.

Ein einladender Relax-Wannenbereich mit breiter Ablagefläche unter der Dachschräge bietet viel Platz zum Entspannen. Als Badewanne wurde hier eine Wanne aus Stahl/Email gewählt. Das Material glänzt durch seine kühle, edle Optik und fügt sich damit perfekt in das Raumgefühl dieses Badezimmers ein. Direkt unter dem tiefen Dachfenster gelegen, haben die Bewohner beim Wannenbad freien Blick auf den Himmel. Vielleicht wird nun auch der Hausherr häufiger das Bad zum Entspannen nutzen.

RENOVIERUNG IM ZUGE EINER KOMPLETTSANIERUNG EINER VILLA
Badgröße: **21 m²**
Badnutzer: **Paar**

VERARBEITETE PRODUKTE
Badewanne: Bette
Armaturen: Vola Edelstahl
Duschrinne: Dallmer
Heizkörper: Caleido
Beleuchtung: Glashütte Limburg/DeltaLight
Accessoires: CLOU, Edelstahl

VERARBEITETE MATERIALIEN
Fliesen: Mutina
Wandputz, Ablage Badewanne: Volimea/Percamo
Wandfarbe: KEIM
Waschbecken: Anfertigung Pibamarmi
Schränke: Maßanfertigung vom Schreiner

◀ Die Holzfläche neben der Wanne ist erst auf den zweiten Blick als Schrank erkennbar.

▶ Nische unter der Schräge optimal als Waschplatz genutzt.

Grundriss, Maßstab 1:100

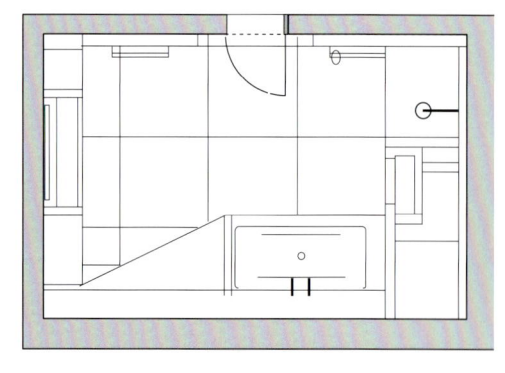

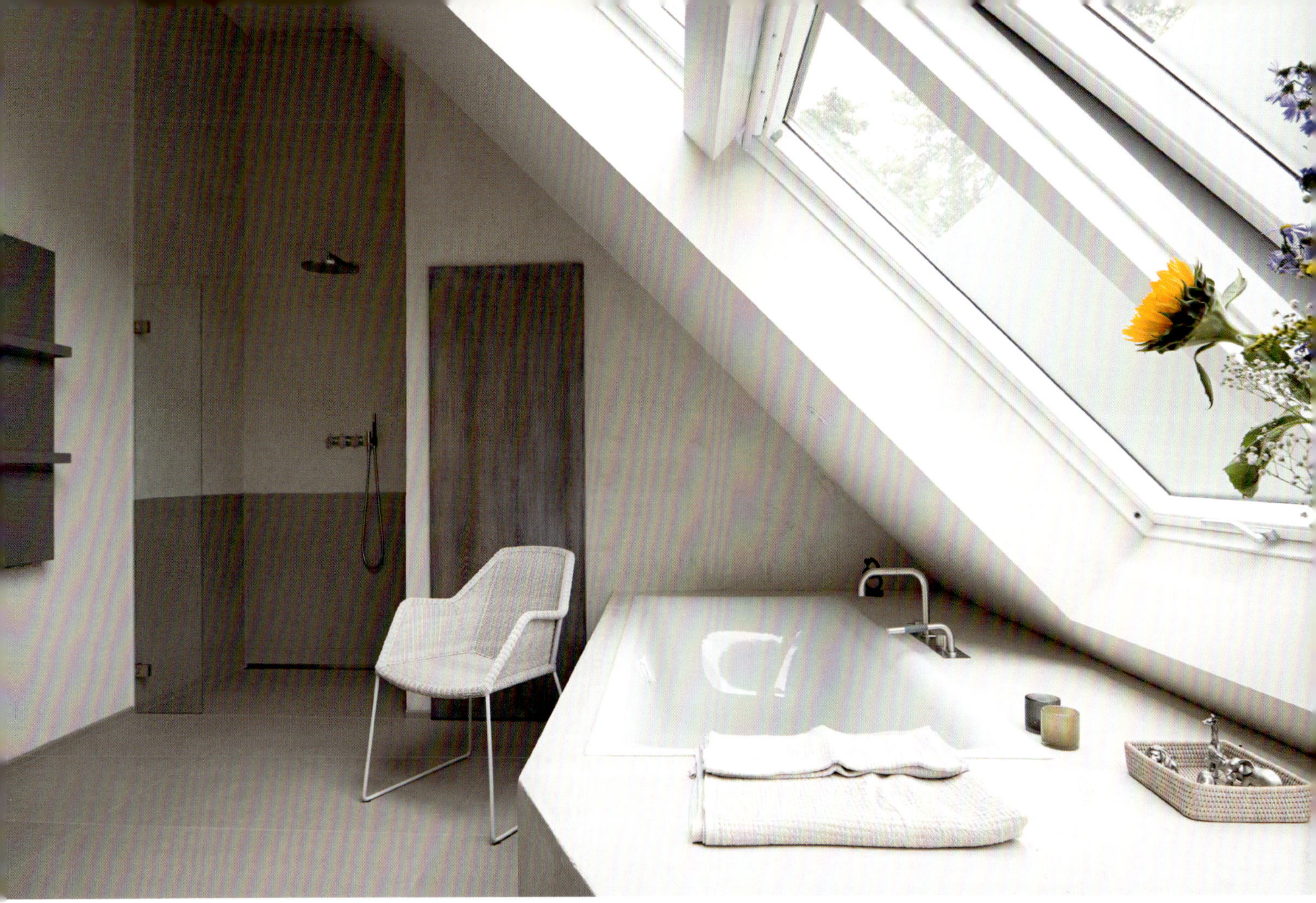

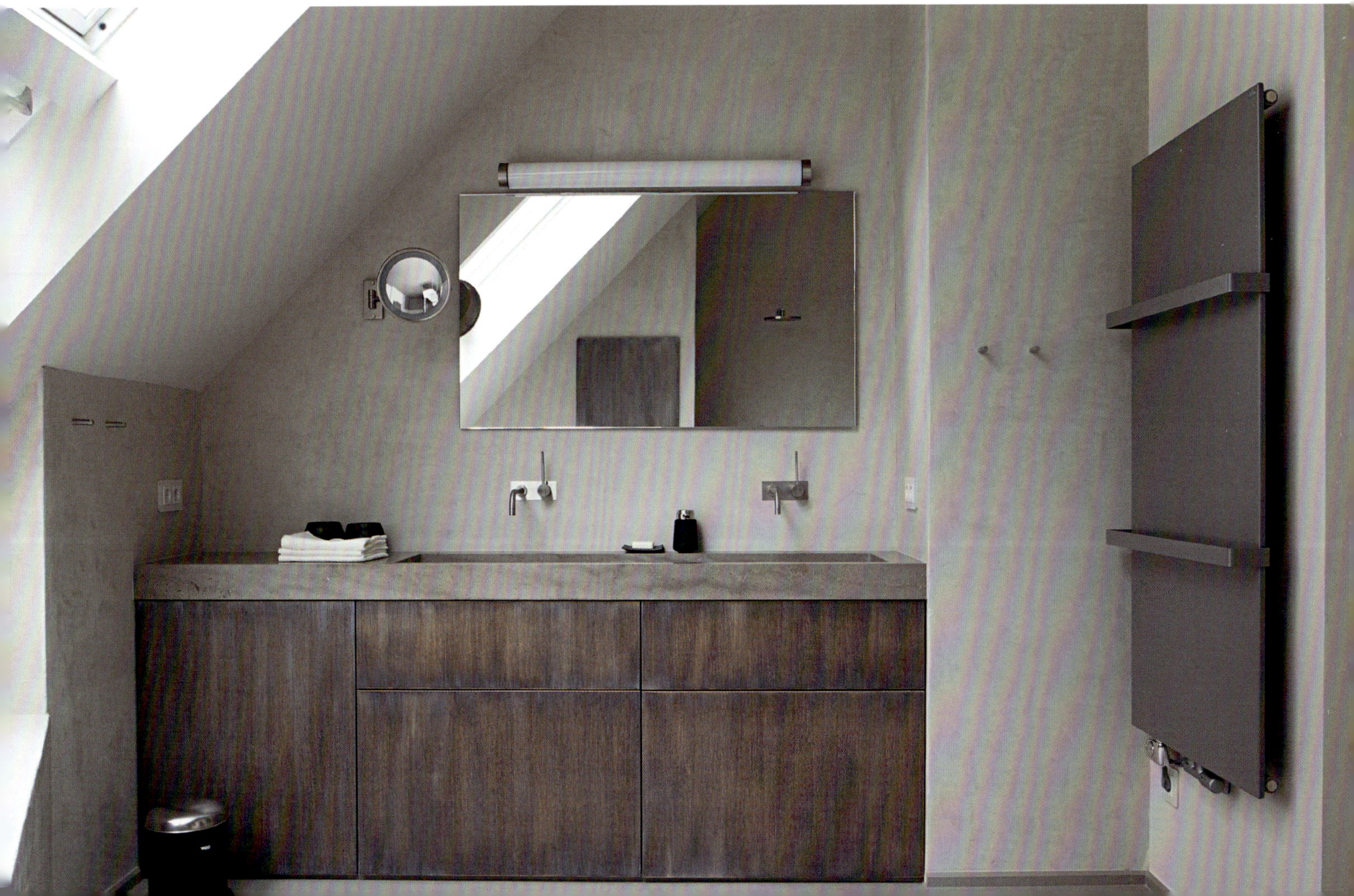

Landhaus-Charme trifft Moderne

So recht traute sich die Familie nicht an die Modernisierung ihres alten Bads. Eigentlich hätten sie gerne eine komfortablere Ausstattung gehabt. Aber einfach das alte raus und ein modernes Bad rein? Das hätte nicht zum Charme des kleinen Landhauses gepasst, in dem sie so gerne leben.

Schließlich fanden sie in der Badplanerin eine erfahrene Gestalterin, die auch für solche Wünsche ein offenes Ohr hat und eine durchdachte Lösung findet. Das Ehepaar mit Kind legte die Renovierung des 19 m² großen Badezimmers vertrauensvoll in die Hände der Badplanerin mit der Bitte, dem Raum einen gekonnten modernen Einschlag zu verleihen, ohne ihm seinen besonderen Charme zu nehmen.

Die Badplanerin bewies, dass sie das in sie gesetzte Vertrauen verdiente. Sie nutzte auf Wunsch die vorhandenen alten Holzschränke und kombinierte sie mit Naturstein als Basis für ihre Planung. Der dadurch erzielte Look trifft den Geschmack der Bewohner und passt perfekt zu dem restlichen Stil des Einfamilienhauses. Um den rustikalen Charme der Kiefernholzmöbel, Fensterrahmen und Türen ästhetisch hervorzuheben, verwendete die Badplanerin lebendig wirkenden beigefarbenen Naturstein mit fossiler Prägung für Boden, Duschbereich, Waschplatz und hinter dem WC/Bidet. Die auf die Natursteinplatte aufgesetzte Waschschale aus dunklem Naturstein unterstreicht den ländlichen Stil ebenso wie die darunter positionierten Körbe aus Strohgeflecht, die als Stauraum für diverse Utensilien dienen.

Modernen Glanz dagegen erhält das Badezimmer durch die Glastüren von Dusche und Sauna, die dem Raum eine offene Atmosphäre verleihen. Beinahe dominant zu den vorherrschenden Brauntönen des Bads wirkt das Weiß der Wände und der Badewanne aus mattem Mineralwerkstoff. Mithilfe einer speziellen Putz-/Malertechnik entstand hinter der Badewanne eine grau-braune, zart floral wirkende Musterung, die die zentrale Positionierung der modern, aber verspielt geformten Wanne optisch unterstützt. Der Duschbereich verfügt über die gewünschte topmoderne und maximalen Komfort bietende Ausstattung: Überkopfbrause, Schwallauslauf und Handbrause bringen höchstes Duschvergnügen für die ganze Familie.

Mit einem stimmigen Lichtkonzept konnte die Badplanerin die materiellen Besonderheiten der einzelnen Zonen hervorheben. Während der helle Schein der Strahler im Duschbereich die Wirkung des geprägten Natursteins zusätzlich hervorhebt, lässt die indirekte Beleuchtung der Sauna das Holz wärmer wirken und unterstützt damit den Wohlfühlfaktor.

RENOVIERUNG IM BESTAND
Badgröße: **19 m²**
Badnutzer: **Familie mit einem Kind**

VERARBEITETE PRODUKTE
Waschplatz und Möbel: antoniolupi
Sauna: Saunabau Arend
Armaturen: Dornbracht
Licht: Bernd Beisse

VERARBEITETE MATERIALIEN
Naturstein, Holz, Glas, Mineralwerkstoff

Grundriss, Maßstab 1:100

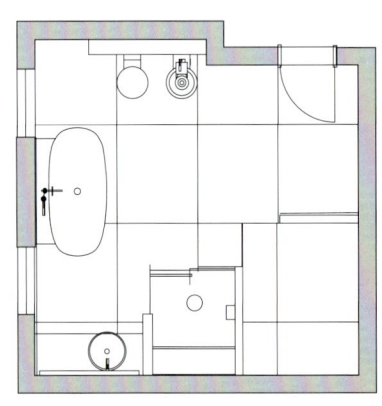

◀ Harmonische Materialwahl aus Holz, Glas, Mineralwerkstoff und Naturstein.

▶ **Links:** Entspannung pur in der gemütlichen Ecksauna mit stimmungsvollem indirekten Licht.
Rechts: Kiefernholzmöbel mit passender Deko unterstreichen den Charme des Landhauses.

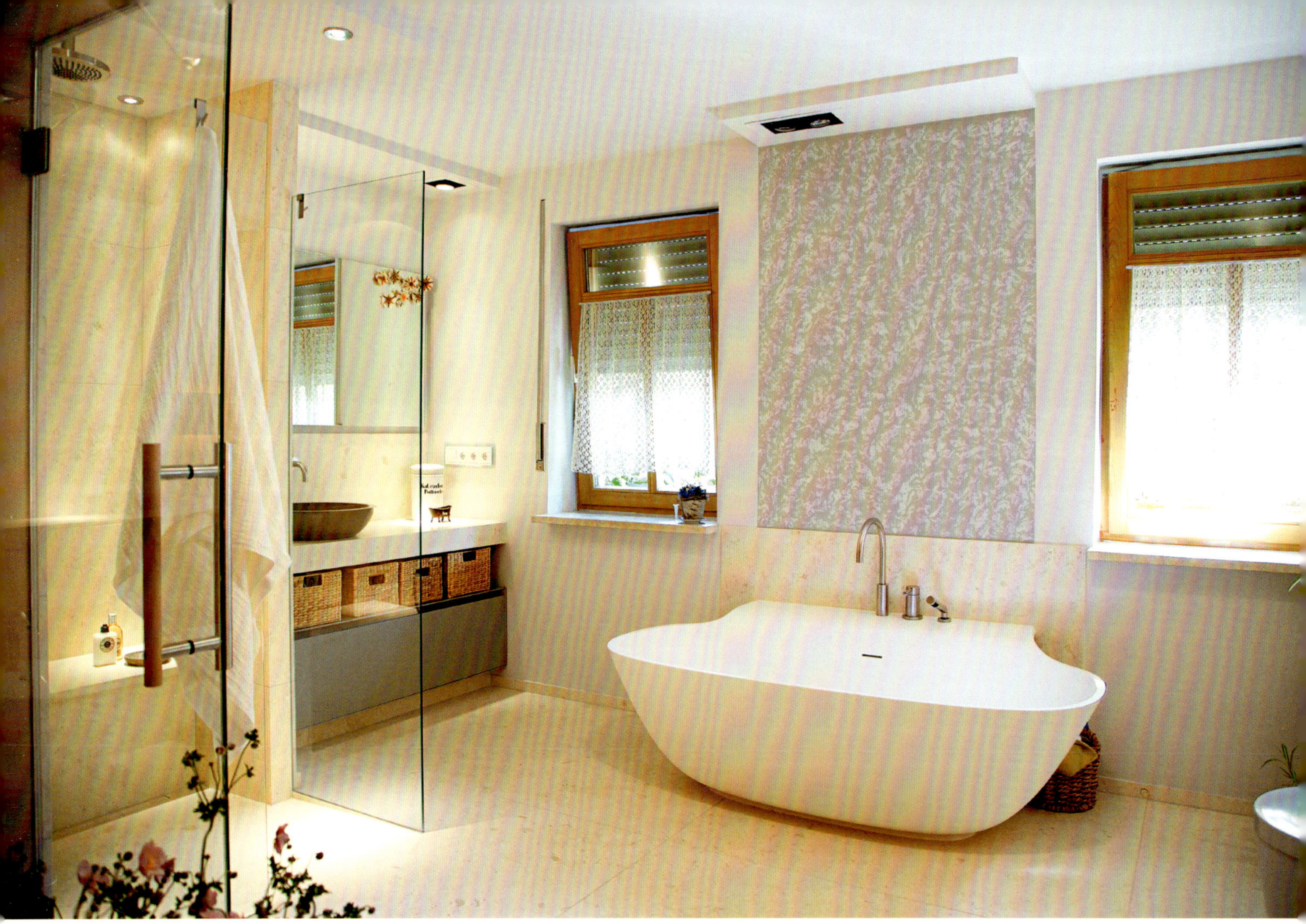

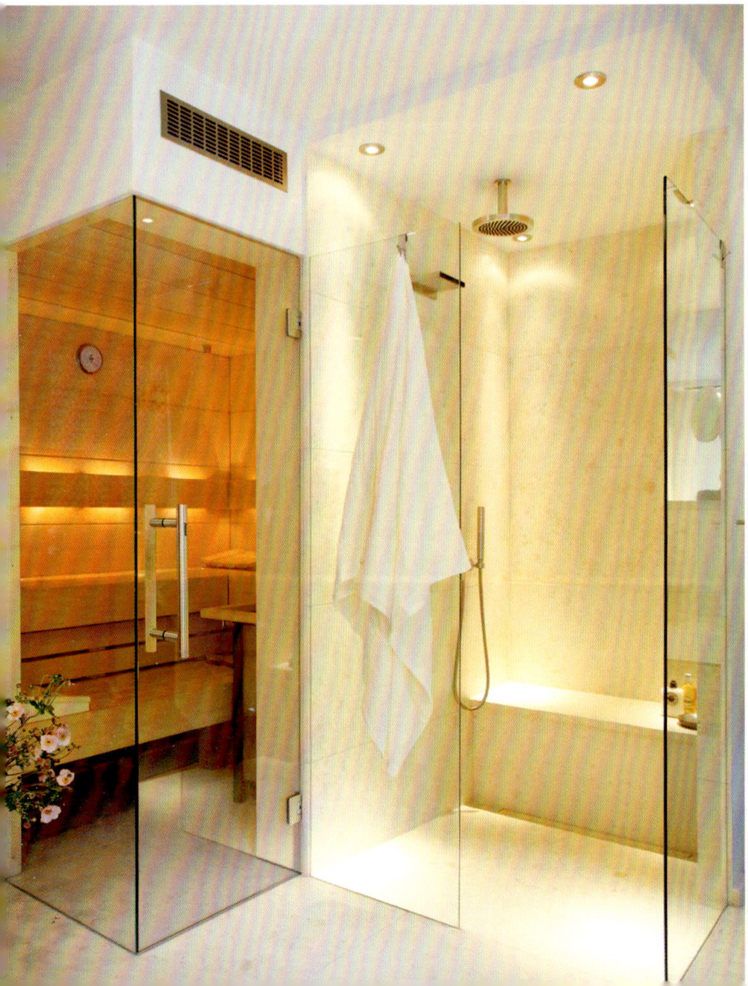

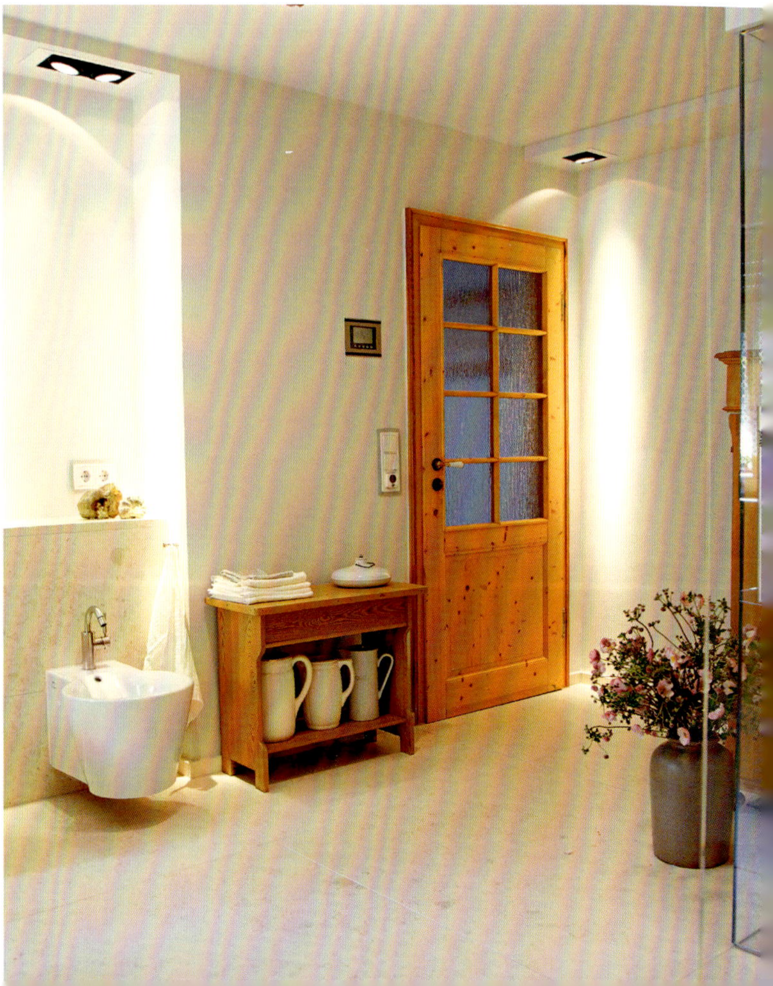

Ein Traum mit blauem Akzent

Das neue Heim sollte ein besonderes Badezimmer mit integrierter Sauna erhalten. Eine freistehende Wanne war gewünscht und vor allem: Langweilig sollte es nicht sein. Auch sollte die Lieblingsfarbe Blau Eingang finden. Mit diesen Wünschen kamen die Bauherren zu der Badplanerin.

Ein Blick auf den Grundriss machte schnell klar: Hier ist das Fingerspitzengefühl einer erfahrenen Planerin gefragt. Denn für das Badezimmer war bei der Planung des neuen Eigenheims ein zwar 18 m² großer, aber winkelförmiger Raum für das Bad vorgesehen. Er verfügt über zwei Eingänge, einen vom Ankleideraum aus und einen über den Flur. Diese Gegebenheit machte sich die Badplanerin zunutze und unterteilte auch die Badzonen den Eingängen entsprechend: in einen aktiven Bereich mit Dusche, Waschplatz und WC und in einen Relax-Bereich mit Sauna und Badewanne.

Die formschöne Badewanne fand ihren Platz unter dem Fenster vor einer Wand aus Feinsteinzeug-Fliesen in 3-D-Optik. Befüllt wird die Wanne über einen integrierten Wanneneinlauf am Überlauf der Badewanne. Die Handbrause wurde an der Wand neben der Wanne angebracht, sodass die Wanne trotz des begrenzten Raumangebots tatsächlich frei stehen kann. Eine beleuchtete Nische bietet Ablagefläche für Badeutensilien und gibt ein angenehmes Licht für ein ausgiebiges Schaumbad. Die moderne Sauna mit Glasfront und integrierter Beleuchtung, die sich ideal in den Raum einpasst, komplettiert die Relax-Zone dieses Bads.

Die großzügige bodengleiche Dusche mit Überkopf- und Handbrause ist mit großformatigen betongrauen Feinsteinzeug-Fliesen und den transparenten Echtglastrennwänden optisch reduziert gestaltet und kommt sehr edel und modern daher. Die Bodenfliese in Holzoptik, die im gesamten Raum eingesetzt wurde, ist auch bis in die Dusche durchgezogen. So gelang es der Badgestalterin, den gesamten Raum mit seinen verschiedenen Zonen zu vereinen und der Weite des Raums optisch durch die Dusche nichts zu nehmen.

▼ Jede Nische sinnvoll genutzt.

▶ Die halbhohe Installationswand mit Glasabschluss lässt Tageslicht in den Duschbereich.

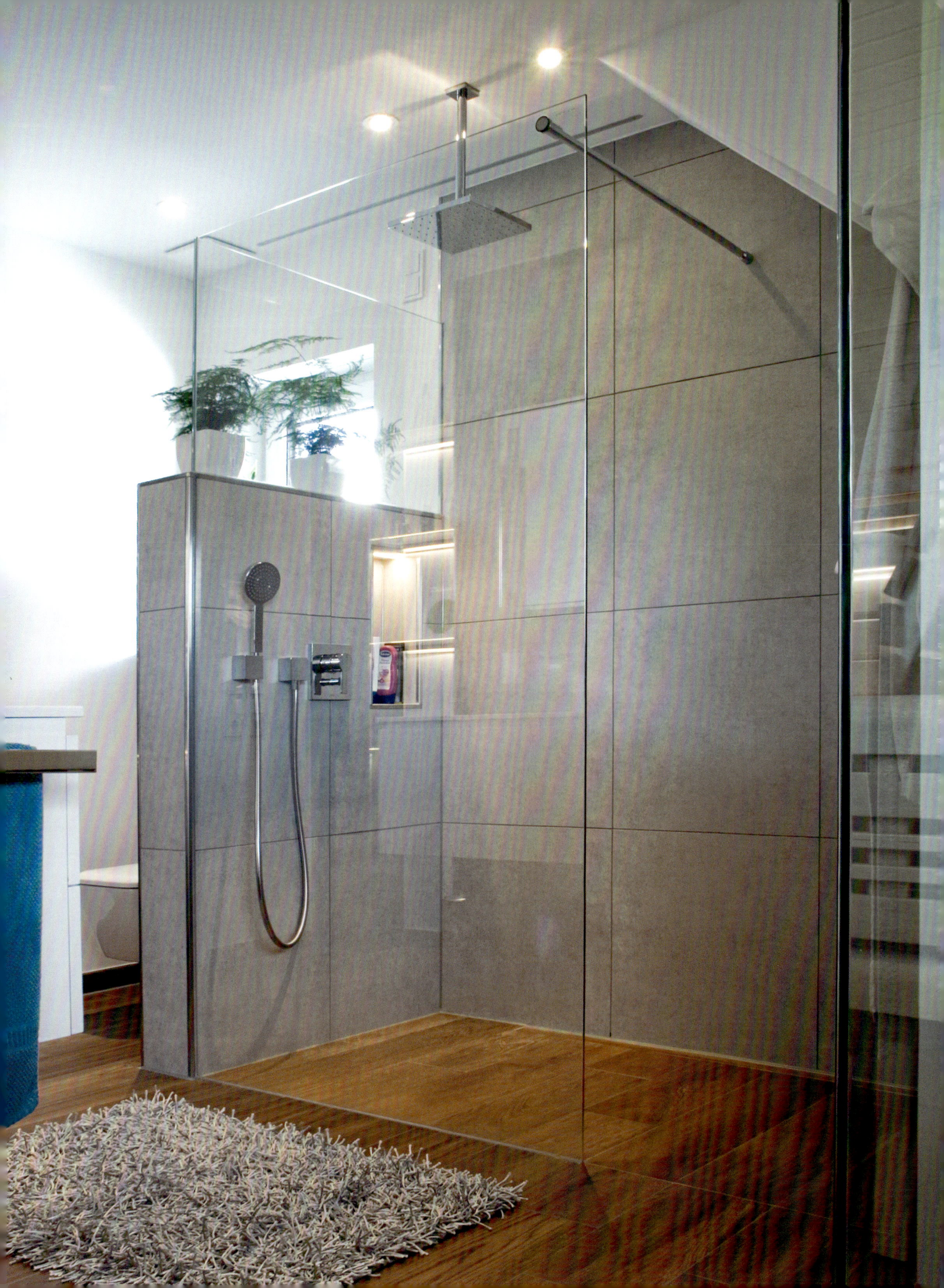

▶ Die formschöne ovale Wanne bekommt ihre eigene Bühne vor der Feinsteinzeug-Wand.

◀ **Links:** Fliesen in verschiedenen Formaten und Stärken erzeugen einen 3-D-Effekt.
Rechts: Kuschelig-warme Handtücher garantiert der Designheizkörper.

Grundriss, Maßstab 1:100

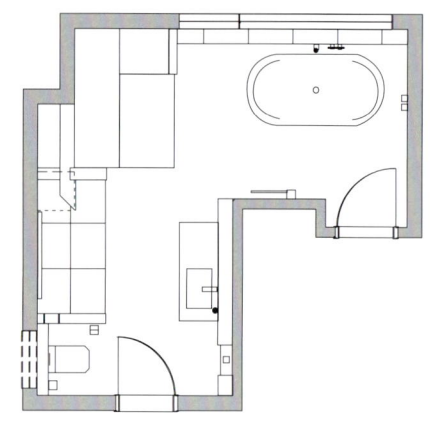

NEUBAU
Badgröße: **18 m²**
Badnutzer: **Junge Familie**

VERARBEITETE PRODUKTE
Waschtisch: Oasis
Armaturen, Accessoires,
Einbauspiegelschrank: Keuco
Badewanne: Mauersberger
WC: Keramag
Duschabtrennung: Heiler

VERARBEITETE MATERIALIEN
Feinsteinzeug in verschiedenen Farben und Oberflächen, Malervlies

▲ Die Lichtgestaltung hebt die blaue Farbe zusätzlich noch hervor und lässt sie strahlen.

Der an die Dusche angrenzende WC-Bereich ist durch eine halbhohe Wand mit aufgesetzter Glasscheibe separiert. So wurde dem Wunsch der Bewohner entsprochen, hier eine gewisse Intimsphäre zu erhalten, ohne jedoch dem Raum mehr optische Weite als nötig zu nehmen. Eine luftig-lockere Art der Trennung, da Tageslicht von dem über dem WC befindlichen Fenster ungehindert in den Raum gelangen kann.

Die raumhohe Vorwand am Waschtisch integriert neben einem Einbauspiegelschrank mit zugehöriger optimaler Ausleuchtung zum Schminken oder Rasieren auch ein beleuchtetes Nischenregal. Es bietet nicht nur zusätzliche Ablagemöglichkeiten, sondern spendet mit seinen hinterleuchteten Glasregalböden ein angenehmes Licht und sorgt gleichzeitig für ein optisches Highlight im Raum.

Ein durchdachtes Farbkonzept im Raum unterstreicht die Gestaltung der einzelnen Zonen. Blau als Lieblingsfarbe der Bauherren wird als Akzent am großzügigen Waschplatz und an der angrenzenden Wand gegenüber der Badewanne verwendet, die einen formschönen verchromten Heizkörper als Handtuchwärmer trägt. Die Akzentfarbe steht damit in abgestimmtem Kontrast zu den Holzfliesen und dem Betongrau der Wandfliesen.

Eine moderne und wohnliche Atmosphäre des Badezimmers mit unterschiedlichen Fliesen, Farben, Lichtquellen und genügend Stauraum war der jungen Familie ein wichtiges Bedürfnis. Wünsche erfüllt!

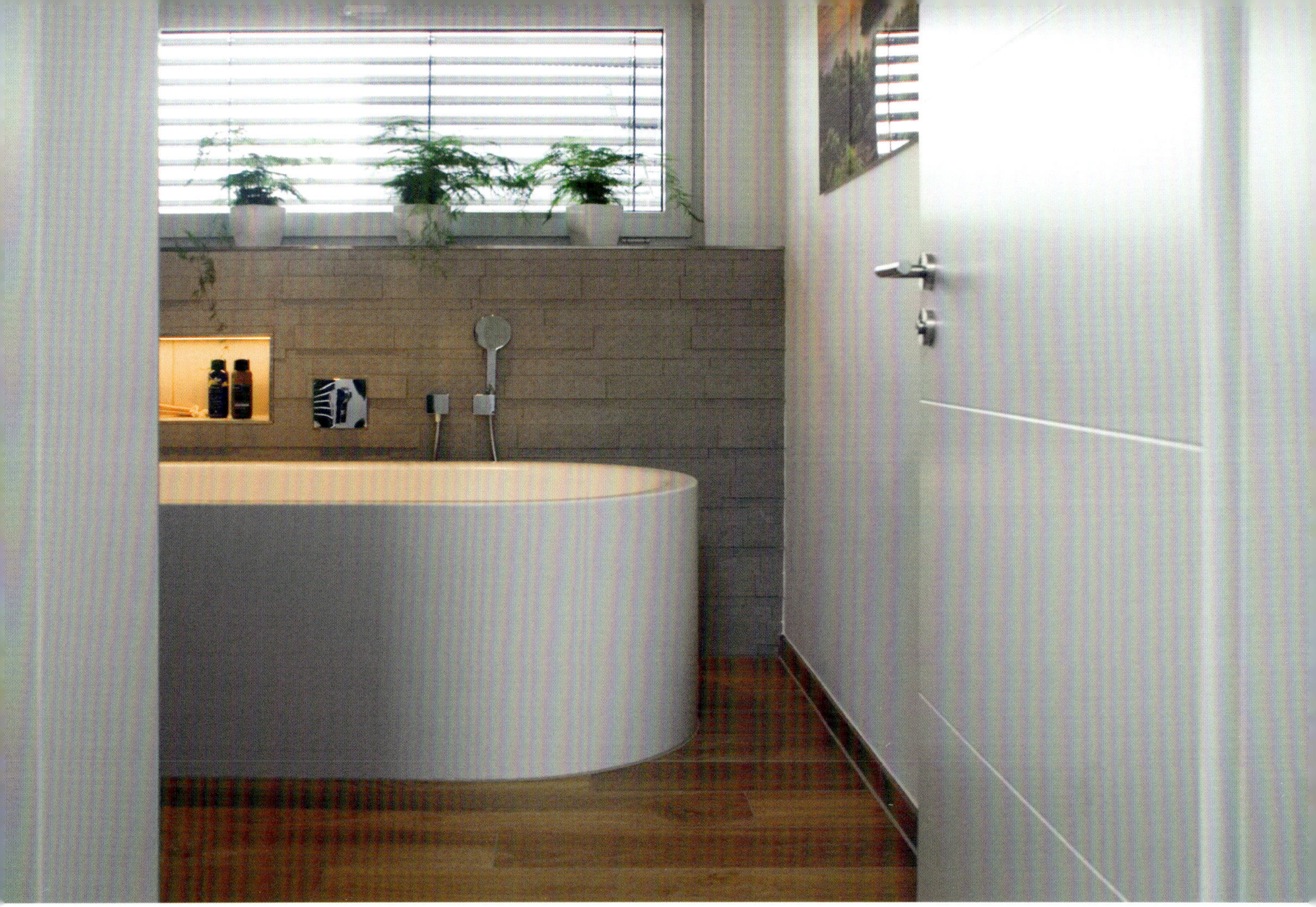

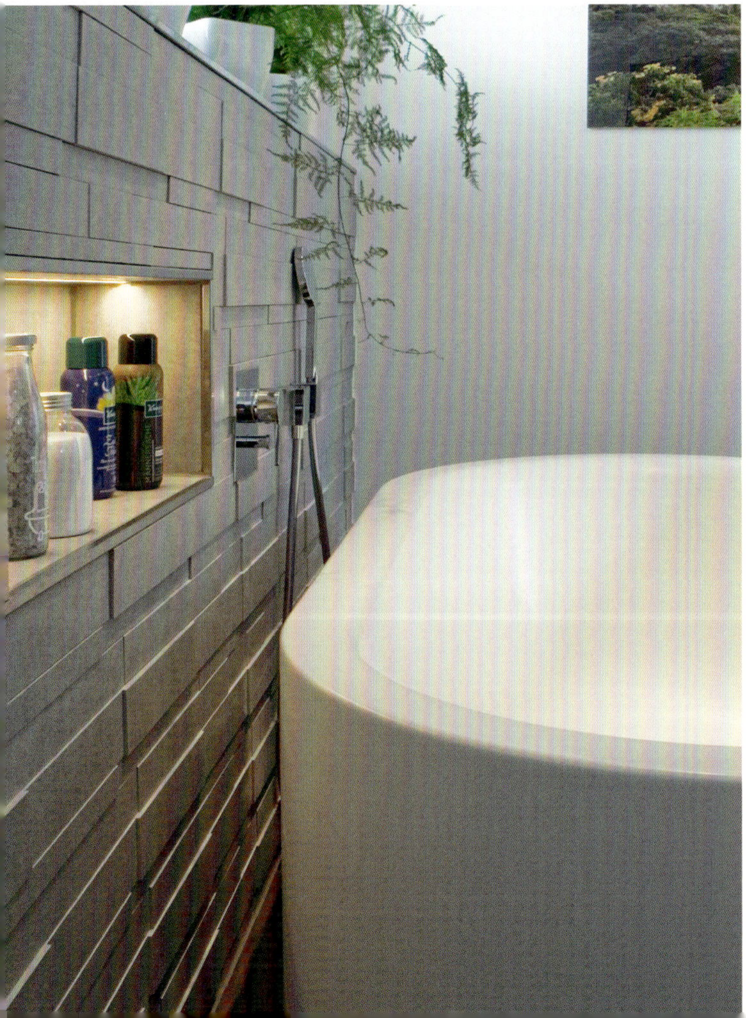

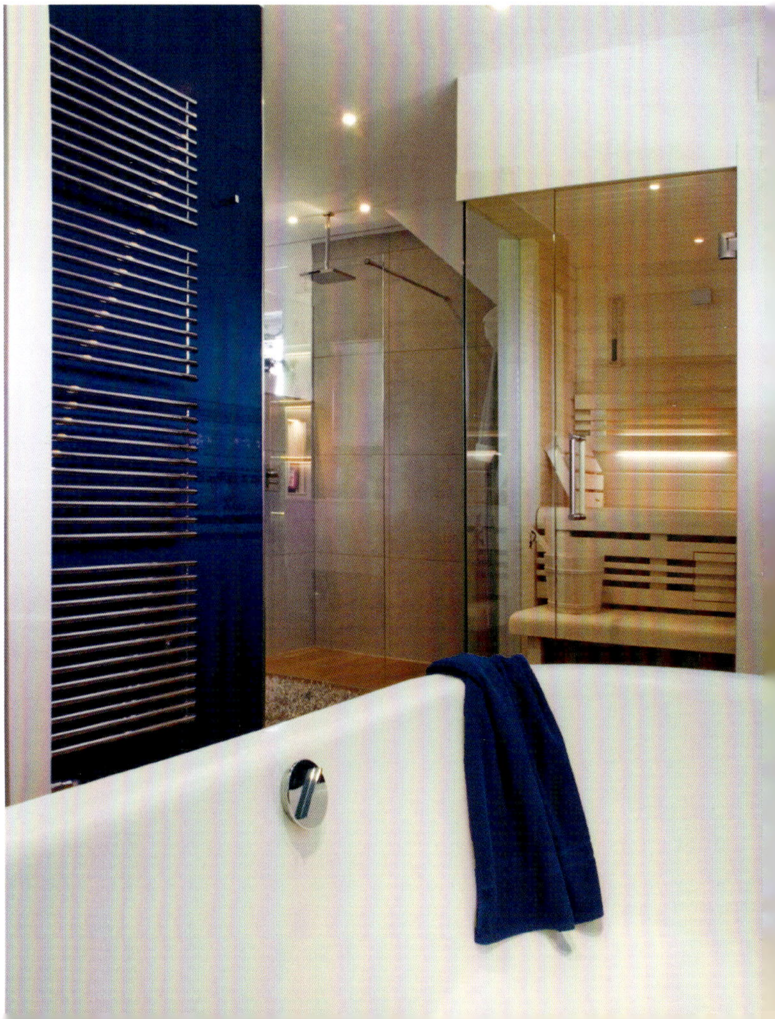

Zen-artige Entspannung

In der japanischen Kultur spielt Wasser eine essenzielle Rolle für das Leben. Japaner baden gerne sehr heiß und nutzen ein Wannenbad nie, um den Körper zu reinigen. Auch zu Hause duschen sie ausgiebig, bevor sie in die Wanne steigen, und bereiten die Haut mit Handbürsten für die Pflege im oft milchigen Badewasser vor. Die erfahrene Badplanerin wusste ganz genau, wie sie für die Japanfans ihr Traumbad schaffen konnte.

Als Anhänger der japanischen Lebensweise wollte das Paar im mittleren Alter sein Badezimmer entsprechend umgestalten – mit einer Badewanne, die für japanische Baderituale geeignet ist, und einer großzügigen begehbaren Dusche. Wegen der denkmalgeschützten Balkenlage waren der Badgestalterin bei der Planung des 13 m² großen Badezimmers Schranken auferlegt, und sie musste mit der Grundstruktur arbeiten, die sie vorfand. Auch die Lage der Schornsteine musste bei der Gestaltung des Badezimmers berücksichtigt werden. Kreativ nutzte die Badplanerin alle im Raum vorherrschenden Nischen gekonnt zu ihrem Vorteil.

Den Waschplatz positionierte die Planerin mittels einer Installationswand, die eine L-förmige Raumtrennung bildet, mitten im Raum. Sie plante ihn gerade so breit, dass er ausreichend Platz für einen Einzelwaschtisch mit Unterschrank und Spiegel bietet. Der verbleibende Raum zwischen Installations- und Außenwand bildet so den Eingang zu einer frei begehbaren Dusche, deren Armaturen ebenfalls von der Installationstechnik, die sich in der neu errichteten Wand befindet, bedient werden.

Die Dusche überzeugt mit einer klaren und modernen Ausstattung: einer großen Kopfbrause in Kombination mit einer Stabhandbrause. Ausgekleidet mit natürlichen Feinsteinzeug-Fliesen, die auch am kompletten Badezimmerboden zu finden sind, entsteht eine Verbindung mit dem übrigen Raum, sodass der Duschbereich zwar abgeteilt ist, sich aber optisch perfekt in das Gesamtbild einfügt.

Das sonst farblich eher reduziert und zurückhaltend gestaltete Badezimmer besticht beim ersten Eintreten durch eine geschmackvolle Tapete mit rostroten und weißen Ornamenten, die den gesamten Waschbereich schmückt. In Kombination mit den hellen Feinsteinzeug-Fliesen am Boden, dem vor der Tapete platzierten Spiegel, dem matten Weiß des Waschtischs und dem dunklen Holz der Möbel entstand so ein durchweg stimmiges Gesamtbild.

Die freistehende Badewanne wurde mit einer Standarmatur so in ihrer Nische platziert, dass ausreichend Platz für die rituellen Vorbereitungen zur Verfügung steht. Zentral mit dem Blick zum Fenster gelegen, bietet die Wanne auch die passende Aussicht für ausgiebige und entspannende Badeerlebnisse.

Pointiert eingesetzt, sorgen die Deckenstrahler und auch die großen Tageslichtfenster für die optimale Beleuchtung des Raums. Stimmungsvolle Momente und kleine Fluchten aus dem Alltag sind bei diesem Bad garantiert.

RENOVIERUNG IM BESTAND
Badgröße: **13 m²**
Badnutzer: **Paar**

VERARBEITETE PRODUKTE
WC-Spülkasten:	Geberit
WC:	Duravit
Armaturen:	Dornbracht
Waschtisch, Möbel, Wanne, Spiegel:	antoniolupi
Heizkörper:	Vasco
Tapete:	Wall & decò
LED-Licht:	Bernd Beisse

VERARBEITETE MATERIALIEN
Feinstein, Naturstein, Tapete, Cristalplant biobased, Volimea Wandputz

Kosten ca. 50.000 Euro

◀ Ein besonderer Hingucker: die Tapete am Waschplatz.

▶ **Links:** Der jahreszeitliche Wechsel kann von der Wanne aus beobachtet werden.
Rechts: Separiert in einer Raumnische befindet sich das WC mit einem eleganten Korpus aus Glas und Aluminium.

Grundriss, Maßstab 1:100

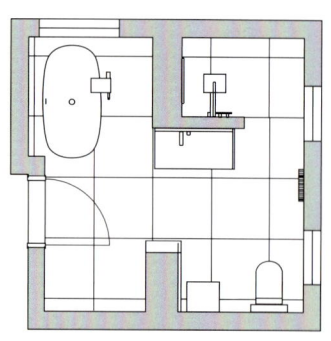

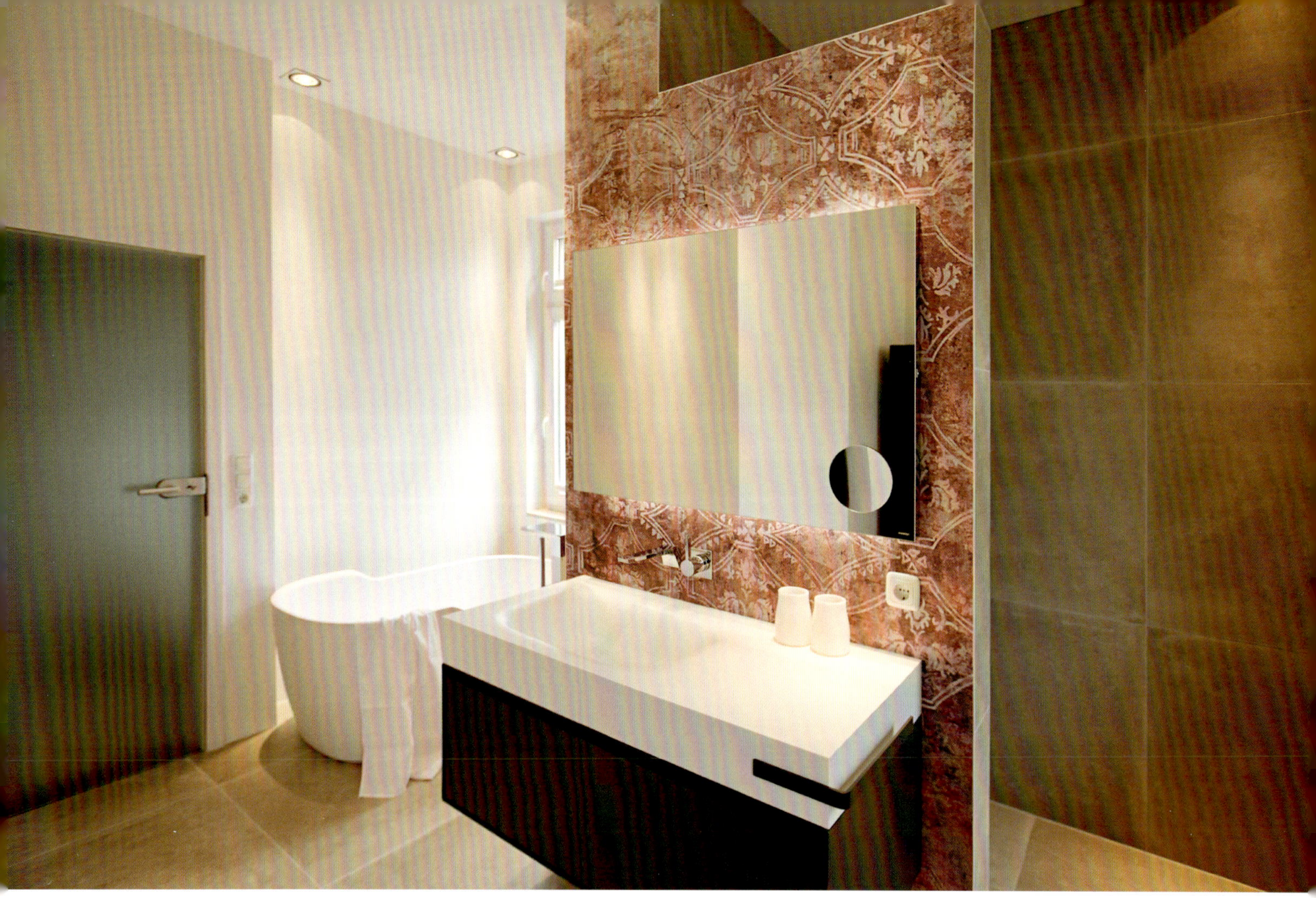

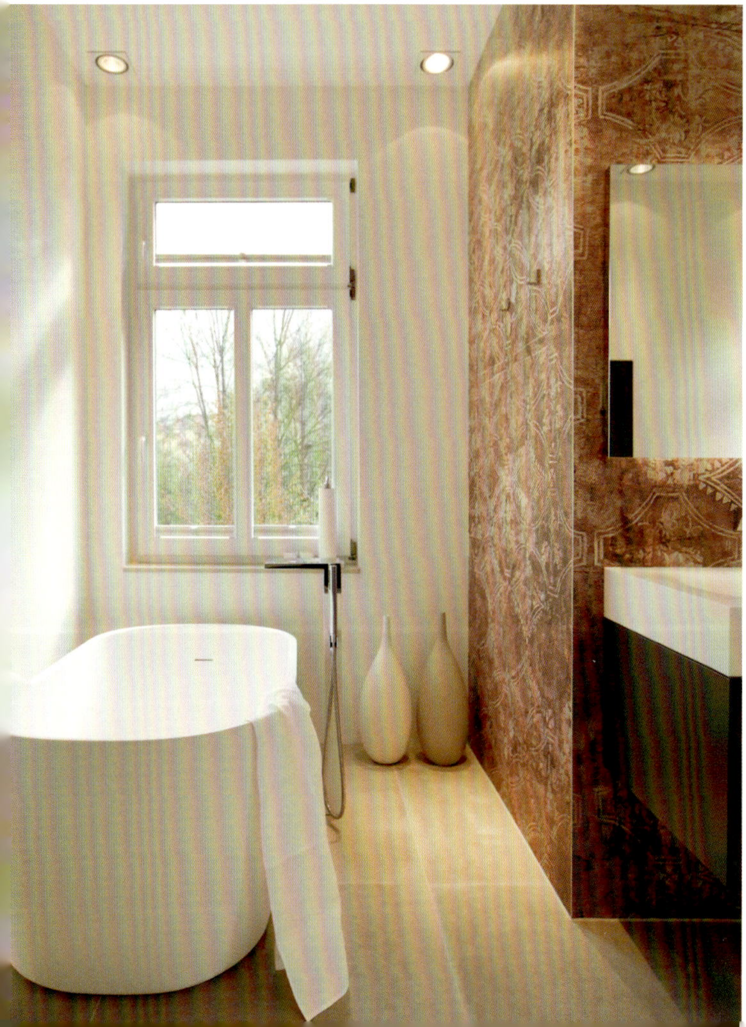

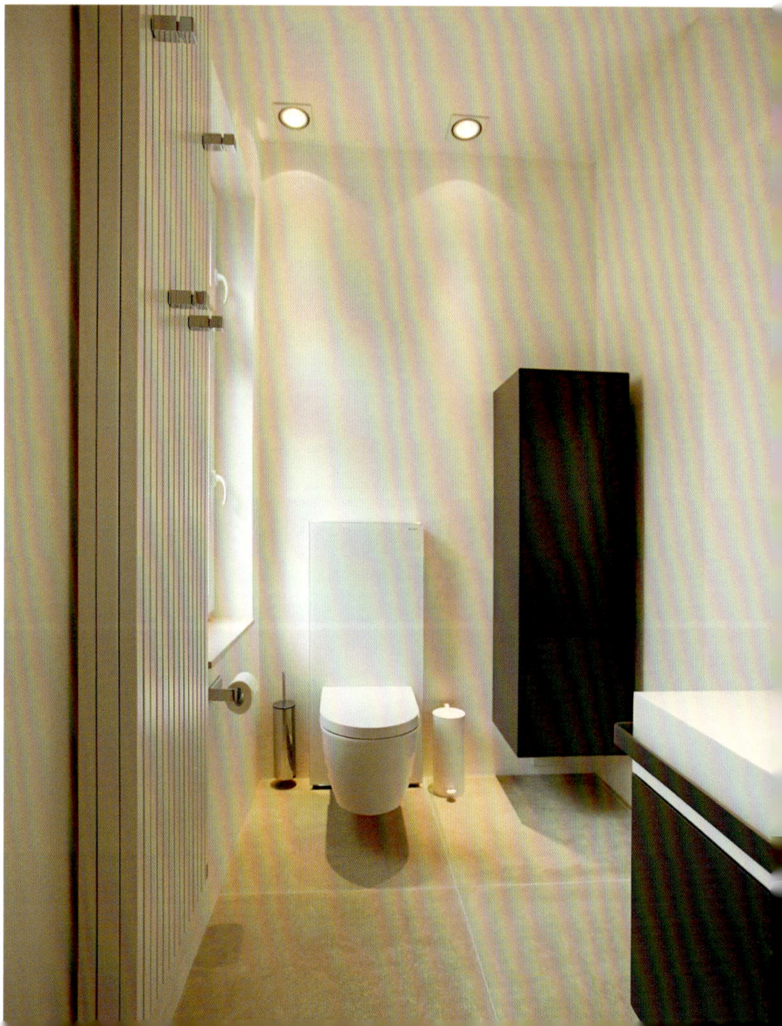

Einfach exklusiv stilvoll

Mit großer Akribie widmete sich der Badplaner dem Wunsch des Bauherrn nach einem Badezimmer mit minimalistischem, klarem Charakter. Auf Schnörkel und Verzierungen sollte verzichtet werden.

Das 12 m² große Bad sollte nach den Vorstellungen des Bauherrn eine klare Formensprache aufweisen mit einem nüchternen Design. In dem erfahrenen Badplaner für designstarke puristische Bäder fand er genau den richtigen Partner für sein Wunschbild von einem Badezimmer. Stilvolle Reduziertheit mit hoher Exklusivität der eingesetzten Materialien und Einrichtungsgegenstände ist sein Konzept für dieses Badezimmer.

Der Bodenbelag aus hochwertigen Steinfliesen beeindruckt durch seine anthrazitgraue, nuancierte Färbung und Oberflächenstruktur. Aus vielen einzelnen schmalen Fliesen gleicher Länge bestehend, entsteht dennoch der Eindruck einer zusammenhängenden Fläche. Einen interessanten optischen Effekt erzeugt die mit gleichen Fliesen in gleicher Verlegerichtung gestaltete Rückwand der Dusche. Die hier hochkant verlegten Riemchenfliesen schaffen einen fließenden Übergang zwischen Wand und Boden. Die beiden freistehenden Glaswände, die als Spritzschutz notwendig sind, schaffen durch ihr klares Glas und den Verzicht auf Beschläge oder Rahmen absolute Transparenz. Sehr stimmig hierzu ist der Wandbelag aus Mineralputz in Betonoptik und das mit Betonputz beschichtete Waschtischmöbel. Als Kontrapunkt zu den eher rauen und eckigen dunklen Flächen steht die fast weich wirkende mattweiße Sanitäreinrichtung.

Der Waschtisch wirkt wie ein harter Betonblock, auf dem eine zarte weiße und außergewöhnlich tiefe Waschschüssel ihren Platz findet. In Wahrheit ist das Waschtischmöbel allerdings nicht massiv, sondern ein kleines Stauraumwunder. Seitliche Auszüge, die über Sensortechnik funktionieren, eröffnen an beiden Enden Ablageflächen für diverse Utensilien, sodass nichts herumstehen muss. Schließlich liebt der Hausherr es aufgeräumt. Im wahrsten Sinne minimalistisch ist die Waschtischarmatur. Die Edelstahlarmatur hat

▼ Edel, hochwertig, schnörkellos und vor allem eins: puristisch.

▶ Starkes Ensemble.

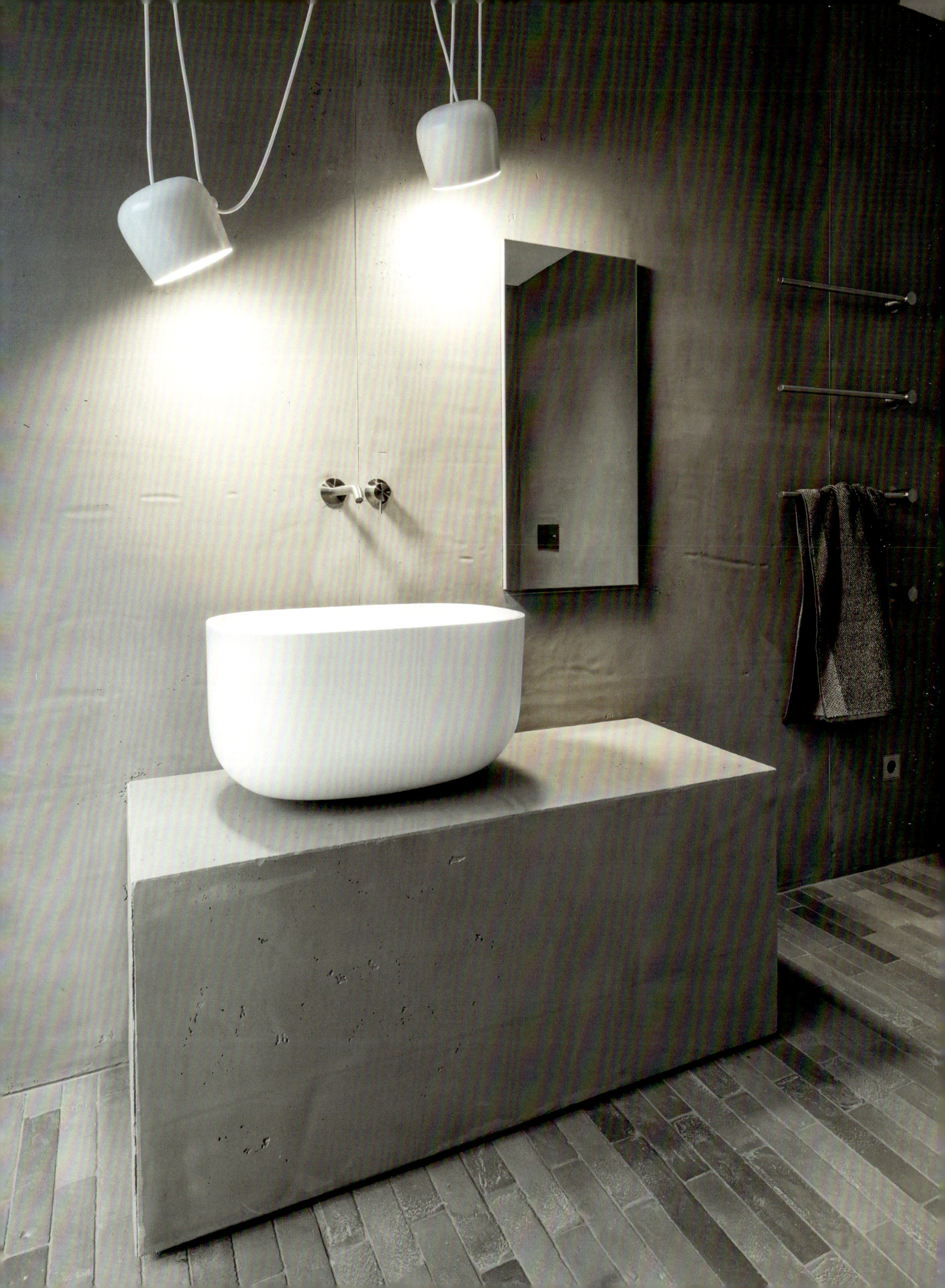

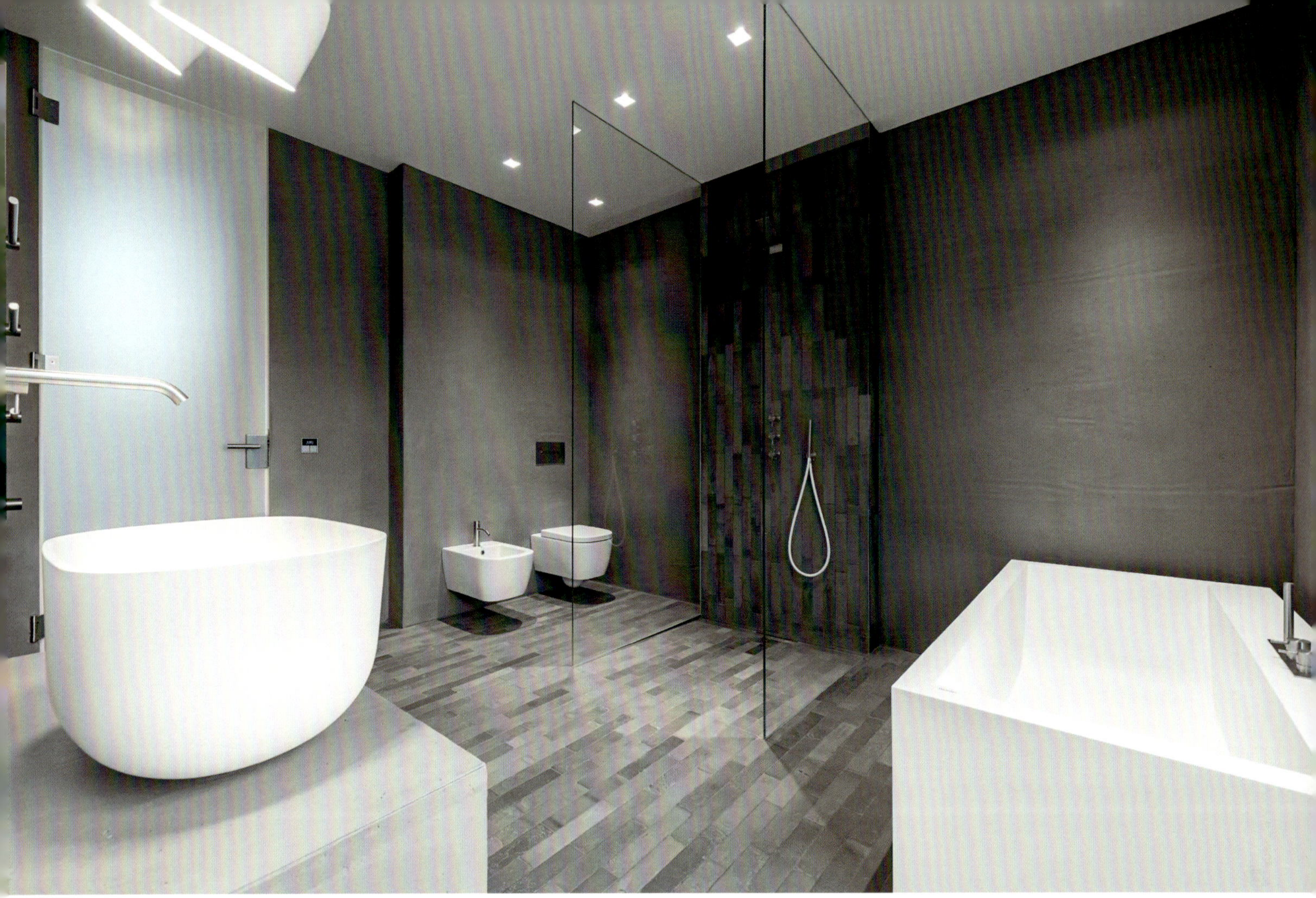

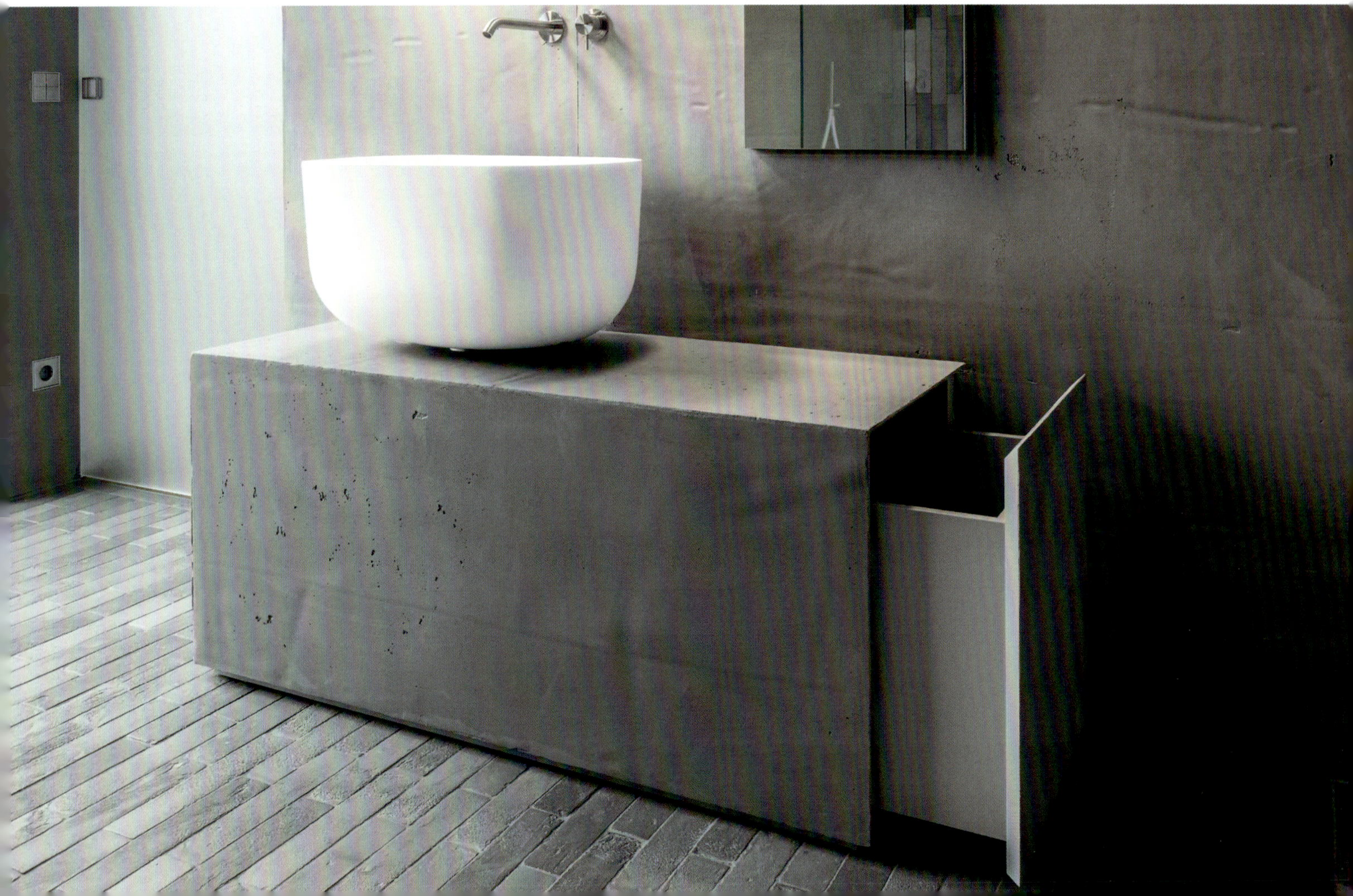

die Form eines einfachen gebogenen Rohrs, das aus der Wand herausreicht, mit einem schlichten, runden, danebengesetzten Bedienhebel. Der Spiegelschrank am Waschtisch ist nicht über, sondern neben dem Becken platziert und kommt mit seitlich auffahrender Tür ebenfalls ohne Beschläge aus. Fast verspielt wirkt dagegen die stylishe Leuchte mit zwei schräg sitzenden, weißen Lampenschirmen in unterschiedlicher Höhe, die den Waschtisch elegant ausleuchtet.

Die minimalistische Form der Armaturen wird in der Dusche fortgeführt. Der Duschkopf besteht aus einem einfachen linearen Bogen, der das Wasser dennoch ähnlich wie eine Regendusche von oben in angenehmem Strahl auf den Körper auftreffen lässt. Die Bedienknöpfe sind präzise als drei metallene Kreise auf einer Riemchenfliese platziert. Zusätzlich mit einer Stabhandbrause ausgestattet, wartet auf den Hausherrn täglich ein Duscherlebnis der Extraklasse. Die Badewanne unterstützt durch ihre rechteckige Form das klare Design des Raums. Auch hier gilt der Grundsatz: „Nicht mehr als nötig." Sie verzichtet auf einen großzügigen Wassereinlauf, da sie über den Quelleinlauf am Boden gefüllt wird, und verfügt lediglich über eine im Wannenrand aufgesteckte Stabhandbrause mit ihren Bedienknöpfen.

Um den Raum gekonnt in Szene zu setzen, arbeitete der Badplaner mit einer ausgefeilten Lichtlösung. Quadratische Strahler in der Decke sorgen mit der Designleuchte am Waschtisch für individuell gewünschte Helligkeit im Raum und heben die Besonderheit der Betonoptik hervor. Ein gelungenes Konzept, findet auch der Bauherr, der von dem sinnlichen Zusammenspiel der Materialien und der präzisen Arbeit begeistert ist und den Badplaner gleich noch für das Gäste-WC und Gäste-Badezimmer engagierte.

▲ Designstarke Armaturenkonstellation in der Dusche.

Grundriss, Maßstab 1:100

NEUBAU EIGENTUMSWOHNUNG
Badgröße: **12 m²**
Badnutzer: **Mann**

VERARBEITETE PRODUKTE
Wanne, Waschbecken, WC, Bidet:	antoniolupi
Armaturen:	CEA
Heizkörper:	Vola
Duschabtrennung, Badmöbel:	Maßanfertigung

VERARBEITETE MATERIALIEN
Bodenbeläge:	Cottofliesen
Wandbeläge:	Cottofliesen und Mineralputz in Betonoptik

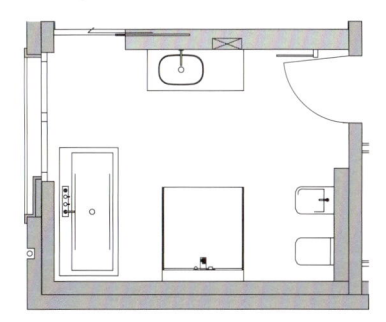

▼ Gezielt eingesetzte Leuchtobjekte heben die besondere Oberflächenstruktur hervor.

◄ Stauraumwunder, getarnt als Betonblock.

Zauber alter Zeiten

In einem 17 m² großen Badezimmer sollte ein kleiner privater Palast entstehen, der den Zauber alter Zeiten wiederaufleben lässt. Die Badplaner fanden eine ganz besondere Lösung, um dem Ehepaar diesen Wunsch zu erfüllen.

In erster Linie war es der Wunsch der Bauherrin: ein Badezimmer mit nostalgischem Charme und extravaganten Materialien. Trotz Neubau sollte das Bad eher an alte Zeiten erinnern. Eine freistehende Badewanne, eine begehbare Dusche und eine Waschtischanlage mit Waschbecken, die an alte Waschschüsseln erinnern, waren die Vorgaben an die Badplaner.

Bei der Raumaufteilung arbeiteten die Badplaner mit einer klassischen „T"-Anordnung, um die einzelnen Zonen zu separieren. Kopf der Anordnung bildet der Waschtisch an einer eigens dafür hochgezogenen Trennwand. Der Waschtisch besteht aus zwei einzelnen Waschschüsseln aus weißem Mineralwerkstoff. Die elegante und schlichte Wirkung steht in ausgewogenem Kontrast zu der aus geflammtem Altholz gefertigten, rustikal anmutenden Waschtischunterkonstruktion. Eine glänzende Steinplatte auf dem Waschtisch sorgt für den nötigen Schutz des Holzes vor Spritzwasser. Hinter dem Waschtisch befindet sich ein begehbarer, großzügiger Duschbereich auf der einen Seite, und WC und Bidet verstecken sich auf der anderen Seite.

Highlight des Raums und einen echten Hingucker bildet die eingesetzte Motivtapete, die sich von der Wand hinter der freistehenden Badewanne über das Fenster bis hin in den Duschbereich erstreckt. Das gewählte Motiv im viktorianischen Stil fügt sich nahtlos in den Raum ein und bietet einen schönen Gegenpol zu den ungeschliffenen Holzmöbeln und der feinen weißen Sanitäreinrichtung. Ein schöner Effekt: Durch den breiten Spiegel über dem Waschtisch spiegelt sich, je nach Position im Raum, die Tapete wider.

Ein Wandschrank aus geflammtem Altholz wurde, wie auch der Waschtischunterschrank, eigens für dieses Badezimmer von einem Schreiner angefertigt und bietet dem Ehepaar genügend Stauraum. Passende Accessoires wie der moderne, durchsichtige, aber eher klassisch geformte Stuhl und Textilien geben dem Raum eine wohnliche Note. Wieder einmal ist es die gekonnte Kombination der Materialien, die dieses Bad zu einem kleinen privaten Palast mit nostalgischem Chic macht.

▲ Die elegante Waschtischanlage dient gleichzeitig als Raumteiler.

Grundriss, Maßstab 1:100

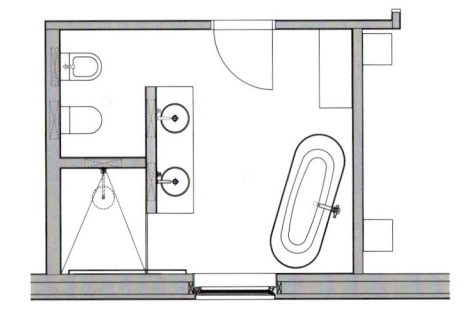

NEUBAU
Badgröße: **17 m²**
Badnutzer: **Paar**

VERARBEITETE PRODUKTE
Waschtischschüsseln: Domovari
Armaturen: antoniolupi
Wanne, WC und Bidet: Clou
Möbel und Waschtischkonstruktion: Maßanfertigung vom Schreiner
Tapete: Wall & decò

VERARBEITETE MATERIALIEN
Tapete, Boden- und Wandfliesen, Feinsteinzeug, Waschschüsseln aus Mineralwerkstoff, Steinplatte für Waschtisch, geflammtes Altholz für Möbel

Kosten: 50.000 Euro

◀ Viktorianischer Stil trifft auf Moderne und rustikales Holz auf weichen Mineralwerkstoff.

▶ Die einzigartige Tapete bildet die Bühne für die elegante Badewanne.

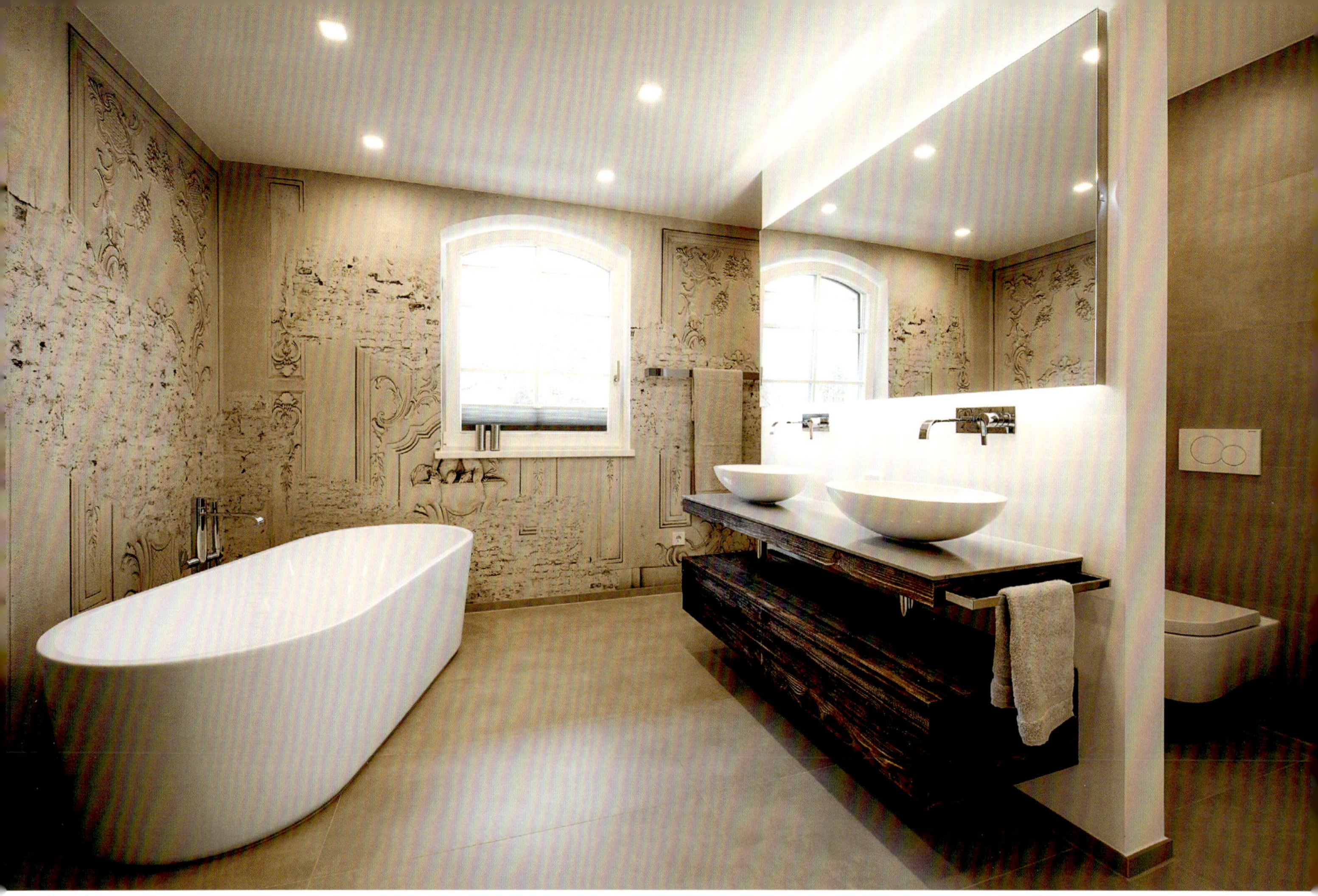

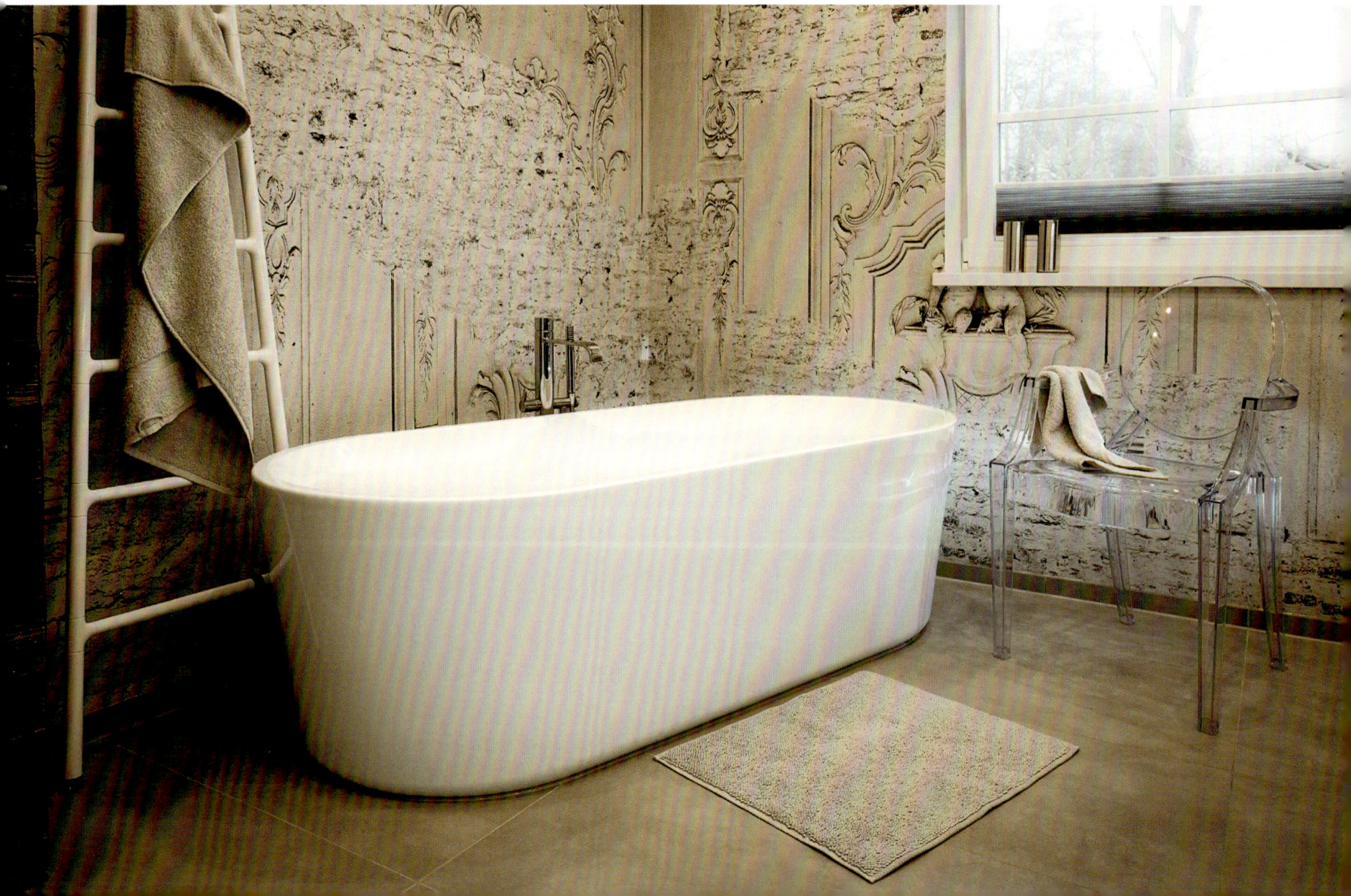

SPA | DIGITALISIERUNG | PURISMUS | WOHNLICHKEIT

Rückzug vom Alltag

Einen ganz privaten Rückzugsort zum Entspannen und Auftanken, für ungestörte tägliche Körperpflege und Zweisamkeit, diesen ganz persönlichen Luxus gönnte sich das Ehepaar mit zwei Kindern in der neuen Maisonettewohnung. Während die Kinder ihr eigenes Badezimmer bekommen sollten, wollten die Eltern das 12,5 m² große Hauptbadezimmer für sich nutzen. Und der Wunsch an die Badarchitektur: klassisch modern mit technischen Elementen und hochwertigen Materialien.

Die geschickte Raumaufteilung des Badeinrichters ermöglicht durch Einziehen von hohen und halbhohen, massiven wie Glaswänden das Unterbringen aller von den Bauherren gewünschten Badelemente, ohne dass der kleine Raum überladen oder eng wirkt. So konnten alle Wünsche vom separierten WC über die großzügige Dusche mit Dampfsauna, einen Doppelwaschtisch und ausreichend Stauraum bis zur freistehenden Badewanne erfüllt werden.

Insgesamt wirkt der Raum durch die gefällige Farbgestaltung sehr wohnlich. Diese setzt sich zusammen aus dem glänzend-melierten Beige der Feinsteinzeug-Fliesen am Boden und an Teilstücken der Wände, dem matten Weiß der Sanitäreinrichtung und der Wände sowie dem kontrastierenden schwarzbraunen Holz der Möbel. Unterstrichen wird die Wohnlichkeit durch das ausgewogene Lichtkonzept. Die Strahler, die Farblichtszenarien der Dampfdusche und die indirekte Beleuchtung des Raums sind individuell steuerbar und bieten jederzeit die richtige Lichtstimmung.

In diesem Bad hat jede Zone einen ganz besonderen Charakter. Schönheit und Grazie strahlt die ovale Badewanne aus mattweißem Mineralwerkstoff aus. Sie wird durch eine stilvolle und innovative Konstruktion eines gradlinigen Möbelstücks aus schwarzbraunem Holz teilweise eingefasst und so ganz besonders in Szene gesetzt. Das multifunktionale Mobiliar dient dabei nicht nur als Badewannenablage und Sitzbank, sondern bietet mit seinen Schubfächern zudem viel Stauraum. Die Badewanne verfügt über einen komfortab-

▼ Eleganter Doppelwaschtisch mit hochwertigem Möbeldesign.

▶ Baden für Genießer.

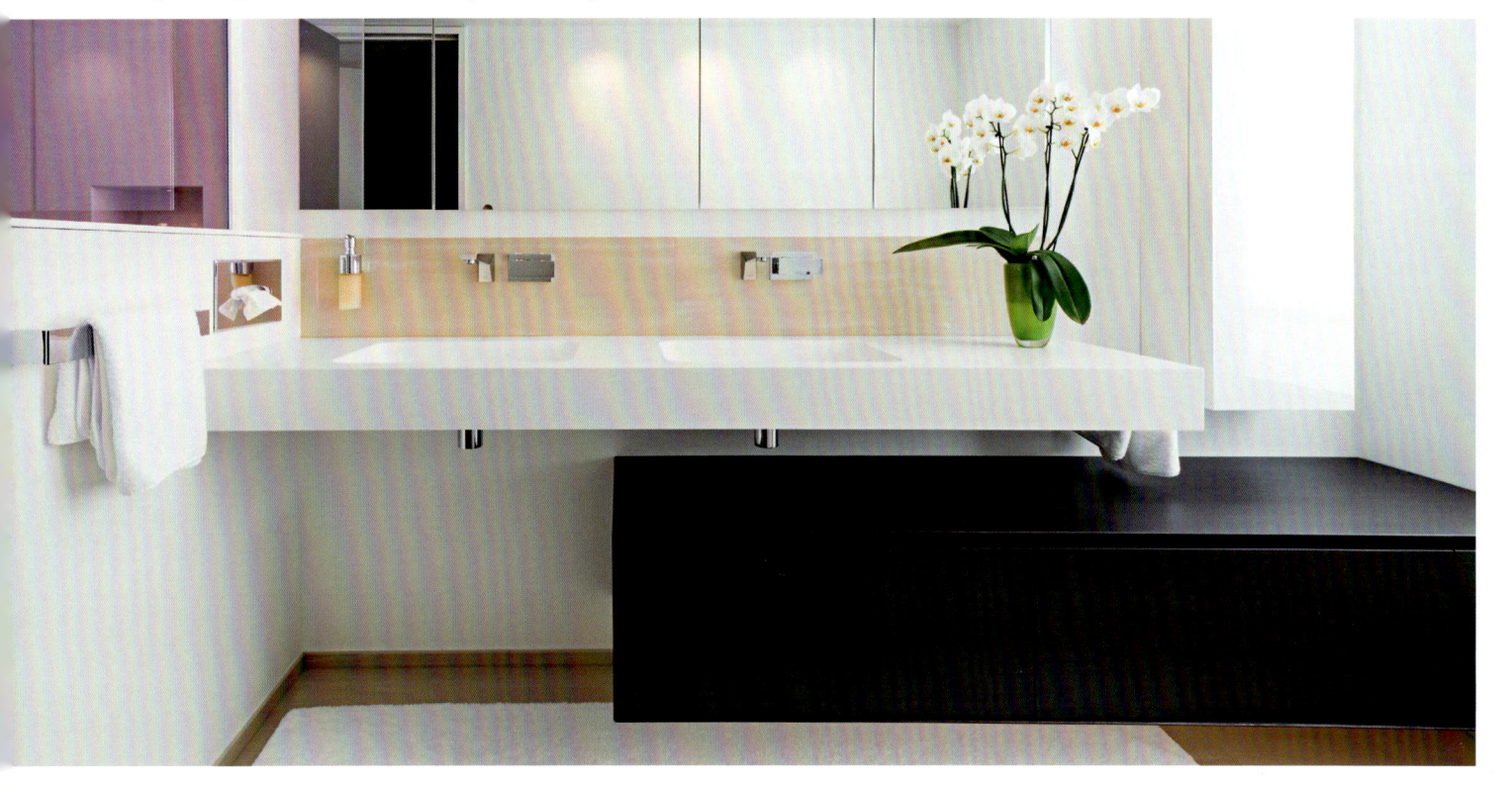

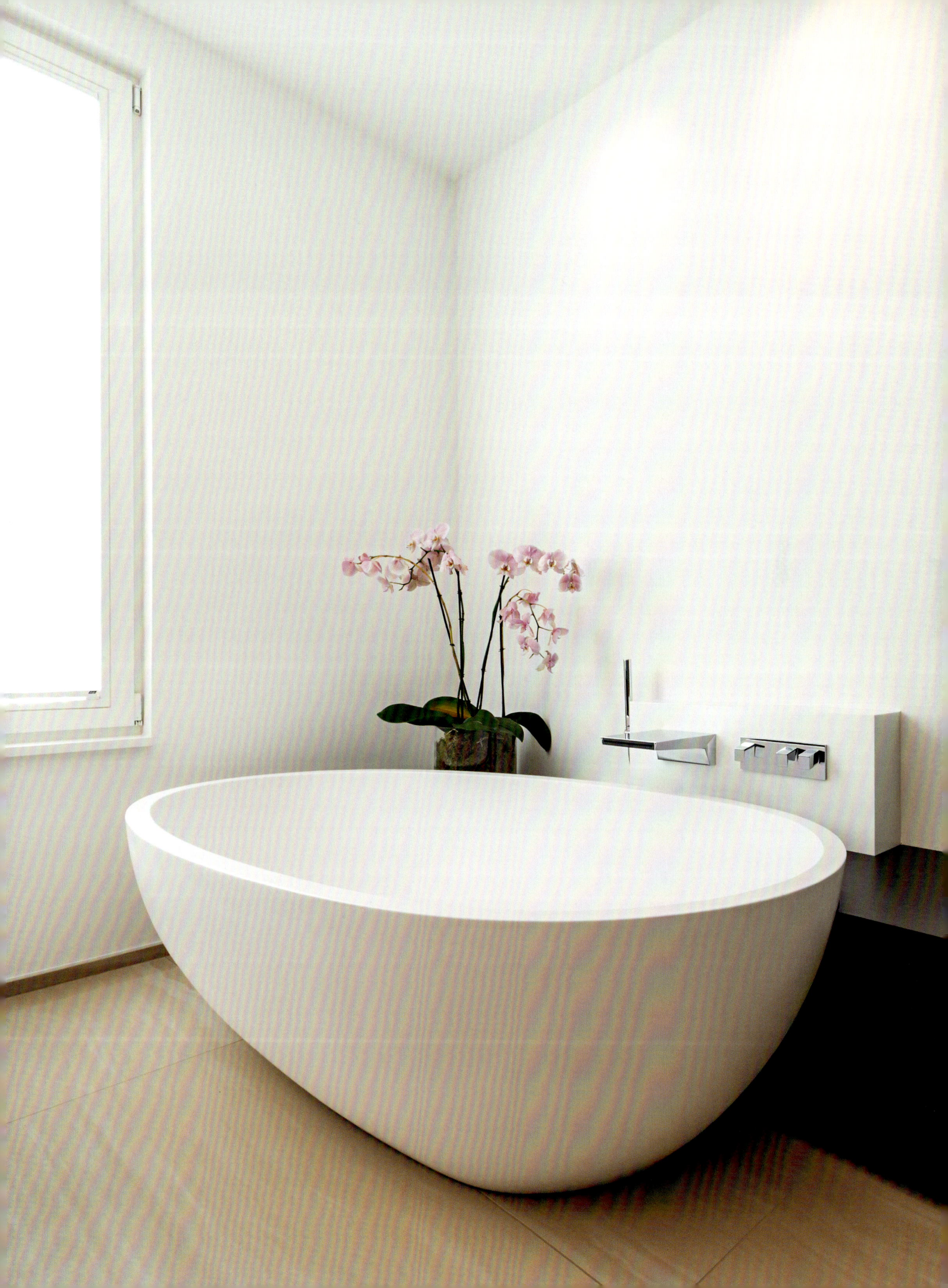

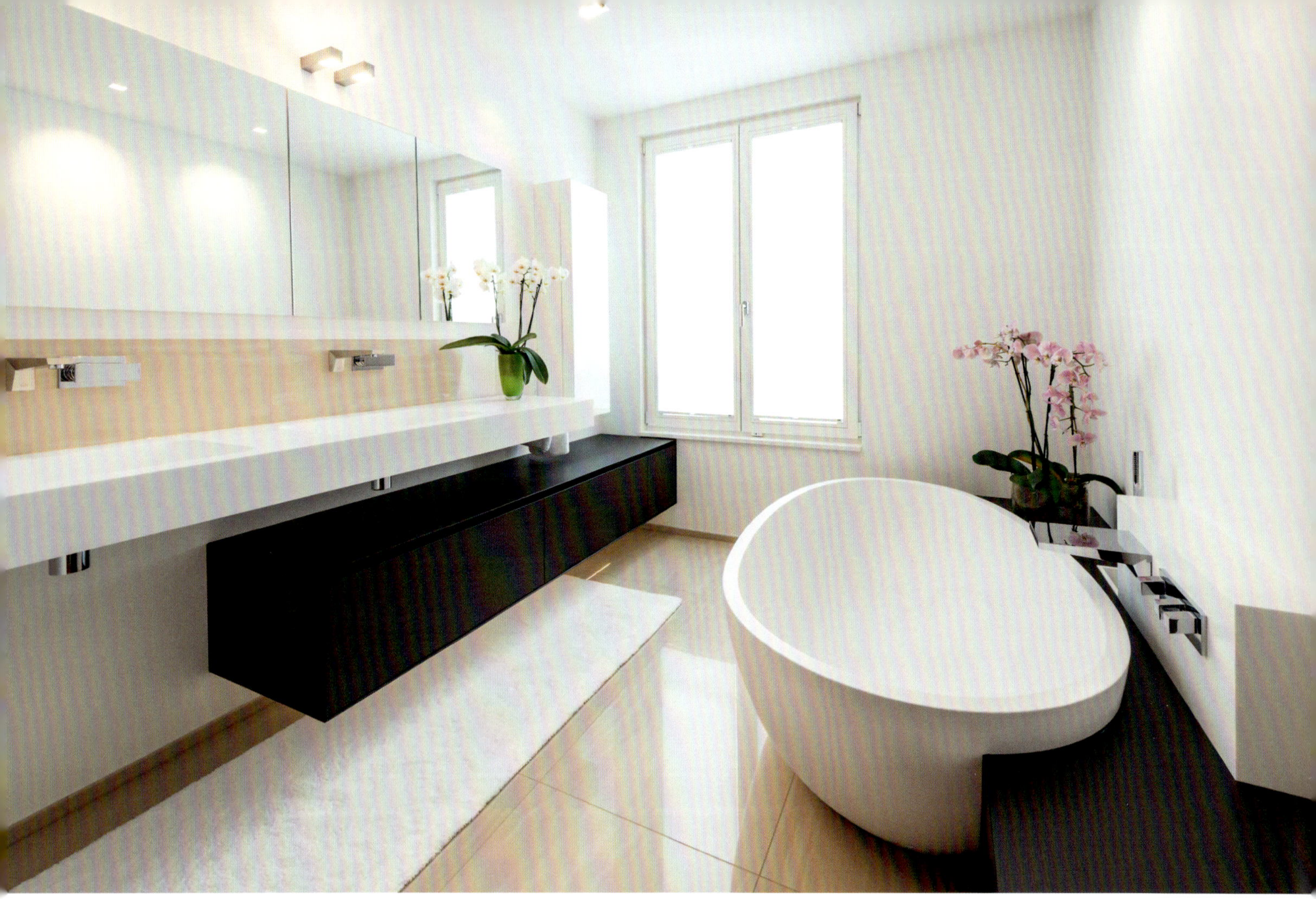
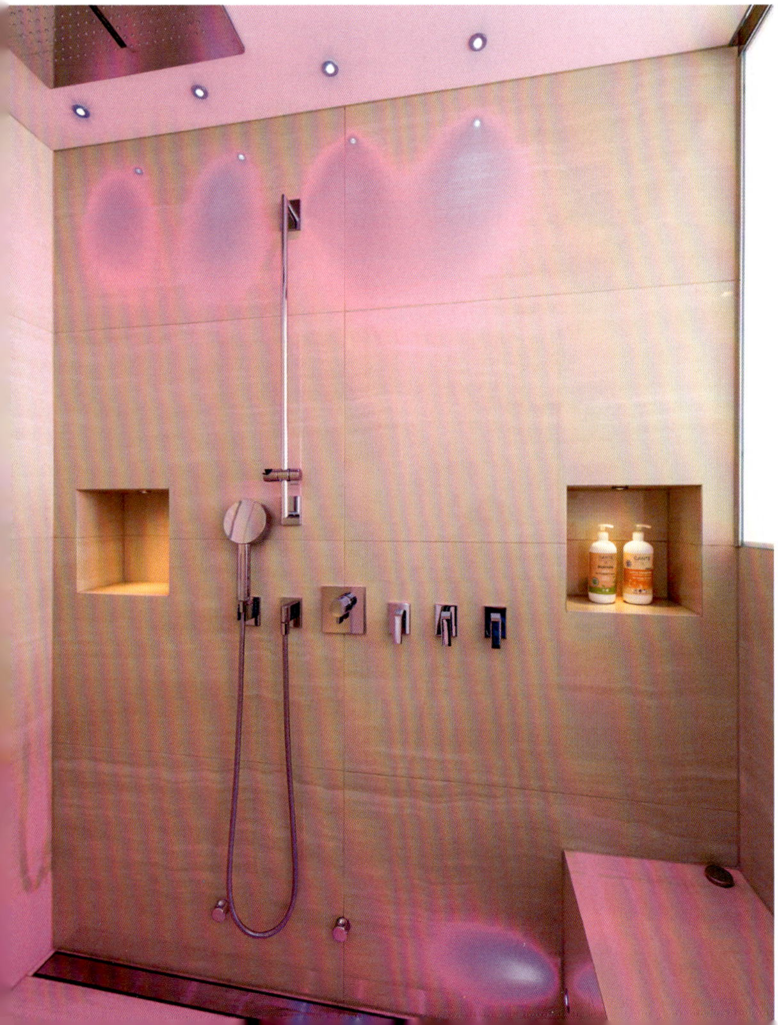
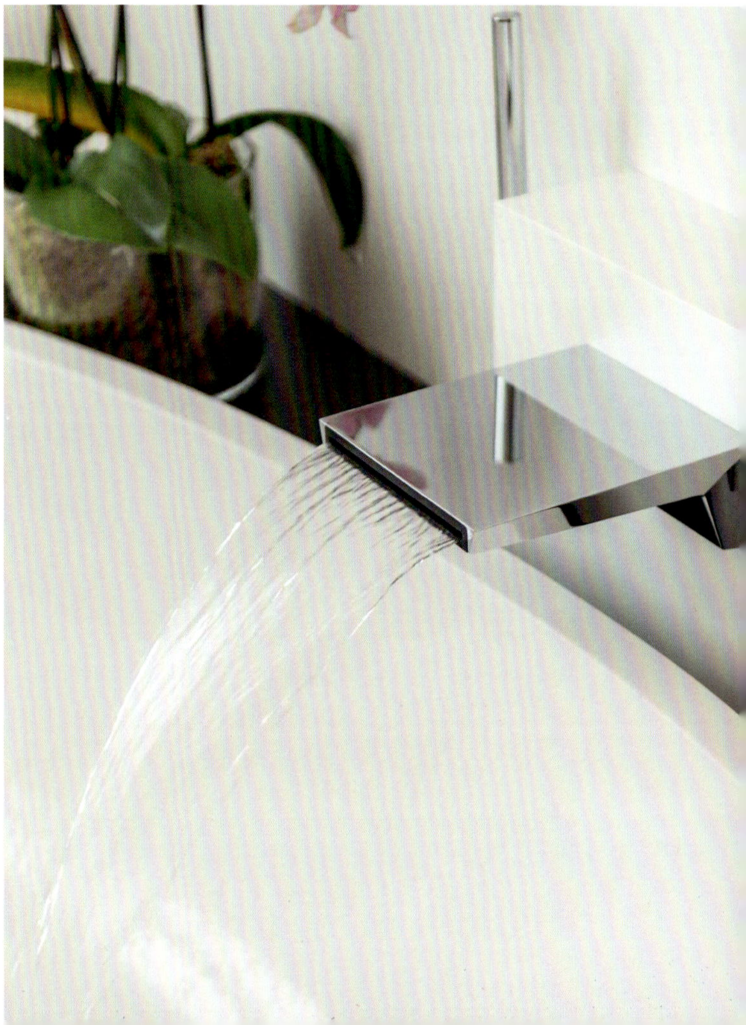

NEUBAU MAISONETTEWOHNUNG
Badgröße: **12,5 m²**
Badnutzer: **Familie mit zwei Kindern**

VERARBEITETE PRODUKTE
Alle Armaturen: Dornbracht
WT-Anlagen: antoniolupi
Wanne: agape
Armaturenträger Wanne,
Möbel und Dampfbad: Maßanfertigung
WC: antoniolupi
Beleuchtung: Kreon
Heizkörper: Vola

VERARBEITETE MATERIALIEN
Holz, Naturstein, Feinsteinzeug, Corian

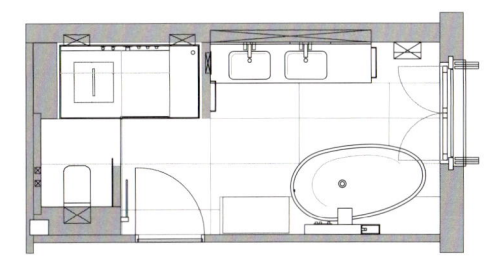

Grundriss, Maßstab 1:100

▼ Originell ist die Wanne von dem maßangefertigten Möbelstück eingefasst.
◀ **Links:** Die Dampfdusche überzeugt mit moderner Ausstattung und praktischen Elementen.
Rechts: Hochwertige Designarmaturen an der Badewanne.

▲ Die über dem Boden angebrachten Wandstrahler ermöglichen den nächtlichen Toilettengang im Dämmerlicht.

len Schwallauslauf und eine formschöne Stabhandbrause, die in einem aus weißem Mineralwerkstoff gefertigten Armaturenträger untergebracht sind, der wiederum hinter dem Möbel vor die weiße Wand gesetzt ist. Ein idealer Ort für ein entspannendes Vollbad.

Der Waschplatz besticht durch Gradlinigkeit und praktische Eleganz. Auch hier steht der mattweiße Mineralwerkstoff des fugenlosen Doppelwaschtischs in angenehmem Kontrast zu dem Unterschrank aus schwarzbraunem Holz, der für zusätzlichen Stauraum sorgt. Der breite Fliesenspiegel bringt zusätzlich Farbe ins Spiel und trägt die gradlinigen verchromten Armaturen. Neben dem Waschtisch angebracht, birgt ein weißer Medikamentenschrank mit innenliegender, vertikaler LED-Beleuchtung die Medizin für die ganze Familie. Selbstredend unzugänglich für die noch kleinen Kinder der Familie. Die Beleuchtung des Schranks schaltet sich beim Öffnen automatisch ein. Ein waschtischbreiter Einbauspiegelschrank und über jedem Waschplatz angebrachte Strahler komplettieren die komfortable Ausstattung.

Die Dampfdusche steht für modernste Technik, die begeistert. Mittels einer deckenhohen Schiebetür kann der Duschraum komplett geschlossen werden, sodass dieser sowohl als Dusche wie auch als Dampfsauna genutzt werden kann. Auch hier lässt die Ausstattung keine Wünsche offen. Die beheizbare Sitzbank ermöglicht entspanntes Saunieren zu zweit oder einen besonders bequemen Duschgang im Sitzen. Die Deckenarmatur verfügt über verschiedene Ausläufe, man kann zwischen dem breiten Wasserschwall und den leichten Tropfen des Regenhimmels wählen, ergänzt durch eine Handbrause mit großem Duschkopf, die auch an einer Stange befestigt werden kann. Indirekt beleuchtete Nischen spenden angenehmes Licht und bieten eine praktische Abstellfläche. Unterschiedliche Stimmungen können mit dem integrierten Farblicht erzeugt werden.

Perfekte Diskretion ist das Motto für den WC-Bereich. Die Trennwand ist gerade so breit, dass das WC selbst verdeckt ist, und sie beherbergt eine Schiebetür aus Milchglas. Ist sie geschlossen, verfügt das WC über die gewünschte Privatsphäre, da auch ein Teil der Duschabtrennung zum WC hin aus satiniertem Glas besteht. Bei geöffneter Schiebetür erscheint dieser Teil des WC-Bereichs wie ein zusätzlicher Freiraum vor der Dusche. Die über dem Boden angebrachten Wandstrahler ermöglichen den nächtlichen Toilettengang im Dämmerlicht.

Das Ehepaar ist glücklich mit seiner kleinen Ruheinsel nur für sich – obwohl: doch nicht immer nur für sich. Die Kinder sind große Fans der eiförmigen Badewanne!

Cool und modern

Die Eltern haben sich ihr ganz persönliches Rückzugsrefugium mit einem eigenen Bad geschaffen. Nun sollten auch die Kinder ihr eigenes, tolles Bad erhalten. Cool und modern sollte es sein. Und für das Kleinste mit Wickelkommode.

Wie gestaltet man ein 10 m² großes Badezimmer kindgerecht? Um das Badezimmer cool und modern wirken zu lassen, setzte der Badplaner eine außergewöhnliche Tapete ein und machte damit das Badezimmer nicht nur zum echten Kindertraum. Auch die Erwachsenen genießen das stylishe und freundlich-helle Bad.

Mit einer Tapete aus blauem Backsteindekor, die der Badplaner gezielt an einzelnen Wänden einsetzte, bekam der Raum eine deutliche Akzentfarbe und eine gute Portion wohnliche Coolness. Einen modernen und klaren Kontrast dazu bilden die Sanitäreinrichtung mit weiß glänzender Oberfläche, die großformatigen Keramikfliesen und weiß gestrichenen Wände. Weiße Einbauschränke, ein grauer Waschbeckenunterschrank und eine graue Bank neben der Badewanne fügen sich nicht nur optisch angenehm in die Gesamtwirkung des Raums ein, sondern überzeugen auch durch jede Menge Stauraum. So wirkt das Badezimmer immer aufgeräumt – ein Traum für die Eltern.

Auch das Kinderbad sollte nach Wunsch der Bauherren über eine hochwertige Ausstattung verfügen. Der geräumige, bodengleiche Duschbereich mit seiner in die Decke integrierten Regendusche sorgt für wahren Duschspaß bei den Kindern. Hier können sie nach Lust und Laune herumtollen und haben das Gefühl, unter freiem Himmel zu duschen. Eine Handbrause komplettiert das Duscherlebnis. Damit das Badezimmer nicht gleich überschwemmt und vor allem auch die angrenzende Tapete nicht triefend nass wird, integrierte der Badplaner Glaswände sowie eine Glastür, sodass die Dusche zwar transparent, aber geschlossen ist. Für ausreichend Wärme nach dem Duschgang oder dem Vollbad und für kuschelig warme Handtücher sorgt der neben die Dusche platzierte weiße Sprossenheizkörper.

Die Badewanne aus glasfaserverstärktem Kunststoff mit hochwertigen verchromten Armaturen findet direkt unter dem Fenster ihren Platz. Um auch hier die Wände vor Spritzwasser zu schützen, wurden die Bereiche am Kopf- und Fußende der Wanne – so wie hinter dem Waschplatz – weiß gefliest. Hier kann also nach Lust und Laune ganz kindgerecht geplantscht werden.

Das mittels einer Milchglas-Schiebetür getrennte WC und der Doppelwaschtisch bringen deutliche Entspannung in „Stoßzeiten", vor allem in der „Rushhour" am Morgen. Das ist neben den getrennten Badezimmern für Groß und Klein ein zusätzlicher Garant für den Familienfrieden.

NEUBAU MAISONETTEWOHNUNG
Badgröße: **10 m²**
Badnutzer: **Familie mit zwei Kindern**

VERARBEITETE PRODUKTE
Alle Armaturen: Dornbracht
WT-Anlagen und WC: antoniolupi
Beleuchtung: Kreon
Heizkörper: Tubes
Badewanne und
Waschtisch: Maßanfertigung

VERARBEITETE MATERIALIEN
Holz, Naturstein, Feinsteinzeug-Fliesen, Corian, GFK

Grundriss, Maßstab 1:100

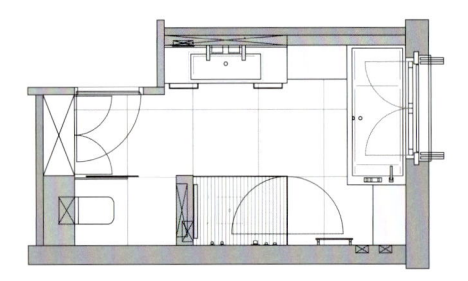

◀ Modern, klar, hell und mit viel Stauraum.

▶ Weiße Flecken, wie mit Airbrush gesprayt, geben der Tapete einen künstlerischen Touch.

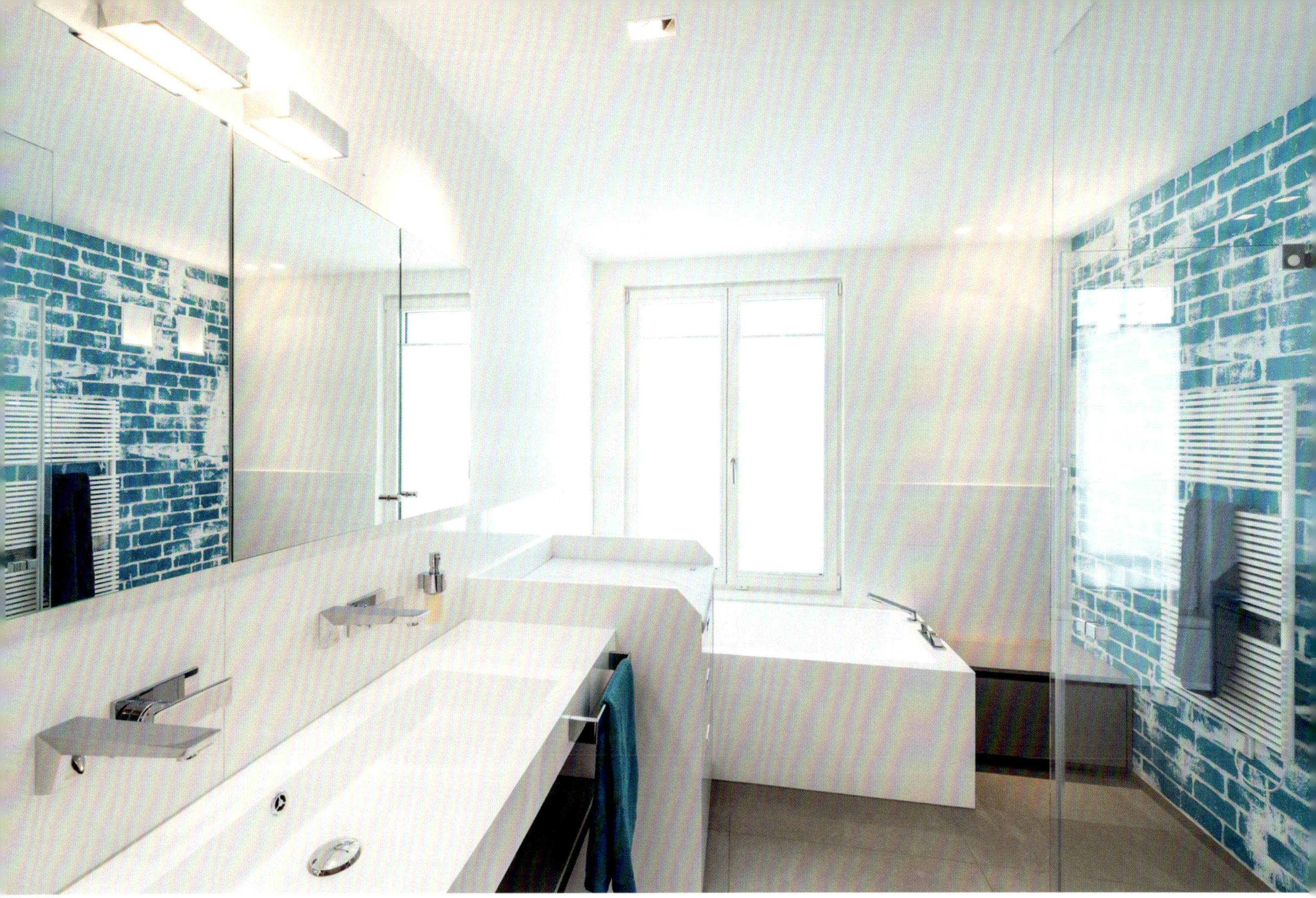

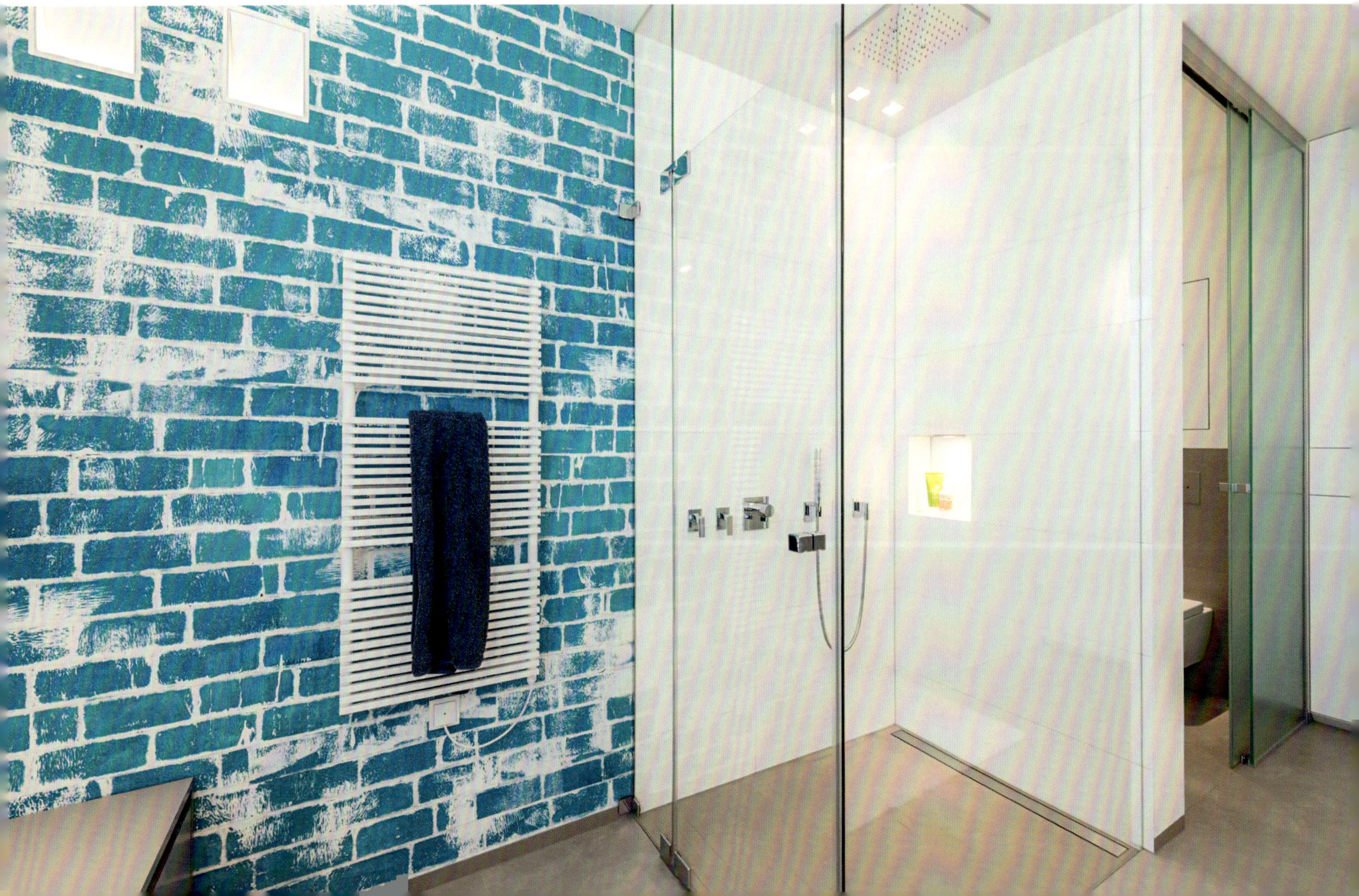

Ein Hauch von Toskana

Die Bauherren wünschten sich ein Bad, das ihren „Sehnsuchtsort" Toskana zu ihnen nach Hause in den Alltag bringt. Die Aufgabe: klassischer Landhausstil mit südlichem Flair, aber trotzdem funktional und modern.

Ein Bauingenieur und seine Frau entschlossen sich, ein altes Fabrikgebäude mitten in der Großstadt zu ihrem neuen Heim für sie und die beiden Kinder im Alter von 7 und 9 Jahren zu machen. Sie beschlossen, die morgendliche Hektik und das Anstehen vor dem Badezimmer zu entzerren. Deshalb sollte das Badezimmer im Erdgeschoss mit einer Größe von 7 m² ein Bad für die Eltern werden, während die Kinder im ersten Stock ihr eigenes gemeinsames 10 m² großes Badezimmer-Reich bekommen sollten.

Wie kann man ein Badezimmer mit südlichem Flair umsetzen und dabei gleichzeitig dem Wunsch nach einer korrekten Abstimmung von Linien- und Fugenverläufen des Ingenieurs entsprechen? Mit dieser Frage kam das Paar zu der Badplanerin. Als echte Toskana-Fans wünschte sich die Familie Bäder, die ihr täglich ein kleines Stück Italien in den Alltag bringen. Mit warmen, natürlichen und erdigen Farbtönen und Materialien schuf die Badplanerin ein harmonisches Gesamtbild, das den malerischen Charme der Toskana widerspiegelt.

Waschtische und Waschschüssel aus Naturstein ließ sie bei ihrem Lieferanten in Italien eigens anfertigen. Authentischer geht's nicht. Die Wände sind mit einem speziellen natürlichen Farbputz gestaltet, der dort, wo er direkt mit Wasser in Kontakt kommt – wie zum Beispiel in der Dusche –, mit einem zusätzlichen Oberflächenschutz versehen ist. Die gesamte Farbgebung ist durch erdige, warme Farbtöne und mattglänzende Oberflächen geprägt.

Eine gusseiserne Badewanne mit Dekorfüßen ziert das Elternbad. Der Blick fällt auf eine besondere Wandleuchte, die in ihrem Styling ein wenig an einen in mystischem Licht erscheinenden Mond erinnert. Gut möglich, dass sich das Paar hier bei einem ausgiebigen Wannenbad in Sommernächte in der Toskana zurückträumen kann. Die großzügigen, beleuchteten Nischen bieten nicht nur eine ausreichende Ablagefläche, sondern sorgen gleichzeitig für eine gezielte Akzentuierung und setzen die außergewöhnliche Wandfarbe in Szene.

Eine auf der linken Seite in den Natursteinwaschplatz integrierte freistehende Glaswand sorgt zum einen für ausreichend Transparenz im Raum und trennt gleichzeitig den Duschbereich auf eine so clevere Art und Weise, dass ein Stück von dem Waschtisch auch als Ablage in der Dusche verwendet werden kann. Hinter dem Spiegel mit goldenem Zierrahmen verbirgt sich ein eigens angefertigter Spiegelschrank. Die Armaturen am Waschtisch wie an der Wanne sind in ihrem Design eher reduziert, fügen sich aber durch die dezent verspielte Note elegant in das Gesamtbild ein.

RENOVIERUNG IM ZUGE EINER KOMPLETTSANIERUNG EINES ALTEN FABRIKGEBÄUDES
Badgröße: **7 m²**
Badnutzer: **Familie mit zwei Kindern**

VERARBEITETE PRODUKTE
Badewanne:	Devon&Devon
Armaturen:	Hansgrohe
WC:	Duravit
Duschrinne:	TECE
Glaswand/Stange:	Heiler/Phos
Accessoires:	Kundeneigentum
Wandleuchte:	Cattelan
Einbauspiegelschrank:	Anfertigung
Waschplatz:	Pibamarmi

VERARBEITETE MATERIALIEN
Fliesen, Feinsteinzeug:	COEM
Wandputz:	Percamo
Wandfarbe:	KEIM
Naturstein:	Travertino Noce

◀ Stein und Putz und warme, erdige Farbtöne: fast wie in Italien.

▶ Verspielte organische Formsprache.

Grundriss, Maßstab 1:50

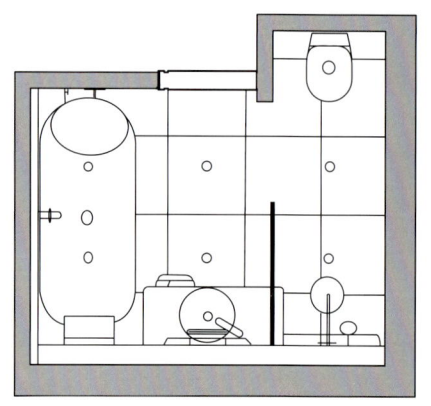

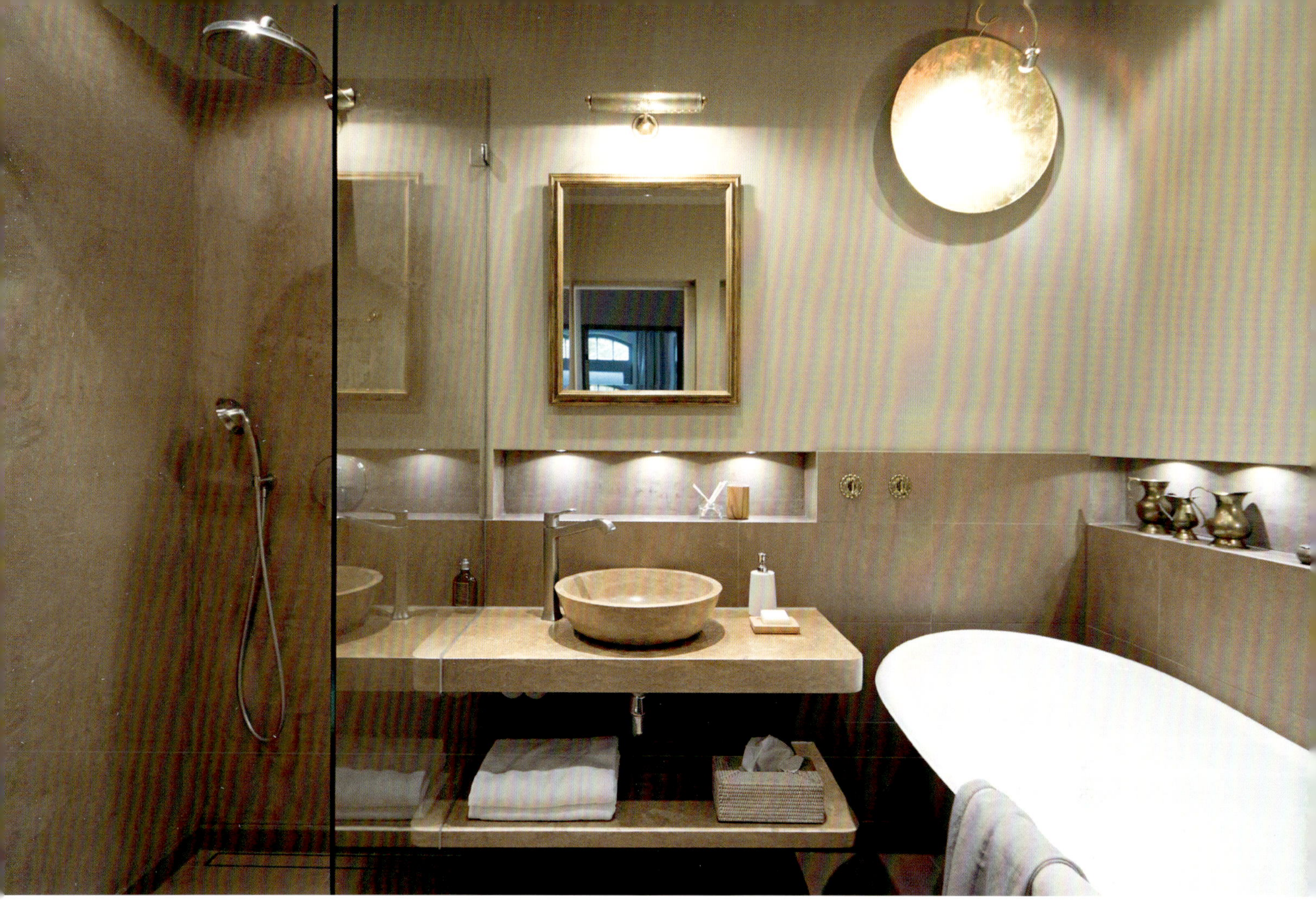

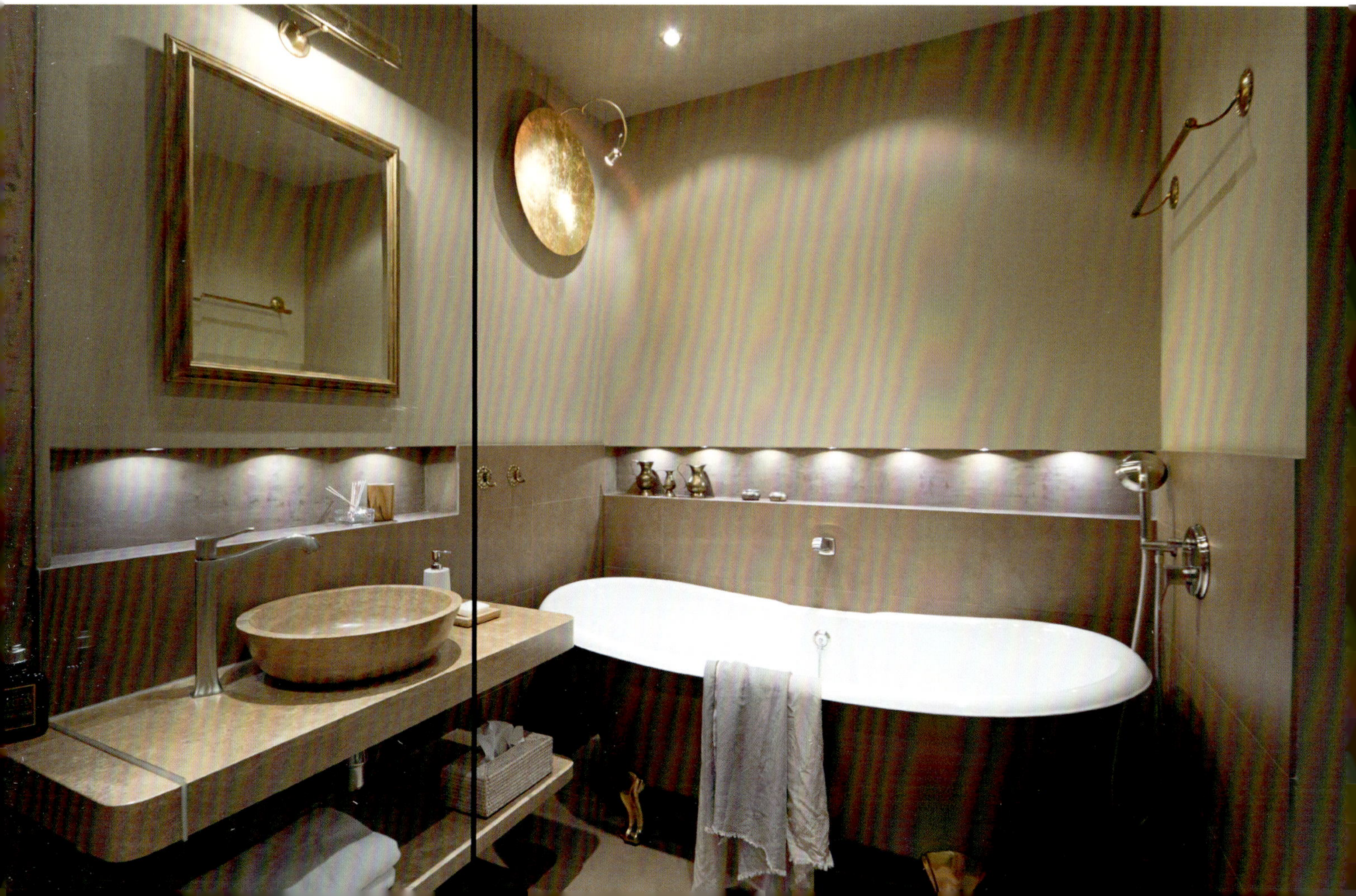

Smarte Lösungen im Penthouse

Wie plant man ein Badezimmer, bei dem gleich zwei Wände nur aus Fensterfront bestehen? Mit dem richtigen Gefühl für den Raum kreierte der Badplaner eine innovative und originelle Lösung für diese Herausforderung.

Mit dem Wunsch, sein 20 m² großes Badezimmer im Penthouse modern und zeitgemäß zu gestalten, wandte sich das Ehepaar an den Badplaner. Mit gleich zwei Fensterfronten wies das Bad allerdings einen Grundriss auf, den man so nicht alle Tage sieht und der einiges an geschickter Planung voraussetzt. Im Zuge der Planung reiste das Ehepaar sogar eigens mit seinem Inneneinrichter nach Italien, um sich die Produkte des präferierten Herstellers persönlich ansehen und auch erfühlen zu können. Erst dann stand die finale Produktauswahl fest.

Vor der langen Fensterfront arrangierte der Badplaner eine Kombination aus Waschtisch und Badewanne in einer Linie. Alles in einem Guss aus weißem Mineralwerkstoff, wirkt diese Komposition edel und modern zugleich. Zwei einzelne Aufsatzwaschbecken und zwei darüber angebrachte Spiegel bieten dem Ehepaar die Möglichkeit, sich nebeneinander und gleichzeitig zu stylen. Originell wirkt die Installation der Spiegel mit integrierter Beleuchtung, die mit einer speziellen Konstruktion von der Decke abgehängt sind. An den Waschplatz schließt mit einer Abstufung eine Ablagefläche an, die optisch in die Badewanne übergeht. Schiebetüren in Lamellenoptik sorgen, falls nötig, für Sichtschutz vor der breiten Fensterfront oder ermöglichen einen freien Blick auf das Grün der Dachterrasse.

Ein großzügiger Duschbereich findet an der einzigen durchgehenden Stellwand des Raums seinen Platz. Er ist so in den Raum gelegt, dass die nicht ganz deckenhohe Seitenwand gleichzeitig die Rückwand der Waschtisch-Badewannen-Komposition bildet. Die Rückwand der Dusche ist in Richtung Fensterfront gesetzt, sodass die von dem Ehepaar gewünschte Privatsphäre beim Duschen gewahrt bleibt. Ausgekleidet ist der Bereich mit Stein in Schieferoptik. Dieser sorgt für eine edle Anmutung und einen harmonischen Kontrast zu der in Weiß gehaltenen Sanitäreinrichtung und Flächen sowie den hellen Eichendielen des Bodens. Nach vorne hin ist die Dusche offen und frei begehbar. Für das tägliche Duschvergnügen

▼ Smarte Tools erleichtern den Alltag mit einem Klick.

▶ Der hochwertig ausgestattete Duschbereich verspricht Privatsphäre.

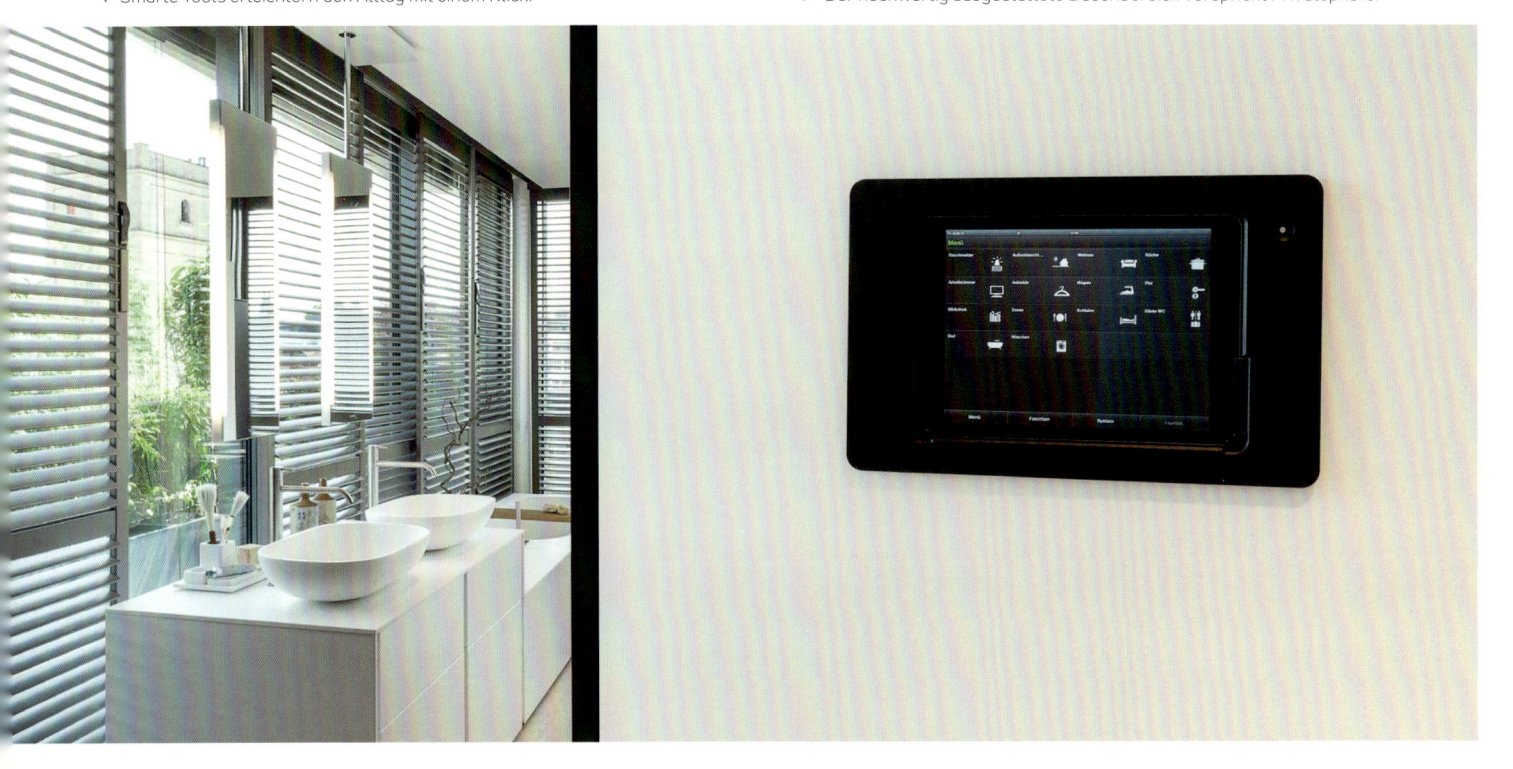

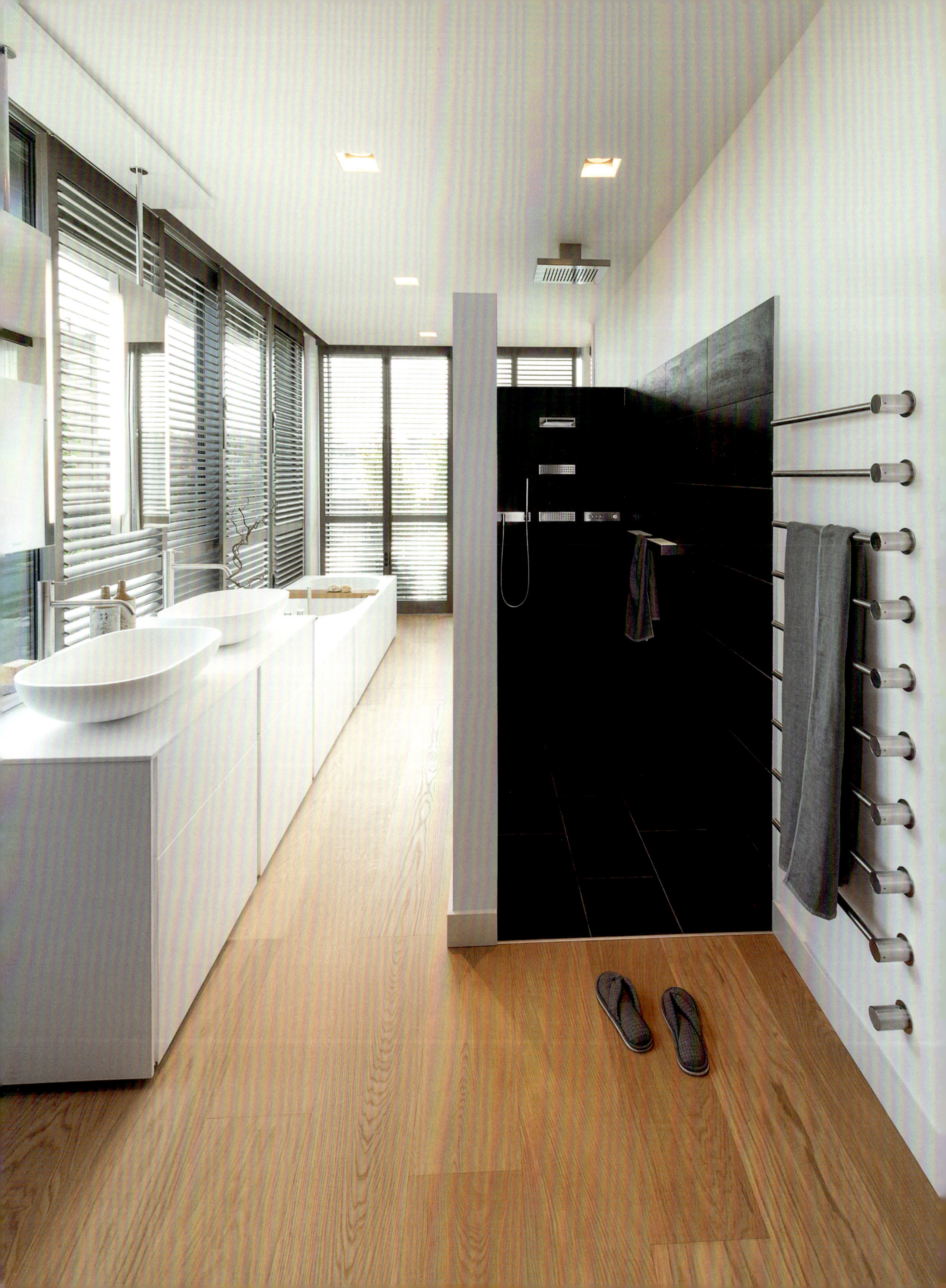

hat sich das Paar einen ganz besonderen Luxus gegönnt. Die eingebaute Regendusche ermöglicht das Einstellen von individuellen Szenarien aus Wassertemperatur und Strahlintensität. Je nachdem, ob die Bewohner Elan für den Tag, Entspannung nach getaner Arbeit oder den Frischekick für abendliche Aktivitäten brauchen – auf Tastendruck erhalten sie das gewünschte Duscherlebnis. Der Designheizkörper erscheint, wenn er kein Handtuch trägt, wie ein interessantes Designobjekt und unterstreicht so den edlen und hochwertigen Charakter dieses Bads.

Das WC mit Urinal wurde vom Badezimmer separiert platziert. Erreichbar durch eine nicht transparente Glastür, die sich optisch an dem integrierten breiten Einbauschrank des Badezimmers orientiert, überzeugt auch dieser Bereich durch sein außergewöhnlich trendiges Design. Das Waschbecken, welches durch seine besondere organische Form direkt ins Auge fällt, verschmilzt optisch mit der Wand und wirkt wie eine Art Wandvorsprung. Die integrierte LED-Beleuchtung in bläulichem Schimmer hebt das Waschbecken geschmackvoll hervor.

Das trendbewusste Ehepaar setzte aber nicht nur in der Dusche auf innovative smarte Technik: Über einen in der Wand integrierten Touchscreen sind Licht, Heizung und Musik steuerbar.

Grundriss, Maßstab 1:100

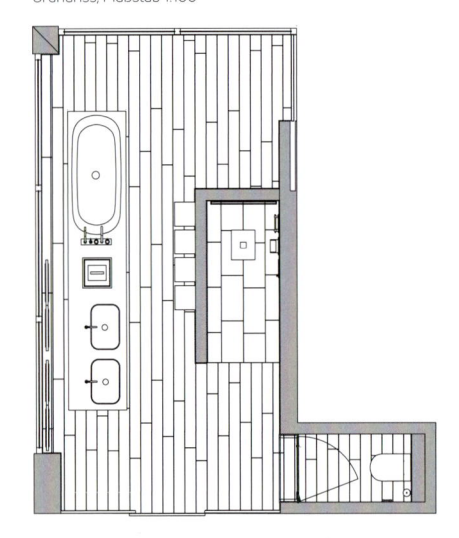

RENOVIERUNG IM PENTHOUSE
Badgröße: **20 m²**
Badnutzer: **Paar (um die 60)**

VERARBEITETE PRODUKTE
Stein:	Pibamarmi
Dusche, Duscharmaturen:	Dornbracht
Wanne, Waschtisch, Möbel, Armaturen, Wanne und Waschtisch:	antoniolupi
Heizkörper:	Vola
Spiegel und WC:	Duravit
Waschtisch und Armatur im Gäste-WC:	antoniolupi
WC und Urinal im Gäste-WC:	Flaminia
Accessoires:	antoniolupi
Accessoires am Waschtisch:	agape

VERARBEITETE MATERIALIEN
Schiefer und Stein in Dusche,
Eiche für Dielen (bauseits)

Kosten   90.000 Euro

▶ Wie aus einem Guss schmückt die Waschtisch-Badewannen-Kreation die breite Fensterfront.

▼ Trendig in der Ausstattung und separiert vom übrigen Bad präsentiert sich das Gäste-WC.

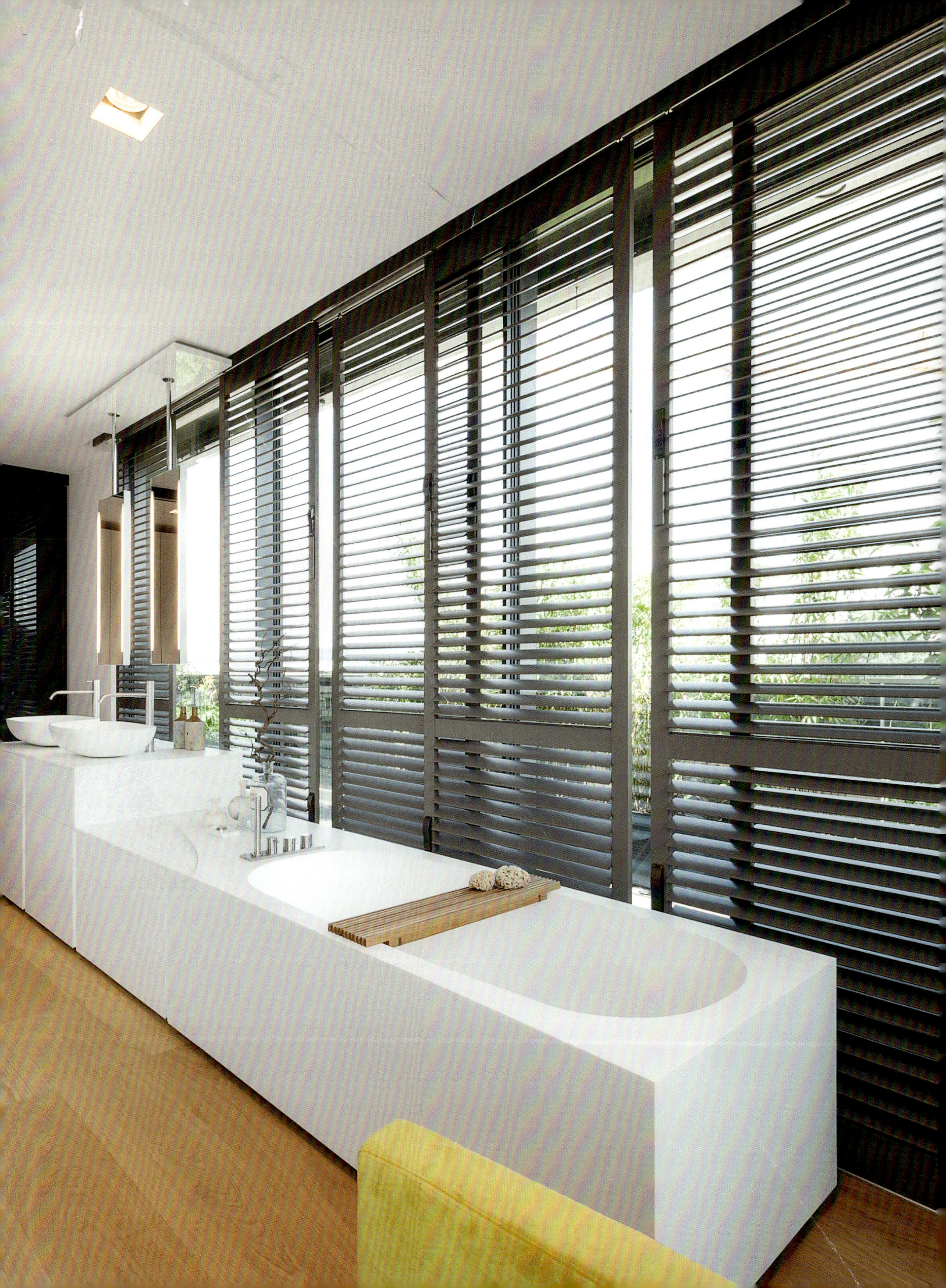

Adressen und Bildnachweise

**Adam Koch GmbH Co. KG –
Forum für Bad und Wärme**
Martin Henrich
Altkönigstr. 43
61440 Oberursel
Tel.: 06171/54 589
www.adamkoch.de
Seiten: 86–87
Fotos: Johann Heldebrand

**badmanufaktur Roth –
Premiumbäder & Wohndesign**
Thomas Roth KG
Wilhelmstraße 18
65185 Wiesbaden
www.badmanufaktur-roth.de
Seiten: 48–51, 102–103, 108–109
Fotos: Frank Schuppelius

Bäderwerkstatt Ines Tanke
Ines Tanke
Mainzerhofplatz 6
99084 Erfurt
Am Dorfplatz 4
99192 Apfelstädt
www.baederwerkstatt-tanke.de
Seiten: 32–35, 126–129, 132–133, 138–139
Fotos: Uwe Tanke

Boddenberg – Die Badgestalter
Georg Boddenberg
Lützenkirchener Straße 391
51381 Leverkusen
Helene-Stöcker-Straße 4
51429 Bergisch Gladbach
Quirrenbach-FORUM im
Kölner Rheinauhafen
Anna-Schneider-Steig 8–10
50678 Köln
www.boddenberg.net
Seiten: 22–23, 40–43
Fotos: Bohna Design
Seite: 16
Foto: Martina Goyert, Köln

Bukoll GmbH – Bäder und Wärme
Gisela Bukoll, Karl Bukoll
Fritz-Winter-Straße 16
86911 Dießen am Ammersee
www.bukoll.de
Seiten: 24–27, 44–47, 144–145
Fotos: Sabine Jakobs Fotografie

Das Premium-Bad
Henning Senger
Hermann-Ehlers-Straße 16/18
49082 Osnabrück
www.das-premium-bad.de
Seiten: 116–117
Fotos: Jette Golz

Dreyer
Regine Dreyer / Thilo Dreyer
Dresdener Straße 11
91058 Erlangen
Weißgerbergasse 27–29
90403 Nürnberg
www.dreyer-gmbh.de
Seiten: 18–21, 36–39 (Planung: Katja Reiter), 52–55 (in Zusammenarbeit mit Architekt Reinhardt Koeferler, Nürnberg), 154–157 (Gesamtbauleitung: Müller7 – Lust am Leben, Bamberg)
Fotos: Walther Appelt
Seiten: 92–93
Fotos: Wolfgang Pulfer, München

FRICKBadezimmer
Martina Frick / Dipl. Ing. (FH) Rainer Frick
Neue Straße 115
89073 Ulm
Wallbacher Straße 12
89547 Gerstetten
www.frickbadezimmer.de
Seiten: 60–63
Fotos: Florian Thierer

Fuchs GmbH
Marina Seeberger
Macairestraße 16
78467 Konstanz
www.fuchs-haustechnik.de
Seiten: 114–115
Fotos: Alina Bon Fotografie, Konstanz

GOLDMANN Badmanufaktur
Maritta Goldmann
Prenzlauer Allee 5
10405 Berlin
Dependance Schleswig-Holstein
Friedrich-Lamp-Straße 3
24306 Plön
www.goldmann-bad.de
Seiten: 64–67 (Florian Goldmann/Ayako Oguni), 82–85, 130–131, 152–153
Fotos: Florian Goldmann

**H.D. Wagner GmbH
Bad+Design Heizung**
Dipl. Ing. (FH) Yvonne Wagner
Am Rückersgraben 29–31
63110 Rodgau / Dudenhofen
www.haustechnik-wagner.de
Seiten: 134–137
Fotos: Yvonne Wagner

Hans Schramm GmbH & Co. KG
Ingrid Schramm / Hans Schramm
Fürstenrieder Straße 38
80686 München
www.schramm.de
Seiten: 110–113
Fotos: Christine Schaum

Klotz Badmanufaktur GmbH
André Klotz
Hauptstr. 19
01612 Leckwitz
Königsbrücker Str. 71
01099 Dresden
www.klotz-baeder.de
Seiten: 88–91, 94–97
Fotos: Marko Kubitz

R. Musculus GmbH
Julia Musculus
Olefant 4
51427 Bergisch Gladbach
www.musculus.com
Seiten: 68–71, 98–101
Fotos: Anjuschka Pilz

**Steinrücke FSB GmbH
Bad und Raum in Perfektion**
Elmar Steinrücke
An der Goymark 17–19
44263 Dortmund
www.steinruecke.net
Seiten: 28–31, 72–75, 118–121
Fotos: Sonja Speck

ULTRAMARIN – Raum Fliese Bad
Stephan Krischer
Widdersdorfer Straße 190, Altes Gaswerk
50825 Köln
www.ultramarin.de
Seiten: 76–79, 80–81, 104–107, 140–143, 146–149, 150–151
Fotos: Frank Jankowski

Weitere Bilder:
Seite 56–59: iStockphoto (Seite 56: © FatCamera, Seite 57: © pixelliebe, Seite 58: © hsvrs, Seite 59 oben links: © Szepy, Seite 59 oben rechts: © izanoza) Seite 59 unten: Anette Kriete
Seite 123 von links nach rechts / oben nach unten: raumPROBE; Magna-Glaskeramik, raumPROBE; raumPROBE; Senoplast Klepsch & Co. GmbH; raumPROBE
Seite 124 von links nach rechts / oben nach unten: raumPROBE; Klöpfer GmbH & Co. KG / Klöpfer Surfaces; raumPROBE; raumPROBE; FLOOVER World S.L.; raumPROBE
Seite 125 von links nach rechts / oben nach unten: ETTLIN Spinnerei und Weberei Produktions GmbH & Co. KG; J Grabner GmbH; raumPROBE; raumPROBE; raumPROBE; raumPROBE

Umschlagfoto Vorderseite:
Florian Goldmann

Umschlagfoto Rückseite oben:
Jette Golz

Umschlagfoto Rückseite unten:
Walther Appelt,

Vor-/Nachsatzpapier:
Sabine Jakobs Fotografie

Wir danken folgenden Herstellerpartnern für das zur Verfügung gestellte Bildmaterial:
Alape GmbH
Bette GmbH & Co. KG
Dornbracht Deutschland GmbH & Co. KG
Duravit AG
Keuco GmbH & Co. KG

Weitere Informationen unter:
AQUA CULTURA
www.aqua-cultura.de

**Vereinigung Deutsche
Sanitärwirtschaft e. V.**
www.gutesbad.de
www.sanitaerwirtschaft.de

Herstellerverzeichnis

Agape
www.agapedesign.it

Alape GmbH
www.alape.com

Alois Heiler GmbH
www.heiler-glas.de

antoniolupi
www.antoniolupi.it

Aqua Creations Lighting & Furniture Atelier
www.aquagallery.com

Arend Saunabau GmbH & Co. KG
www.arend.de/home

Axor/Hansgrohe SE
www.axor-design.com

Badea Badmöbel
www.badea-badmoebel.de

Bärwolf GmbH & Co. KG
www.baerwolf.com

Josef Barthelme GmbH & Co. KG
www.barthelme.de

baYou GmbH
www.bayou-bad.de

BEGA
www.bega.de

Bernd Beisse
www.berndbeisse.de

Bette GmbH & Co. KG
www.bette.de

Bisazza
www.bisazza.com

Brix
www.brixweb.com

Busch-Jaeger
www.busch-jaeger.de

Caleido
www.caleido.it

Casa dolce casa
www.casadolcecasa.com

Casamance
www.casamance.com

CATTELAN ITALIA S.p.A.
www.cattelanitalia.com

CEADESIGN Srl
www.ceadesign.it

Ceramica Del Conca Spa
www.delconca.com

Ceramica Flaminia SpA
www.ceramicaflaminia.it

Ceramica Sant'Agostino S.p.A.
www.ceramicasantagostino.it/de

Cinca
www.cinca.pt

Clipso
www.clipso.com/de

Clou
www.clou.nl

Ceramiche Coem
www.coem.it/de

Control4
de.control4.com

CRS SpA
www.cristinarubinetterie.de

Dallmer GmbH + Co. KG
www.dallmer.de/de

Davide Groppi
www.davidegroppi.com

Decor Walther
www.decor-walther.de

Devon & Devon S.p.A.
www.devon-devon.com/de

Domovari
www.domovari.de

Dornbracht GmbH & Co. KG
www.dornbracht.com

Duravit AG
www.duravit.de

effegibi
www.effegibi.it

emco Bad GmbH & Co. KG
www.emco-bath.com

Falper Srl
www.falper.it

Farrow & Ball
eu.farrow-ball.com

Fratelli Fantini SpA
www.fantini.it

CERAMICA FIORANESE
Via Cameazzo
www.fioranese.it/de

FROST A/S
www.frost.dk

Geberit AG
www.geberit.com

Gessi
www.gessi.it

GIRA Giersiepen GmbH & Co. KG
www.gira.de

Grohe GmbH
www.grohe.de

Hansgrohe AG
www.hansgrohe.de

Hasenkopf Holz + Kunststoff GmbH & Co. KG
www.hasenkopf.de

HSK Duschkabinenbau KG
www.hsk-duschkabinenbau.de

Ideal Standard GmbH
www.idealstandard.de

Iris-Cristal S.A
www.iriscristal.com

ALBRECHT JUNG GmbH & Co. KG
www.jung.de

Kaldewei GmbH & Co. KG
www.kaldewei.de

KEIMFARBEN GMBH
www.keim.com

Keraben
www.keraben.com

Keramag AG
www.keramag.de

Kerlite
www.kerlite.it

Keuco GmbH & Co. KG
www.keuco.de

KITEO GmbH
www.kiteo.eu

KLAFS GmbH & Co. KG
www.klafs.de

Kreon
www.kreon.com

Kugel Saunabau / Rothfuß & Kugel GmbH
www.kugel-sauna.de

Mastella Srl
www.mastella.it

MAUERSBERGER BADTECHNIK BETRIEBS-GmbH
www.mauersberger.eu

Millelumen
www.millelumen.de

MOAB 80
www.moab80.it

Mosa
www.mosa.nl

Mutina Srl
www.mutina.it

Oasis
www.oasisgroup.it

Occhio
www.occhio.de/de

PHOS Design GmbH
www.phos.de

Pibamarmi
www.pibamarmi.it

PORCELANOSA Grupo A.I.E
www.porcelanosa.com/de

Rimadesio
www.rimadesio.com

S&E Glasdesign GmbH
www.se-glassdesign.de

Samsung
www.samsung.com/de

Sign
www.signweb.it

TECE
www.tece.de

Tikkurila Oyj
www.tikkurila.fi

Top Light e.K.
www.top-light.de

TOTO Germany GmbH
de.toto.com

Tubes
www.tubesradiatori.com

Victoria + Albert Baths Ltd.
www.vandabaths.com

Vasco
www.vasco.eu

VIGOUR GmbH
www.vigour.de

Villeroy & Boch AG
www.villeroy-boch.com

VOLA GmbH
www.vola.de

Volimea GmbH & Cie. KG
www.volimea.de

Wall & decò Srl
www.wallanddeco.com

wedi GmbH
www.wedi.de

Wilhelm Huber + Söhne GmbH & Co. KG
www.whd.de

Impressum

CALLWEY
SEIT 1884

© 2017 Verlag Georg D.W. Callwey GmbH & Co. KG
Streitfeldstraße 35, 81673 München
buch@callwey.de
Tel.: +49 89 436006-0
www.callwey.de

Wir sehen uns auf Instagram:
www.instagram.com/callwey

ISBN 978-3-7667-2279-9
1. Auflage 2017

Das Werk einschließlich aller seiner Teile ist urheberrechtlich geschützt. Jede Verwertung außerhalb der engen Grenzen des Urheberrechtsgesetzes ist ohne Zustimmung des Verlages unzulässig und strafbar. Das gilt insbesondere für Vervielfältigungen, Übersetzungen, Mikroverfilmungen und die Einspeicherung und Verarbeitung in elektronischen Systemen.

Dieses Buch wurde in CALLWEY QUALITÄT für Sie hergestellt:

„Die besten Bäder" wurde fadengebunden und auf ausgesuchtem, hochwertigen Papier gedruckt. Das Kapitalband ist in Abstimmung mit dem Umschlag ausgewählt, der Einband besteht aus glattem Surbalin-Material. Weitere Informationen unter www.callwey.de/buchglossar

Dieses Buch wurde in Deutschland gedruckt und gebunden bei der Firmengruppe APPL, aprinta druck GmbH in Wemding.

Viel Freude mit diesem Buch wünschen Ihnen:

Autorin: Martina Brüßel
Redaktion: Martina Brüßel, Ines Tanke, Thilo Dreyer, Lisa Bachmann
Projektleitung: Valerie Borchert
Lektorat: Asta Machat, München
Layout und Satz: Design-Agentur Arne, Stuttgart, www.arne.design
Covergestaltung: Design-Agentur Arne, Stuttgart, www.arne.design
Umschlaggestaltung: Franziska Gassner
Herstellung: Franziska Gassner, Anja Huber

„Die besten Bäder. Neue Trends zum Wohlfühlen" ist erschienen in Zusammenarbeit mit:

AQUA CULTURA
Das Qualitätssiegel führender Badeinrichter